古代歷史文化 研究輯刊

四編

王明蓀 主編

第 26 冊

西學與儒學的交融：
晚明士紳熊人霖《地緯》中的世界地理書寫

洪健榮 著

國家圖書館出版品預行編目資料

西學與儒學的交融：晚明士紳熊人霖《地緯》中的世界地理書
寫／洪健榮 著 — 初版 — 台北縣永和市：花木蘭文化出版社，
2010〔民 99〕
目 2+248 面；19×26 公分
（古代歷史文化研究輯刊 四編；第 26 冊）
ISBN：978-986-254-246-0（精裝）
1.（明）熊人霖 2.學術思想 3.世界地理 4.儒學
716   99013200

ISBN - 978-986-254-246-0

9 789862 542460

古代歷史文化研究輯刊
四 編 第二六冊   ISBN：978-986-254-246-0

西學與儒學的交融：
晚明士紳熊人霖《地緯》中的世界地理書寫

作　　者　洪健榮
主　　編　王明蓀
總 編 輯　杜潔祥
印　　刷　普羅文化出版廣告事業
出　　版　花木蘭文化出版社
發 行 所　花木蘭文化出版社
發 行 人　高小娟
聯絡地址　台北縣永和市中正路五九五號七樓之三
　　　　　電話：02-2923-1455／傳眞：02-2923-1452
電子信箱　sut81518@ms59.hinet.net
初　　版　2010 年 9 月
定　　價　四編 35 冊（精裝）新台幣 55,000 元

西學與儒學的交融：
晚明士紳熊人霖《地緯》中的世界地理書寫

洪健榮　著

作者簡介

洪健榮，1971 年生於臺灣省臺南市，籍貫澎湖縣。私立輔仁大學大學歷史學系學士、國立清華大學歷史研究所碩士、國立臺灣師範大學歷史學系博士。曾任國立僑生大學先修班、國立臺灣師範大學歷史學系、私立明志科技大學通識教育中心、國立中央大學歷史研究所、國立臺北科技大學通識教育中心及私立輔仁大學歷史學系兼任教師，現職國立故宮博物院圖書文獻處助理研究員。主要研究領域為臺灣社會文化史、臺灣方志學及近代西學東漸史，已發表相關論文約三十餘篇，代表著作《清代臺灣社會的風水習俗》，另曾主編《五股志》、《延平鄉志》、《新屋鄉志》等書。

提 要

　　明末入華耶穌會士利瑪竇、艾儒略等人為了因應宣教事業的需要，向中國知識界傳播相對新穎的西方地理知識，逐漸導引傳統地理學邁向別開生面的格局，也為這時期的學術發展綻放異彩。本書主要透過《地緯》（1624 年成書、1638 年初版）中世界地理知識的書寫內涵，來理解晚明士紳熊人霖（1604-1666）如何將西學新知與傳統舊識相互參證，建構出一立足於中國天下觀與儒學本位觀的世界地理圖像。

　　本書除了第一章緒論與第七章結論之外，第二章至第六章依序從《地緯》之著述背景及其資料來源、西方地理新知的呈現、傳統宇宙論與自然觀、傳統天下意識、儒者經世理念等五個層面，探索熊人霖世界地理書寫的價值取向及其思維方式，連帶呈現十七世紀前期中國士人吸納和轉化西方地理新知的可能與方式。

　　整體而言，《地緯》的書寫，主要接收了艾儒略《職方外紀》載錄西方地圓說、氣候五帶、南北極赤道與經緯度劃分以及五大洲、世界海域等觀念，兼採明代相關域外、海外四裔傳述的資料。在他闡明立基於地圓之上的五大洲地理新知之際，也將之納入傳統天地人合一、陰陽五行思維乃至皇明一統天下意識中，終究歸結於儒者內聖外王、經世致用的懷抱。

　　在明清之際西學東漸史上，熊人霖《地緯》不啻以中國傳統地理學的觀念架構，吸收與了解西學新知的一部重要作品，反映出寓傳統於創新，從傳統的延續過程中汲新求變的學術史意涵。筆者認為，該書的內文結構和思維理路所呈現的風貌，堪為西方地理知識「中國化」的典型。西方地理知識的「中國化」顯示在中西方地理知識體系之間，經由耶穌會士與究心西學的中國士人彼此的反省與努力下，共同搭起一道可資溝通的橋樑，易為吸收及轉化的媒介或管道。《地緯》作為極早的一部由晚明士紳撰述的世界地理專著，著實提供了難能可貴的歷史例證。

目

次

第一章 緒 論

　　明末耶穌會士自利瑪竇（Matteo Ricci, 1552～1610）以降，採行於中國士紳階層中傳播西方科技知識以吸引信教者的傳教策略，〔註1〕包括藉由世界地圖及圖解說明的方式，陸續介紹了十五世紀末之後，歐洲歷經新大陸發現與完成環球航行所誕生的世界地理知識，以及中世紀經院哲學中關於天地創生、構造及大地形狀等自然哲學論述。〔註2〕隨著其宣教事業的進行，使得地圓、五大洲、四海及氣候五帶等觀念，逐漸流傳於明末中國知識界，為某些晚明士紳帶來相對新穎的文化視野。〔註3〕就當時熟悉傳統「天圓地方」、「地如雞中黃」觀念並抱持「天朝中心」、「華夷之分」心態的中國士人而言，西方地理知識既使他們面臨中西兩種宇宙論、自然觀之間的抉擇及調適等問題，也觸動了過往對於中國居天下中心意識的反省與思考。文化傳播的過程往往存在著諸多不確定的因素，施者與受者搖擺於虛實有無之間，不時衍生出種種出乎意料的轉變或設想未及的弔詭。〔註4〕本書嘗試從觀念史的角度，去理解原先習於儒學傳統的晚明士紳，如何解讀這些另類的西學知識，甚至

〔註1〕　張維華、孫西，〈十六世紀耶穌會士在華傳教政策的演變〉，頁29～32；劉建，〈十六世紀天主教對華傳教政策的演變〉，頁97～100。

〔註2〕　船越昭生，〈『坤輿萬國全圖』と鎖國日本──世界的視圈の成立〉，頁637～666；曹婉如、薄樹人等，〈中國現存利瑪竇世界地圖的研究〉，頁65～70。

〔註3〕　洪煨蓮，〈考利瑪竇的世界地圖〉，頁1～50；陳觀勝，〈利瑪竇對中國地理學之貢獻及其影響〉，頁58～61。

〔註4〕　比利時漢學家鐘鳴旦（Nicolas Standaert）近來嘗試以利瑪竇的世界地圖為個案，深入分析歷來學界關於十七世紀中歐文化交流史研究的方法論及其侷限性，並提出自己的見解。從他的論述中，可以體會到傳播者、接受者與觀察者的互動關係在文化相遇過程中的複雜性。見鐘鳴旦著，劉賢譯，〈文化相遇的方法論：以十七世紀中歐文化相遇為例〉，頁31～80。

建構出一套融入儒學思維的世界地理圖像。

第一節　問題意識

　　相對於中國傳統地理知識的內涵，西方地理知識突顯在地圓、五大洲觀念與本諸天主造物信仰的新穎，以及測繪技術、地圖製作的擅場。中國自先秦以後的地理知識內涵，則往往以陰陽五行作爲類比的依據，去解釋地理上的一些現象。於是，華夏居於寰宇之中的天朝觀念並雜揉天地人合一與陰陽五行的思想，成爲其有別於西方地理知識的一大特徵。〔註5〕

　　歷來地理學史研究者大致認爲，明清之際係中國古代地理學傳承過程的一大轉折，關鍵在於西方地理知識的傳入，導引傳統知識逐漸邁向別開生面的格局。〔註6〕清末學者王韜（1823～1897）在《弢園文錄外編》卷十〈地球圖跋〉中指稱，由於利瑪竇世界地圖的流傳，漸使得覽閱其圖的中國士紳，體觸到大地如球暨中國之外尚有歐美非諸國的訊息：

> 大地如球之說，始自有明，由利瑪竇入中國，其說始創，顧爲疇人家言者，未嘗悉信之也；而其圖遂流傳世間，覽者乃知中國九州之外尚有九州，泰西諸國之名，稍稍有知之者。是則始事之功，爲不可沒也。〔註7〕

近二十餘年來，學界關於明清之際西方地理知識東漸史的討論，大多認爲耶穌會士傳入西方地理知識引發明季知識界的震驚，導致中國傳統地理觀念的轉變。如學者林東陽認爲：西方地圓概念威脅到習於蓋天說且抱持「我族中心主義」中國人的天下觀；〔註8〕郭永芳論述利瑪竇西方地圓說所引發中國知識界的震驚，以及對地圓說有關「西學東源」式與方、圓美學上的爭議；〔註9〕陳衛平指出地圓、五大洲知識衝擊了傳統「中國居天下之中」的觀念，而西方典章文物的介紹更動搖了「夷夏之別，在於文野」的界限；〔註10〕樊洪業則認爲，

〔註5〕　楊吾揚、懷博（Kempton E. Webb），〈古代中西地理學思想源流新論〉，頁324～328。

〔註6〕　曹婉如，〈中國古代地理學史的幾個問題〉，頁242～250；胡欣、江小群，《中國地理學史》，頁159～176。

〔註7〕　王韜，《弢園文錄外編》，卷10，頁3b。

〔註8〕　林東陽，〈利瑪竇的世界地圖及其對明末士人社會的影響〉，頁359～375。

〔註9〕　郭永芳，〈西方地圓說在中國〉，頁155～163。

〔註10〕　陳衛平，《第一頁與胚胎——明清之際的中西文化比較》，頁81～84。

利瑪竇的地圓說與世界地圖突破了中國人原有的天下觀念，使他們開始知道地球上有五大洲。〔註11〕

　　晚明耶穌會士的東來，造就了中國傳統地理知識與西方近代地理知識相互接觸的歷史契機，也讓當時的知識份子有了重新建構世界史地圖像的學術資源。明天啓四年（1624）由熊人霖完成的《地緯》一書，〔註12〕正是這段歷史脈絡下的產物。據筆者目前所知，《地緯》似乎是最早的一部由晚明士人執筆撰寫的五大洲域世界地理專著。由於其成書時空背景的特殊性，有助於我們掌握十七世紀初期，中國知識份子採納西方地理知識的原始風貌，具有相當程度的代表性；再者，《地緯》中具體呈現的內容體例和思維方式，亦得以反映西方地理知識與中國傳統學識之間的互動過程中，一些重要且基本的面向，包括中西方對於世界地理範圍的認識，及其牽連的宇宙論、自然觀、天下意識與價值理念的調整等種種問題。

　　由於中西地理知識各成系統，互有別異，二者首次在晚明知識界的接觸，其實蘊含著中西方學術思想或意識形態之間衝突與調適的過程，間亦體現出文化傳播中的互動（interaction）關係及涵化（acculturation）現象，或如學者林東陽所謂的「兩種不同世界經驗的協調與對抗」，〔註13〕不僅傳教士們「面對的是一種基本上與他們自己不同的世界觀念及思維方式，而這些思維方式又與中國人的倫理、宗教態度、社會暨政治秩序息息相關」；〔註14〕抑且就接觸西學且熟悉傳統「天圓地方」、「地如雞中黃」觀念，習慣天人感應、陰陽五行思維，並且抱持「天朝」、「華夷之分」心態的晚明士紳而言，耶穌會士所介紹的西方地理知識不僅使他們面臨中西方兩種宇宙論、自然觀之間的抉擇問題，也往往觸動其對於傳統中國居天下中心意識的反省，或進而思考大明中國在地圓、五大洲洋世界裡的定位問題。〔註15〕

　　本書嘗試透過對熊人霖《地緯》的撰述背景、資料傳承、內容體例、思維架構與著述旨趣的逐步分析，來呈現該書的世界地理知識書寫，也就是熊

〔註11〕樊洪業，《耶穌會士與中國科學》，頁11～15。
〔註12〕本文引用版本爲美國國會圖書館藏清順治五年（1648）熊志學輯刊《函宇通》本（與熊明遇《格致草》合刻），筆者感謝國立清華大學歷史研究所黃一農教授提供此項資料。至於熊人霖在天啓四年成書的根據，見熊人霖，《地緯》，〈凡例〉，頁7b。
〔註13〕林東陽，〈利瑪竇的世界地圖及其對明末士人社會的影響〉，頁312。
〔註14〕Jacques Gernet, *China and the Christian Impact: A Conflict of Culture*, pp. 202.
〔註15〕參閱前引林東陽、郭永芳、陳衛平、樊洪業等人的研究成果。

人霖如何選擇性地採納西方地理知識的內涵，並將之融入傳統儒學的一環，加以「中國化」的詮釋。希望能從各問題層次的推演過程中，掌握晚明知識份子接觸西方地理知識之際，實際處理中西地理知識體系之間同異去取關係的可能及其方式。

第二節　研究回顧

　　《地緯》作者熊人霖，字伯甘，號南榮子，別字鶴臺，籍隸江西省南昌府進賢縣。父親熊明遇（1579～1649），字良孺，別號壇石山主人，私諡為文直先生，萬曆二十九年（1601）三月進士，次年任浙江省長興知縣，〔註16〕此後歷任兵科給事中、福建僉事、寧夏參議、南京操江右僉都御史、南京刑部尚書、兵部尚書等職。〔註17〕史載其「諳天文兵法，尤精形勢之論，時以廉峻著名」。〔註18〕天啟五年（1625）十二月，魏忠賢矯頒東林黨人榜，熊明遇名列其中，〔註19〕後為崇禎復社諸子所崇宇內名宿宗主之一。〔註20〕平生著有《格致草》、《綠雪樓集》、《青玉堂集》、《華日樓集》、《中樞集》、《南樞集》、《英石館集》等。關於熊明遇的西學背景與學術思想，近幾年來經學者馮錦榮、張永堂、徐光台的研究，逐漸使其名、其學得以彰顯於世。〔註21〕

　　熊人霖的生年，據其自撰〈先府君宮保公神道碑銘〉及〈誥封喻恭人墓誌銘〉的記載，乃於萬曆三十二年（甲辰，1604）秋生於浙西，〔註22〕時值熊明遇於浙江省長興知縣任上。從熊人霖的著作中，我們可以得知他「七歲讀毛詩，九歲粗識聲韻」，〔註23〕「少頗喜吏事，習知府史、胥徒、奸邪」。〔註24〕十五

〔註16〕邢澍、錢大昕等，《長興縣志》，卷19，〈名宦〉，頁1186。

〔註17〕張廷玉等，《明史》，卷257，〈熊明遇傳〉，頁6629～6631。

〔註18〕查繼佐，《罪惟錄》，列傳卷13下，〈熊明遇〉，頁2087。

〔註19〕陳鼎，《東林列傳》，頁19；王紹徽，《東林點將錄》，頁926。

〔註20〕陸世儀，《復社紀略》，卷2，頁75。

〔註21〕馮錦榮，〈明末熊明遇父子與西學〉，頁117～135；〈明末熊明遇《格致草》內容探析〉，頁304～328。張永堂，〈熊明遇的格致之學〉，收入《明末理學與科學關係再論》，第1章，頁5～48。徐光台，〈明末清初西方「格致學」的衝擊與反應：以熊明遇《格致草》為例〉，頁235～258；〈明末清初中國士人對四行說的反應——以熊明遇《格致草》為例〉，頁1～30；〈西學傳入與明末自然知識考據學：以熊明遇論冰雹生成為例〉，頁117～157；〈西方基督神學對東林人士熊明遇的衝激及其反應〉，頁191～224。

〔註22〕熊人霖，《鶴臺先生熊山文選》，卷12及卷13。熊人霖為熊明遇獨子。

〔註23〕熊人霖，〈南榮詩選敘〉，《南榮集》，頁1a。

歲時（萬曆四十六年，戊午，1618）童子試，〔註25〕爲「深通性學」的黃汝亨所首拔。〔註26〕崇禎六年（1633）秋舉於鄉，〔註27〕崇禎十年（1637）中進士，翌年（1638）四月，受命浙江省金華府義烏縣；八月，入境就任，隨即就督撫地方的情事，增城練兵以固守厥疆。〔註28〕同年，刊刻《地緯》，〔註29〕此書後因原版多佚，至順治五年（1648），經福建省建陽縣崇化里人士熊志學的搜集整理，〔註30〕將其與熊明遇《格致草》合輯重刻爲《函宇通》。據熊志學〈函宇通序〉所言：

> 《地緯》刻於浙中，……今頗刪削，取愼餘闕文之意，且原版多佚，……是以合而重刻之，幐爲之大，共名曰《函宇通》。〔註31〕

崇禎十五年（1642）春，熊人霖陞遷工部都水司主事，因年中蔓延於江西、福建、浙江三省的盜寇嘯聚剽掠，爲害益劇，〔註32〕於是督率義烏團練軍士，偕浙江紹興推官陳子龍（1608～1647）暨李夢麒、黃國琦等奉令征討，剿撫並施，功爲特著。〔註33〕崇禎十七年（1644）三月十九日，李自成軍陷北京，崇禎皇帝自縊於煤山，史稱「甲申之變」，結束大明國祚。〔註34〕熊人霖「聞北變，號哭欲絕」，陳子龍即刻慫恿他同事討寇。〔註35〕翌年五月，清兵陷南京，虜南明福王，熊人霖急奉父母攜妻兒返歸進賢北山，未幾舉家避地入閩，輾轉流離，

〔註24〕 熊人霖，〈棠聽草序〉，《星言草》，頁 2b。

〔註25〕 熊人霖〈宜城尹孝廉賢城公墓誌銘〉記：「戊午，余以童子入闈」；〈誥封喻恭人墓誌銘〉記：「戊午，……余試童子，爲貞父黃師首拔」，收入《鶴臺先生熊山文選》，卷 13。

〔註26〕 黃汝亨，字貞父，號寓庸，浙江仁和人，萬曆二十六年（1598）進士。曾任進賢知縣、南京兵部主事等，爲政嚴明，文章雋雅，著有《寓庸集》。轟當世、謝興成等，《進賢縣志》，卷 13，〈良吏志上·邑令〉，頁 1103～1105；熊人霖，〈進賢縣重建黃貞父先生去思祠碑〉，《南榮集》，文卷 3，頁 15a～18a。

〔註27〕 熊人霖，〈南太宰徯如涂公神道碑〉，《鶴臺先生熊山文選》，卷 12。

〔註28〕 諸自穀、程瑜等，《義烏縣志》，卷 9，〈宦蹟〉，頁 225；熊人霖，〈義烏縣重修城隍廟碑記〉，《南榮集》，文卷 1，頁 4b～6a。

〔註29〕 熊人霖，〈地緯自序〉，頁 4b。

〔註30〕 熊志學，字魯子，以明經任福建省光澤縣學訓導，著有《易經衷指》、《冊府元龜序論》諸書。趙模、王寶仁等，《建陽縣志》，卷 10，〈文苑〉，頁 1182。

〔註31〕 熊志學，〈函宇通序〉，頁 5b～6a。

〔註32〕 熊人霖，〈防菁議下〉，《南榮集》，文卷 12，頁 39a～40b。

〔註33〕 熊人霖，《南榮集》，文卷 11，頁 14a～33b；陳子龍，〈補敍浙功疏〉，收入《陳子龍文集·兵垣奏議》，頁 129～134。

〔註34〕 谷應泰，《明史紀事本末》，卷 79，〈甲申之變〉，頁 945～957。

〔註35〕 熊人霖，〈誥封喻恭人墓誌銘〉，《鶴臺先生熊山文選》，卷 13。

至順治三年（1646）初秋卜居建陽縣崇泰里熊屯，隨後「授經建陽」，〔註 36〕講學其間，明哲保身，「終隱不仕」，〔註37〕自居明遺民身份。〔註 38〕清康熙五年（丙午，1666），熊人霖感疾而卒，享年六十三歲。〔註 39〕

　　熊人霖品格的形塑及其才學的凝鑄，主要來自熊明遇的言教啓迪，率先模範，〔註40〕加上自身的博觀約取，刻勵向學，「伏首攻制舉義，暇則間理韻語及酬應之文；其于經世大略，每思論譔」。〔註 41〕而其生性樂於遠遊，好奇覽勝，「幼從大人杖屨之遊，夙慕夫子仁知之樂」，〔註 42〕「足跡亦北及燕趙齊魯宋衛之郊矣」。〔註 43〕誠如崇禎九年（1636）筠州胡維霖〈笙南草小引〉讚譽其：

> 識力宏遠，……洵有大臣風度。……學識挺出一代，固淵源于尊公
> 大司馬，而深自斂抑；于書無所不讀，奇無所不搜，而洗心退藏，……
> 〔註 44〕

另據清康熙十二年（1673）刊江西省南昌府《進賢縣志》卷十五〈人物志・良臣〉中「熊人霖傳」的記載，熊人霖自幼以「聰敏絕異」著稱，早年即習究唐詩、四書五經及明朝胡廣等編《性理大全》、宋代邵雍《皇極經世書》等書。平素留心吏治戎政與古今沿革典制，且深受其父親熊明遇的影響，一則時時「兢兢宮保手訓」，一則詩文「一本宮保家法」，博學深思，勤於理學著述，詩文溫厚爾雅，著有《四書繹》、《詩約箋》、《名臣錄繹》、《相臣繹》、《忠孝經繹》、《地緯》、《南榮集》、《鶴臺先生熊山文選》、《尋雲集》諸集行世，並別修《進賢縣志稿》等書。〔註 45〕

　　縱觀熊人霖一生，「幼習聖賢之訓，長受父師之教」，〔註 46〕成長於明清

〔註36〕熊人霖，〈宋吏部侍郎伯通熊公墓表〉，《鶴臺先生熊山文選》，卷 12。

〔註37〕趙模、王寶仁等，《建陽縣志》，卷 12，〈流寓〉，頁 1360。

〔註38〕談遷，〈壽太常熊伯甘五十序〉，《北遊錄・紀文》，頁 242～243。

〔註39〕轟當世、謝興成等，《進賢縣志》，卷 15，〈人物志・良臣〉，頁 1271。

〔註40〕熊人霖，〈星言草自序〉，《星言草》，頁 2b～4a。

〔註41〕熊人霖，〈時務弋小引〉，《星言草》，頁 1a-b。

〔註42〕熊人霖，〈繡津紀勝題詞〉，《南榮集》，文卷 19，頁 14b。

〔註43〕熊人霖，〈劉汝錫制義引〉，《南榮集》，文卷 18，頁 18a。

〔註44〕熊人霖，《南榮集》，〈詩稿原序〉，頁 4b～5b。

〔註45〕轟當世、謝興成等，《進賢縣志》，卷 15，〈人物志・良臣〉，頁 1268～1271。
　　　　並參閱朱湄、賀熙齡等，《進賢縣志》，卷 18，〈人物志・良臣〉，頁 1125～1126；
　　　　江璧、胡景辰等，《進賢縣志》，卷 18，〈人物志・良臣〉，頁 1241～1242。

〔註46〕熊人霖，〈上任告本縣城隍神祝文〉，《星言草》，頁 1a。

之際政治社會動盪而學術文化輝煌的時代中，歷經明萬曆、泰昌、天啓、崇禎至清順治、康熙時期的滄桑浮沉。在前引有關熊人霖的文集、序跋與方志資料等記載，顯示他傳統儒學背景和詩文造詣，擁有科舉功名及仕宦事蹟，深具中國傳統儒士的身份。

如就熊人霖的學術思想與西學淵源而言，熊人霖的西學素養及其世界地理知識的書寫，集中呈現於《地緯》一書。該書的整體內容主要介紹的是世界地理，尤其接受艾儒略（Giulio Aleni, 1582～1649）所著《職方外紀》中載錄西方地圓說、氣候五帶、南北極赤道與經緯度劃分以及五大洲、世界海域等觀念，並兼採明代傳統四裔著述等資料作爲補充。全書計序四葉，內文共一九六葉，凡八十四篇。形方總論一篇，闡述地圓論、五帶說及赤道經緯度劃分；志八十一篇，分敘五大洲國土民情與風俗物產，以及海名、海族、海產、海狀、海舶等有關海洋的知識；地圖一篇，摩繪西方五大洲世界圖「輿地全圖」，並附圖解說明；緯繫一篇，闡釋全書鋪陳世界地理知識的系統觀念且自申其著述宗旨。

過去學界有關熊人霖《地緯》的研究，先是 1938 年美國學者 A. W. Hummel（1884～1975）首度在 "Astronomy and Geography in the Seventeenth Century" 一文中簡介熊明遇的《格致草》與熊人霖的《地緯》。〔註47〕翌年，中國學者王重民（1903～1975）爲美國國會圖書館藏中國善本書撰寫提要時，曾說明《地緯》的資料來源主要鈔撮艾儒略《職方外紀》，兼採王宗《四夷館考》、張燮（1574～1640）《東西洋考》等書；文中涉及內容及版本目錄問題，雖指陳其內容輕忽失實的部份，然猶肯定此書在明季同類著述中「所托者厚」的優點。〔註48〕

1980 年代之後，日本學者海野一隆於〈明・清におけるマテオ・リッチ系世界圖〉中，著重在考究《函宇通》中所載世界圖，即《格致草》的「坤輿萬國全圖」及《地緯》的「輿地全圖」。海野一隆認爲，此二圖擬似摩自耶穌會士攜帶來華的《世界的舞臺》（Theatrum Orbis Terrarum，洪煨蓮譯作《輿圖匯編》）中的世界地圖，此書係由 16 世紀後期比利時地圖學者奧代理（Abraham Ortelius, 1527～1598）所著。〔註49〕馮錦榮於〈明末熊明遇父子與

〔註47〕 A. W. Hummel, "Astronomy and Geography in the Seventeenth Century," *Annual Reports of the Librarian of Congress (Division of Orientalia)*, 1938, pp. 226～228. 轉引自馮錦榮，〈明末熊明遇父子與西學〉，頁 128 註 5。

〔註48〕 王重民，《中國善本書提要》，史部地理類，〈地緯一卷〉，頁 213。

〔註49〕 收入山田慶兒主編，《新發現中國科學史資料の研究・論考篇》（京都：京都

西學〉一文中，根據《義烏縣志》及《鶴臺先生熊山文選》等資料，考證熊人霖的生平及其著作，除了敘述《地緯》和艾儒略於天啟三年（1623）初刊《職方外紀》的淵源外，更舉證此書與同年艾儒略所繪「萬國全圖」材料的傳承，以及書中有關耶穌會士傳入的世界地理知識內容，〔註 50〕得以彌補先前對於熊人霖生平及學術成就的認知模糊，這是馮文的一大貢獻。除此之外，馬瓊於 2008 年 9 月浙江大學歷史學博士論文〈熊人霖《地緯》研究〉中，考察熊人霖的交游情況以及《地緯》的成書背景、刊刻與流傳情形，並考證《地緯》中所載地圖、地名與各類事物的資料來源，尤其針對該書與《職方外紀》的內容進行比較分析。〔註 51〕相對於馬瓊在該文中偏重於歷史考證的研究取徑，本書則主要從地理觀念史及學術思想史的角度，來探究《地緯》中世界地理書寫的歷史意識與時代意義。

從相關的研究回顧中可以看出，自 A. W. Hummel、王重民之後，大多提到了《地緯》承繼艾儒略《職方外紀》世界地誌的著作形式及內容。由於艾儒略是繼利瑪竇之後，耶穌會士在晚明社會透過圖誌介紹世界地理知識的重要人物，其著作《職方外紀》也被視為中國知識界最早的中文版五大洲地理專著；〔註 52〕《地緯》的主要內容既直接傳承自《職方外紀》的相關論述，因此，這似乎是目前為止所見，在西方地理知識傳入中國之後，極早的一部由中國士人執筆撰寫的世界地理專著。

現狀是歷史的累積，思想是時代的反映。一部作品的產生，往往是撰者生平學習經歷的累積所展現的成果，代表個人的學識興趣、價值取向及思考模式，其中或許也表達自身對於時局世變的體認與反省。馮錦榮即認為《地緯》一書，具體反映明末士人重視西方地理知識的情況。〔註 53〕筆者認為，《地緯》作為極早的一部由中國士人撰著的世界地理專書，作者熊人霖所處的時代背景及其學術淵源，體現在全書的資料來源、內容風貌及思維理念的特殊性或一般性，凸顯出如下的幾項問題意識，值得再加討論：

大學人文科學研究所，1985 年），頁 539～540，567～572。

〔註 50〕收入羅炳綿、劉健明主編，《明末清初華南地區歷史人物功業研討會論文集》（香港：香港中文大學歷史學系，1993 年），頁 119～127。

〔註 51〕馬瓊，〈熊人霖《地緯》研究〉。另參閱龔纓晏、馬瓊，〈《函宇通》及其中的兩幅世界地圖〉（《文史知識》，2003 年第 4 期）；馬瓊，〈《地緯》的成書、刊刻和流傳〉（《江南大學學報（人文社會科學版）》，2009 年第 4 期）。

〔註 52〕霍有光，〈《職方外紀》的地理學地位與中西對比〉，頁 58。

〔註 53〕馮錦榮，〈明末熊明遇父子與西學〉，頁 127。

一、《地緯》成書於天啓三年（1623）初刻《職方外紀》之次年，是在什麼樣的學識背景及動機因素，促成他如此迅速地接受西方地理知識，並得以在短短一年左右的時間著述《地緯》？熊人霖接受西方地理知識的態度與方法上，他運用了那些資料？如何運用？資料取捨的方式上是一味地襲用還是選擇性地採納？衡量去取的標準又為何？

二、《地緯》的內容體例，如與明代傳統四裔地理著作、歷史地理學及耶穌會士世界地理譯著相較之下有何異同？這些異同醞涵的意義為何？他如何在《地緯》的內容中，處理中西方學識之間所可能引發的衝突與調適等問題？在他接受西方地理知識的同時，對西教所採取的態度又為何？

三、從前述熊人霖生平簡介中顯示，在接觸《職方外紀》之前，其自幼年起即接受儒學教育的薰陶，是一位在宋明理學與中國傳統思維脈絡中成長的儒士。傳統上，天地人合一與陰陽五行、氣論的概念系統，向來與中國學術文化諸多層面緊密結合，地理知識亦是如此。〔註54〕熊人霖如何在該書中以其熟悉的觀念系統，處理相應的人文地理現象及其與世界地理知識之間的關係？

四、西方地理知識進入晚明知識界之前，在許多中國人的意識中，他們是居住在天下中心地區，地理上「天圓地方」的觀念投射在政治文化上凝鑄而成的「天下意識」，形成了一種以華夏為中心，蠻夷戎狄散居四方的刻板印象；〔註55〕反映在對外關係上，則維持著「天朝」至上與四夷「朝貢」的思考基調。〔註56〕在《地緯》具體呈現世界地理知識的過程中，熊人霖如何面對此種基於大地形狀地圓／天圓地方的議論，所衍生出政治秩序與文化意識之無處非中／華夏中心的矛盾？又如何調整大明帝國在五大洲世界中的地位？

五、明代後期由於政治上「南寇北奴，日益滋大」，〔註57〕曾刺激許多有

〔註54〕中國科學院自然科學史研究所地學史組主編，《中國古代地理學史》，頁 9～10；胡欣、江小群，《中國地理學史》，頁 274～297。

〔註55〕童疑，〈夷蠻戎狄與東西南北〉，頁 11～17；陳衛平，《第一頁與胚胎──明清之際的中西文化比較》，頁 76～78。

〔註56〕邢義田，〈天下一家──中國人的天下觀〉，頁 426～478。

〔註57〕陳子龍等選輯，《明經世文編》，〈黃澍序〉，頁 2a。

識之士提倡經世實用之學，以求力挽狂瀾。〔註 58〕在「崇實黜虛」的實學思潮與西學東漸匯流的學術環境中，《地緯》的書寫方式及其所呈現的世界地理知識風貌，是否也表達出具備儒者身份的熊人霖，對自我的期許以及對時代的關懷？

前舉五點問題意識構築出本書研究的起點，筆者認為，若以熊人霖《地緯》為中心，深入該書的內容架構，析究其書寫世界地理知識的取向與特色，論述書中涉及的中國傳統觀念（如天地人合一觀、陰陽五行論、天下意識、經世理念）與世界地理知識的關係，從學術傳承及發展的眼光賦予其歷史意義及地位等等，尚有諸多面向可供進一步探究。

第三節 研究架構

本書的研究方法以及分析概念，基本上是依循著學術史的論述取向。一般說來，學術史研究主要分析思考模式的常態與發展趨勢的變相，一方面掌握研究客體所蘊涵的基本概念架構，一方面探索概念本身在歷史脈絡中產生變動的情形及其與社會需求的聯繫。〔註 59〕根據這項準則，本書的思考架構主要以傳統地理知識演進史為經，勾勒出晚明地理知識的傳承與特色；再以十七世紀西學東漸史為緯，考量熊人霖的時代環境與學識背景，從而凸顯《地緯》一書的問世，其實是中西地理知識互動影響下的結果。為能從較為宏觀的視野來看待既往，必須將問題置於歷史時空脈絡以解釋其內涵，經由個案的問題意識，呈顯時代的學術發展；藉由時代的學術思潮，詮釋個案的歷史意義。

在原始史料及傳統文獻的選擇運用上，除了以《地緯》為研究重心之外，筆者並參酌熊人霖個人其它著述如《星言草》、《南榮集》與《鶴臺先生熊山文選》，熊明遇的《格致草》、《文直行書》，熊人霖友人詩文別集、序跋等著述，另旁徵明清之際中國士人涉及西學課題的作品，以及耶穌會士相關西方

〔註 58〕 陳鼓應、辛冠潔、葛榮晉主編，《明清實學思潮史》，中卷；葛榮晉主編，《中國實學思想史》，中卷。

〔註 59〕 這個部分，筆者主要受到當代西方科學史研究及科學哲學的影響，特別是得力於 Thomas S. Kuhn, *The Structure of Scientific Revolutions* 以及 Larry Laudan, *Progress and its Problems: Towards a Theory of Scientific Growth* 中的相關論述。

地理知識的中文譯著內容，尤其著重在目前已可掌握到的利瑪竇譯作與艾儒略《職方外紀》一書。再者，為能從中國傳統地理知識的演進源流，來彰顯明清之際西方地理知識東漸史的學術意義，因此，中國歷代輿地圖經與唐宋元明清各朝四裔地理著作，〔註60〕乃至於正史、方志、實錄、奏疏、典制史與宋明理學語錄專著等資料，盡在本書的徵引範圍內。

至於內容結構上，筆者主要針對明清之際中西地理知識系統相互接觸時所引發的重要論題，呼應前揭五點關於《地緯》內容體例及思維理路各方面的問題意識進行分析，包括：一、著述背景及其資料來源，二、西方地理新知的呈現，三、傳統宇宙論與自然觀，四、傳統天下意識，五、儒者經世理念等五個層面，從西學與儒學交融的角度，析論熊人霖《地緯》中的世界地理書寫。本書除第一章緒論與第七章結論外，其餘各章節安排如下：

第二章〈《地緯》的著述背景及其資料來源〉。本章首先將焦點放在《地緯》成書的歷史背景及學術環境。地理知識的演進往往與國情時勢密切相關，《地緯》的產生主要奠基於先前中國輿地學的成果，尤其是頗足以反映明代輿地學特色的四裔地理著作部份，嗣後熊人霖因緣際會地接觸到耶穌會士所傳入的西方地理知識，使之興起著述的動機，在短短一年左右的時間完成《地緯》一書。

第三章〈《地緯》對於西方地理新知的呈現〉。本章說明《地緯》主要承襲《職方外紀》的格局，以世界地理知識的介紹為主軸，該書中地圓、五大洲觀念在明代傳統四裔著作內容中自是前所未見。另一方面，相對於《職方外紀》推諸天主造物及歐洲中心的論述取向，熊人霖仍以亞洲地理為重點，並多關切邊裔對中國的朝貢受封與交通、貿易、軍事等關係。是以《地緯》中的世界地理書寫別出一格，而此種內容風貌所隱含的學術意願，則與《地緯》全書的著述旨趣與思維方式息息相扣。

第四章〈《地緯》中的傳統宇宙論與自然觀〉。本章主要根據〈地緯繫〉、〈地緯敘傳〉及〈地緯自序〉的相關論述，來解析熊人霖深具傳統儒學素養的關聯式思維色彩。從中可以看出熊人霖從天地人合一聯繫陰陽五行、氣論的觀點，類比解釋自然暨人文地理現象，推闡世界各地風俗習尚的差異，整體構成《地緯》統攝地理知識的宇宙論與自然觀。

〔註60〕有關明代傳統四裔著述部份，筆者主要根據朱士嘉〈明代四裔書目〉所列116種著作目錄進行搜集，另行補充。見本書附錄三。

　　第五章〈傳統天下意識在《地緯》中的表露〉。本章探討熊人霖如何思考中國在五大洲世界中的定位問題，在介紹世界地理知識的過程中，該書既闡明了立基於地圓之上的五大洲知識，同時也符合了中國人素以天朝自居的天下意識，進而化解大地圓體與華夏中心衝突的可能性，最終更宣揚大明帝國獨步寰宇且眾望所歸的威盛。

　　第六章〈儒者經世理念在《地緯》中的展現〉。本章嘗試將《地緯》納入耶穌會士知識傳教策略與晚明實學思潮激盪匯流的學術脈絡中，探討熊人霖基於儒者經世致用的理念，作為其寫作及刊刻《地緯》的終極旨趣，西學與儒學的知識內涵於是交融在全書的內文論述裡，因而凸顯出該書在中國地理觀念史上的學術價值及時代意義。

　　本書期能透過《地緯》的個案研究，來理解熊人霖如何在接收西方地理新知的基礎上，從中國的天下觀去建構新穎的世界圖像，從儒學的價值觀去詮釋另類的西學特質，藉此呈現當時中國士人吸納及轉化西方地理知識的可能與方式，進而體認中國傳統地理知識在明清之際發展過程中的常與變——包括其繼承、轉折與突破的實質面向。

第二章 《地緯》的著述背景及其資料來源

　　欲理解熊人霖《地緯》中的世界地理書寫，不但需要究明其與西學的傳承關係，也要掌握該書中世界地理知識的資料來源。考據一部古籍之資料來源的簡捷方法，往往可以從正文的徵引書名或文末的隨條附註而知悉；然而，這樣的跡象在《地緯》中並不十分明顯。因此，筆者嘗試從熊人霖〈地緯自序〉中關於自我學識背景的追憶，另借鏡先前學者研究成果的提示，實際比對明代相關的地理著作內容，以掌握《地緯》中世界地理知識的資料來源。

　　熊人霖在崇禎十一年（1638）初刻《地緯》之際所撰〈地緯自序〉中，曾自述其著書淵源及經過：

> 幼從大人（熊明遇）宦學，賜金半購甲經，……周遊赤縣，請教黃髮，趨庭而問格致，諏野以在土風。時天子方懷方柔遠，……象胥之館，九譯還重，……畸人來於西極，外紀輯於耆英，異哉所聞，考之不謬。甲子之歲，歸自南都，玄冬多暇，閉關竹里。手展方言而三摘……〔註1〕

在這段引文中，顯示其地理知識的幾個可能來源：一、自幼受教於其父熊明

〔註1〕 熊人霖，〈地緯自序〉，頁 1b～2b。引文中「懷方」本古代官名，《周禮・夏官》記「懷方氏，掌來遠方之民，致方貢致遠物而送，逆之達之以節」。至於「象胥」則列《周禮》秋官之屬，主要職掌為向蠻夷閩貉戎狄等傳諭王命。象胥館或即明代四夷館的別稱。參閱鄭玄注，賈公彥疏、陸德明音義，《周禮注疏》，卷 33，頁 609 及卷 38，頁 696。至於「九譯還重」，乃喻其極遠而言語不通。

遇的學習經歷，二、「周遊赤縣」對於各地風俗民情的好奇心，三、明代邊裔屬國使者往來的譯語傳述，四、在西學東漸（「畸人來於西極」）的時代背景中，親身接觸並研讀艾儒略《職方外紀》的體會。筆者認為，此段敘述涵括了熊明遇——遊歷見聞——象胥館傳述——《職方外紀》這幾者之間的緊密關聯，提供我們追溯《地緯》中世界地理知識之資料來源的重要線索，其中與《職方外紀》的因緣似乎格外顯得突出。

參酌近來的研究中，學者王重民曾於《中國善本書提要》一書裡綜論《地緯》中世界地理知識的主要資料來源，指出其「十之八鈔撮《外紀》，十之二採自《四夷館考》、《東西洋考》等書」。〔註 2〕此一論點，顯示艾儒略的這部西方地理著作對於《地緯》的關鍵性影響，與熊人霖〈地緯自序〉的自承頗相契合；至於《四夷館考》、《東西洋考》等書，則屬於明代傳統相關域外、海外的四裔著述，實際也構成該書的另一項重要資料傳承。

《地緯》的成書與資料來源，除了反映熊人霖本身對於地理知識的興趣，並受到熊明遇薰陶啟迪於前的因素之外，當時的學術環境及時代背景，似乎也值得我們加以考慮。

明清之際地理知識的發展，除了延續前代地圖學及方志、沿革地理傳統的成就外，並能推陳出新。相應於明代國情、社會文化的變遷，呈現出兩個極為顯著的特色：首先是隨著大明帝國勢力的向外擴張，出現明初鄭和七下西洋（1405～1433）的時代偉業，明中葉後東南海外交通貿易的持續進行，以及北疆韃靼、瓦刺與海疆倭寇、盜賊和西、葡等國商舶的不時侵擾，各類相關域外、海外輿情的四裔地理著作因應而生，且大量刊行；其次則為晚明之際耶穌會士傳入地圓、五大洲世界地理知識，不特使中國士人大開眼界。在明清之際時代背景及學術環境的交織反應下，得以醞釀《地緯》這類著作的產生。

《地緯》中世界地理知識的資料來源，既直接代表熊人霖個人才學識的形成及展現，也密切透露出明清之際地理學發展的取向與特點。有鑑於此，本章的節次安排，係根據《地緯》中世界地理知識之資料來源的時序，首先探索熊人霖與明代士人相關域外、海外傳述的淵源，其次敘述其對耶穌會士西方地理知識的傳承，尤其著重在他接觸艾儒略《職方外紀》的經歷及運用，各立一節討論。

〔註 2〕 王重民，《中國善本書提要》，頁 213。

第一節　明代相關域外及海外傳述的淵源

　　熊人霖在天啓三、四年間閱讀《職方外紀》之前,曾親身遊歷或透過其父熊明遇的啓迪,接觸到傳統學術中相關域外、海外風俗民情與物產交通的傳聞及著述。其形諸文字刊行於世者,即一般所謂的「四裔」著作。此類著述依《四庫全書總目》的分門別類,多列爲史部地理類外紀之屬,〔註3〕包括耶穌會士利瑪竇的《坤輿萬國全圖》及艾儒略《職方外紀》,均可歸入此學術範疇。〔註4〕王重民先前的研究所提示的《四夷館考》、《東西洋考》等書,乃明代士人個中名著。由於《地緯》沿襲了這類著作的體例架構、取材內容與論述風格,因此,明代四裔著述的脈絡傳承對於《地緯》的成書,實具有舉足輕重的意義。本節首先鋪陳明代傳統四裔地理著述的發展取向,其次敘述熊人霖「幼從大人宦學」時期的見聞,藉以勾勒出《地緯》的資料來源與明代士人所著相關域外、海外傳述的淵源。

一、明代四裔地理著述的發展取向

　　「古者天子欲周知風俗,則有輶軒之使,采風陳謠」,〔註5〕自古以來,人們政經文化活動的拓展,往往影響傳統地理知識的演變。〔註6〕明代傳統四裔地理著述的發展取向,正聯繫著大明帝國對外關係的離合進退,攸關知識份子對於時局世變和國家安危的認知及考量,同時也呈現出人們對於域外及海外奇聞異事的好奇與興致。有明一代,記述「四裔」的相關史籍爲數不少。蓋「四裔者,四夷也」,〔註7〕古稱天子守在四夷,蠻夷率服,〔註8〕清代《皇朝文獻通考》(1747)卷二九三〈四裔考一〉解釋「裔」爲:

〔註3〕《四庫全書》蒐羅歷代有關域外、海外的四裔著作,計有:南朝宋法顯《佛國記》、唐代玄奘《大唐西域記》、宋代徐兢《宣和奉始高麗圖經》、趙汝适《諸蕃志》、朱輔《溪蠻叢笑》、元代周達觀《真臘風土記》、汪大淵《島夷志略》、明代董越《朝鮮賦》、黃衷《海語》、張燮《東西洋考》、艾儒略《職方外紀》、鄺露《赤雅》、不著撰人《朝鮮志》、清代傅恒等《皇清職貢圖》、南懷仁《坤輿圖說》、圖理琛《異域錄》、陳倫炯《海國聞見錄》。

〔註4〕姚瑩,《康輶紀行》,卷9,頁3309～3310;朱士嘉,〈明代四裔書目〉,頁152～154。

〔註5〕熊人霖,〈賀澹餘星輅詠引〉,《南榮集》,文卷17,頁1a。

〔註6〕曹婉如,〈中國古代地理學史的幾個問題〉,頁242～250。

〔註7〕劉獻廷,《廣陽雜記》,卷1,頁1a。

〔註8〕蔡纘,〈九邊考敘〉,魏煥,《皇明九邊考》,頁1a。

> 中土居大地之中，瀛海四環，其緣邊濱海而居者，是謂之裔；海外
> 諸國亦謂之裔，裔之爲言邊也。三代以降，中原幅員，視主德爲廣
> 狹，四裔遠近，亦隨時轉移。〔註9〕

在這段文字裡，將中國居大地之中，四裔諸國環繞其周邊的地理關係，視爲理所當然，這自然是傳統華夏中心觀的一種發揮。就現實的層面而言，歷史上中國與邊裔四夷的關係，往往隨政治文化的演進而改變，也影響了傳統地理知識的視野。明代傳統四裔著作的風氣，無非是延續歷代知識份子留心及考察邊域或海外地理知識的學術傳統。

從先秦至兩漢時代《山海經》、《穆天子傳》等記載域外和海外奇事異聞的傳統開始，至西漢武帝時張騫與東漢明帝起班超、班勇父子先後出使西域的政治軍事活動，影響所及，開啓了司馬遷《史記‧大宛列傳》、班固等《漢書‧西域傳》及范曄《後漢書‧西域傳》對於當時西域邊疆及其與漢帝國關係的敘述格局。迄魏晉南北朝及隋唐五代時期，隨著中國與域外及海外各地的交往頻繁，地理視野的變遷及拓展，獲得進一步的傳承或發展。〔註10〕其間，因大批中國佛教僧徒西行求法，醞釀而成東晉法顯的《佛國記》和唐朝玄奘的《大唐西域記》等記錄西域風土民情的名著。〔註11〕宋元時代，中國海上交通貿易繁盛，〔註12〕記載遠洋異國的海外遊記及地理著述迭出，舉要如北宋徐兢《宣和奉使高麗圖經》（1124）、南宋周去非《嶺外代答》（1178）、趙汝适《諸蕃志》（1225）、朱輔《溪蠻叢笑》，以及元代航海家周達觀《眞臘風土記》（1297）、汪大淵《島夷志略》（1349）和周致中《異域志》等。這類的著作，成爲明代士紳留心輿地外紀的參照範例。〔註13〕明代四裔地理著述大致依循著前述的學術脈絡，進而蔚爲大觀。〔註14〕會有如此特盛的現象，則與明朝國力的伸張及邊防「知己知彼」的實際需要，息息相關。

〔註9〕 乾隆十二年敕撰，《皇朝文獻通考》，卷293，頁579。

〔註10〕 楊文衡，〈試論中國古代地學與自然和社會環境的關係〉，頁3。

〔註11〕 中國科學院自然科學史研究所地學史組主編，《中國古代地理學史》，頁360～368。

〔註12〕 李東華，《泉州與我國中古的海上交通》，頁5～224。

〔註13〕 如馬歡〈瀛涯勝覽序〉中云：「余昔觀《島夷誌》……歷涉諸邦，……然後知《島夷誌》之所著者不誣」，《瀛涯勝覽》，頁1a；黃衷〈海語序〉中記：「所謂禮失而求諸野者，……《島夷》、《諸番》二志，土風國俗，亦間見耳」，《海語》，頁1b。另參閱羅曰耿，《咸賓錄》，〈咸賓錄引用書目〉，頁1a～4a。

〔註14〕 Joseph Needham, *Science and Civilisation in China*, vol. 3, pp. 511～512.

　　元末天下動蕩，經明太祖朱元璋北定中原，聲威遠播，再加上太祖和成祖的雄才大略，致力經營邊事，逐漸形成四夷賓服及萬方朝貢的盛況。〔註 15〕尤其「當成祖時，銳意通四夷」，〔註 16〕首先是從永樂三年（1405）起，命鄭和等陸續通使西洋，告諭四夷諸邦，昭示大明帝國恩威，〔註 17〕連帶影響明代地理知識的發展，產生了馬歡《瀛涯勝覽》（1416）、鞏珍《西洋番國志》（1434）、費信《星槎勝覽》（1436）、黃省曾《西洋朝貢典錄》（1520）等幾部記載南海和印度洋諸國風情的重要四裔著作。這些著作刻意宣揚明代聲教之遠，間亦影響日後明代人士對於海外夷情的關懷。〔註 18〕其次，明成祖曾數次親征朔漠，經略塞北，遣使四出招徠，永樂十一年（1413）起，更命陳誠數次奉使西域，至永樂十三年（1415），陳誠進呈親歷紀錄《行程記》（《西域行程記》）暨《西域記》（《西域番國志》）傳世，明人著述凡涉及西域山川風俗人物者，多以此二書為圭臬，是為明代士大夫使邊紀聞的嚆矢。〔註 19〕

　　明初因開展對四裔外交政務的需要，洪武二年（1369）中，制定蕃王朝貢禮、奉使入貢禮，逐步建立「朝貢制度」。〔註 20〕洪武十三年（1380），更置行人司，專職奉使事宜。〔註 21〕為便於使臣往復朔漠能通達其情，洪武十五年（1382）正月，命翰林院侍講火源潔等人編類《華夷譯語》，以華言譯蒙元語，〔註 22〕書成刊布之後，「自是使者具得夷情」。〔註 23〕永樂五年（1407），因四夷朝貢言語文字不通，命禮部選國子監生蔣禮等三十八人，隸翰林院，習譯書，〔註 24〕復設韃靼、女直、西番、西天、回回、百夷、高昌、緬甸八館。武宗正德六年（1511），另設八百館；神宗萬曆七年（1579），又增設暹羅

〔註 15〕張廷玉等，《明史》，卷 7，〈成祖紀三〉，頁 93～105。

〔註 16〕張廷玉等，《明史》，卷 304，〈宦官傳一〉，頁 7768。

〔註 17〕鞏珍，《西洋番國誌》，頁 205。

〔註 18〕Joseph Needham, *Science and Civilisation in China*, vol. 3, pp. 558～559. 另參閱邱炫煜，《明帝國與南海諸蕃國關係的演變》，頁 309～312。

〔註 19〕王繼光，〈關於陳誠西使及其《西域行程記》、《西域番國志》〉，收入周連寬校注，《西域行程記》，頁 2～27。

〔註 20〕《太祖實錄》，卷 45，洪武二年九月壬子條，頁 884～886；申時行等修，《明會典》，卷 108，〈朝貢四〉，頁 585。

〔註 21〕申時行等修，《明會典》，卷 117，〈行人司〉，頁 612。

〔註 22〕《太祖實錄》，卷 141，洪武十五年正月丙戌條，頁 2223～2224；劉三吾，〈華夷譯語序〉，頁 1a～3a。

〔註 23〕姜曰廣，《輶軒紀事》，頁 22b。

〔註 24〕《太宗實錄》，卷 65，永樂五年三月癸酉條，頁 920。

館，凡十館。〔註 25〕四夷館之設，主要負責翻譯外國朝貢者的呈表，連帶具有掌握夷情的效用，「於彼國之來使，凡山川、道里、食貨、謠俗，瞭然如觀掌」。〔註 26〕至萬曆八年（1580），王宗載提督四夷館，鑑於斯時「肄習既廢，籍記無徵」，於是著作《四夷館考》二卷，卷上分為韃靼館、回回館、西番館；卷下列高昌館、百夷館、緬甸館、西天館、八百館、暹羅館，記載邊疆諸地歷史沿革、地理物產暨風俗民情。〔註 27〕

至明代中葉，累積自宋元以來長時期對於統治疆域及國際關係的認知，足以做一整體性的統籌與整理，先是景帝景泰七年（1456）五月，陳循等纂修成全國總志《寰宇通志》一一九卷，〔註 28〕曾參引如《島夷志》、《諸蕃志》、徐兢《高麗圖經》、《百夷傳》、陳誠《使西域記》等書。書中卷一一六至一一九專列外夷，分述殊方異域與中國的離合關係。〔註 29〕英宗天順二年（1458）八月起，命閣臣李賢等纂修《大明一統志》，至天順五年（1461）四月編成，共九十卷，〔註 30〕內容呈現中國統治疆域及域外、海外殊邦沿革地理，反映當時中國知識界對所處世界的認知範圍。該書卷八十九、九十分述外夷諸國，象徵明代大一統意識與四夷朝貢暨受封關係的標準。〔註 31〕該書立基深遠，嗣後凡傳統四裔著述或徵考其文，參以邊將譯使之言，藉以發凡起例、著書立說，〔註 32〕至明代後期甚至成為士大夫判別西方地理知識的準則，〔註 33〕乃至於耶穌會士取捨中西地理知識間的主要依據之一。

明帝國邊防屢起紛擾，明初即有北防九邊（遼東、薊州、宣府、大同、三

〔註 25〕申時行等修，《明會典》，卷 2，〈翰林院〉，頁 12；張廷玉等，《明史》，卷 74，〈職官志三〉，頁 1797～1798。

〔註 26〕錢曾，《讀書敏求記》，卷 2，〈王宗載四夷館考二卷〉，頁 58a。

〔註 27〕錢曾，《讀書敏求記》，卷 2，頁 58a-b；方豪，《中西交通史》，頁 687。

〔註 28〕《英宗實錄》，卷 266，景泰七年五月丁丑條，頁 5645～5646。

〔註 29〕陳循等，《寰宇通志》，〈寰宇通志引用書目〉，頁 4a。

〔註 30〕《英宗實錄》，卷 327，天順五年夏四月乙酉條，頁 6740；李賢等，〈進大明一統志表〉，《大明一統志》，頁 1a～4a；談遷，《國榷》，卷 32，頁 2074 及卷 33，頁 2119。

〔註 31〕參閱李賢等，《大明一統志》，卷 89，頁 1a～25a 及卷 90，頁 1a～28b。

〔註 32〕魏煥，《皇明九邊考》，〈凡例〉，頁 14；羅曰耿，《咸賓錄》，〈凡例〉，頁 2a-b。

〔註 33〕參閱謝宮花，〈曆法論〉，收入徐昌治輯，《聖朝破邪集》，卷 6，頁 22a-b。談遷《國榷》卷 81 中提到：「利瑪竇謂航西海二年達廣南，……《一統志》載西域默德那國，尚天教，語術數，雕鏤宮室，精巧頗似大西洋，吾意其人蓋近是也」（頁 5021）。

關、榆林、寧夏、甘肅、固原）之設，〔註34〕明中葉時北疆韃靼、瓦剌爲患，
加上世宗嘉靖以降，前有倭寇勾結中國海盜橫行東南海域，反覆爲虞；〔註35〕
後有朝鮮之亂，至萬曆後期建州女眞崛起東北，兵連禍結。〔註36〕明代官紳或
鑒於「四夷爲中國患，從來久矣」，〔註37〕爲明其歷史沿革，知敵我強弱分合之
勢，以籌措制馭進退之道，陸續有因應軍事國防需要的四裔地理著作產生。如
董策於嘉靖二十年（1541）敘魏煥《皇明九邊考》時，推崇其作：

> 凡有益於家國天下者，靡不究竟。……得是集而考之，則內外華夷
> 之辨，古今形勝之詳，封守險要之樞，國計虛情之故，夷情之順逆，
> 謀慮之淺深，可達觀矣！……是書也，其經國者之遠猷哉！〔註38〕

嘉靖四十三年（1564），鄭曉（1499～1566）自序《皇明四夷考》中指出，所
謂四夷「盛衰之運，中國有安危焉，以故別考而存之，戰守之略可幾而得矣」。
〔註39〕萬曆二年（1574），嚴從簡於《殊域周咨錄》的〈題詞〉中自稱：

> 明興文命，誕敷賓廷，執玉之國，梯航而至，故懷來綏服，……而
> 行人之轍遍荒徼矣。……況國家每有征伐，必以行人爲之先諭，……
> 君子稱行人之職，與將相爲表裡，……豈可曰軍旅之事，吾未之學；
> 邊疆之籌，吾未之任，而漫焉廢講哉！乃備錄之。〔註40〕

此外，嚴清在該書的序言中，秉持著「聖明有道，守在四夷」的觀點，贊譽此
書：「況於制馭夷狄，其關係治道尤大，能不遵先王之道而可無過者否矣！……
我姪斯錄也，……則豈非爲天下九經中柔遠人懷諸侯之模範哉！」〔註41〕通觀
這些論述，概反映出明代官紳懷柔遠方的自許及其對邊防事務的重視。有明一
代國力的伸張與邊防的需求，適足以擴展知識份子對於域外、海外輿情的視野。

　　十五、十六世紀，歐洲正值所謂「地理大發現」的時代。1511 年（正德
六年），葡萄牙人佔領滿剌加（麻六甲），爲求互市，時常侵擾中國東南沿海

〔註34〕魏煥於嘉靖中任兵部職方清吏司主事時，曾輯《皇明九邊考》10 卷，詳論其
　　　　沿革利害、戰守防備及疆域保障諸事。
〔註35〕薛俊，《日本考略》，〈寇邊略〉，頁 11b～12b；嚴從簡，《殊域周咨錄》，卷 3，
　　　　〈日本國〉，頁 83～117；蔡汝賢，《東夷圖説》，頁 429～430。
〔註36〕天都山臣，《建州女直考》，頁 1a～4b。另參閱茅瑞徵《東夷考略》一書。
〔註37〕葉向高，《四夷考》，卷 1，〈日本考〉，頁 5b。
〔註38〕董策，〈九邊考敘〉，魏煥，《皇明九邊考》，卷 10，頁 23a-b。
〔註39〕鄭曉，〈皇明四夷考序〉，《皇明四夷考》，頁 457。
〔註40〕嚴從簡，〈殊域周咨錄題詞〉，《殊域周咨錄》，頁 3～4。
〔註41〕嚴清，〈殊域周咨錄序〉，《殊域周咨錄》，頁 1～2。

地區。1557 年（嘉靖三十六年），葡萄牙人佔據澳門，以此作爲其經營東方轉販貿易的根據地。〔註42〕西班牙與荷蘭商舶爲了廣求海外殖民地，亦踵接於葡萄牙之後，絡繹東來。在當時許多晚明士人的心目中，西班牙、葡萄牙人（佛郎機人）以及荷蘭人（紅毛番）的海上通商與傳教活動，已構成明季東南海防的威脅。〔註43〕如張燮在萬曆四十五年（1617）成書的《東西洋考》卷七〈餉稅考〉中，提到他對於明季東南海防潛在危機的感觸：

> 大率夷人入市中國，中國而商於夷，未有今日之夥者也。夷人來市，似乎以逸待勞，然鱗介窺我版圖，紛然其擾，不若自此之彼，境內永清，……抑可深長思矣。〔註44〕

基於如此的體認，張燮完成《東西洋考》十二卷，成爲當時記載東南亞、南洋諸國、雞籠淡水（今臺灣）、琉球、日本以及紅毛番等海外風土民情的重要典籍。〔註45〕書中陳述東西洋列國與福建地區的貿易交通之餘，偶亦流露出作者自身對於海防問題的危機意識。

總而言之，由於鄭和下西洋暨陳誠使西域的成就，助長明人關注邊裔情勢的動機。行人使邊或士紳謫邊之餘，往往也具筆「舟車所抵，耳目所得」。〔註46〕懷方柔遠的朝貢制度與四夷館制的建立，加上軍事國防需要種種因素的交互配合，結果促成了《海語》（1536）、《皇明四夷考》、《殊域周咨錄》、《四夷館考》、《北虜風俗》、《東夷圖說》（1586）、《咸賓錄》（1590）、《四夷考》、《四夷廣記》（1602）、《裔乘》（1615）、《東西洋考》、《皇明象胥錄》（1629）等一類著作的大量刊行。這類著述的資料來源，主要是稽考載籍史牒，廣諏故老所聞及耳目近事，〔註47〕或得自山翁海客之談，周咨採風，積漸成帙。〔註48〕整體內容詳今略古，契合時局，有助於經綸世務者資治查考，具體表達了明代官紳對於中外關係的反省。學者朱士嘉在〈明代四裔書目〉中計

〔註42〕 張增信，《明季東南中國的海上活動》上編，頁 193～267；張增信，〈十六世紀前期葡萄牙人在中國沿海的貿易據點〉，頁 75～104。
〔註43〕 張維華，《明史佛郎機呂宋和蘭意大里亞四傳注釋》，頁 5～155。
〔註44〕 張燮，《東西洋考》，卷 7，頁 103。
〔註45〕 邱炫煜，〈明代張燮及其《東西洋考》〉，頁 67～112。
〔註46〕 黃福，《奉使安南水程日記》，頁 1a。
〔註47〕 薛俊，〈日本考略序〉，《日本考略》，頁 3a；顧岕，《海槎餘錄》，頁 257；茅瑞徵，〈象胥錄序〉，《皇明象胥考》，頁 1a；黎澄，〈南翁夢錄序〉，《南翁夢錄》，頁 1a。
〔註48〕 黃衷，〈海語序〉，《海語》，頁 1b；魏濬，〈西事珥引〉，《西事珥》，頁 747～748。

彙整此類書籍凡一百一十六種，對於明代四裔著述搜羅詳細，書中所列以嘉靖至萬曆年間刊行者居多。〔註49〕明代中後期四裔地理著作之盛，於此可見一斑。這些著述到了明清之際，往往成為當時知識份子衡量或取捨西方地理知識的參照經典。

值得注意的是，熊人霖《地緯》中世界地理知識的資料來源，也有相關的學術脈絡跡象可尋。根據該書第八十四〈地緯繫〉中的說法：

> 洪武、永樂以來，梯高山，航大海，朝貢者，無慮數百國，……明興置十三館（凡四夷之館，十有三，朝鮮、琉求、日本、暹羅、安南、滿剌、百夷、韃靼、女直、委兀兒、西番、回回、占城），以處貢夷，……且令各邊修守戰之備，……余故溯之古始，稽之實錄，……徵之十三館之籍，以紀其方貢；考之象胥之傳，詢之重譯之語……
> 〔註50〕

筆者認為，此段敘述正代表該書與明代四裔著述傳統的密切聯繫。引文中熊人霖鋪陳明代國際關係的景象及其應運而起的四夷館制、相關典籍與傳聞的產生和流通，成為他撰著《地緯》時溯稽徵考的文獻史冊，明顯透露出該書涉及明代四裔著作的資料傳承部分。為求進一步明瞭《地緯》承續明代傳統四裔學的體例格局，茲擇明中葉以後幾部代表性著作之篇目大要，如萬曆二年《殊域周咨錄》、萬曆八年《四夷館考》、萬曆年間葉向高《四夷考》、萬曆四十五年《東西洋考》等書，與《地緯》相互比照如下（參閱表2-1）。

表2-1：《地緯》與明代後期四裔著述之篇章比對表

書 名	篇 章 名 稱	與《地緯》相似篇章
殊域周咨錄	朝鮮、日本、琉球、安南、占城、眞臘、暹羅、滿剌加、爪哇、三佛齊、浡泥、瑣里古里、蘇門答剌、錫蘭、蘇祿、麻剌、忽魯謨斯、佛郎機、雲南、百夷、吐蕃、拂林、榜葛剌、默德那、天方國、哈密、土魯番、赤斤蒙古、安定阿端、曲先、罕東、火州、撒馬兒罕、亦力把力、于闐、哈烈、韃靼、兀良哈、女直	朝鮮、日本、琉球、安南、占城、眞臘、暹羅、滿剌加、爪哇、三佛齊、浡泥、蘇門答剌、蘇祿、麻剌、佛郎機、榜葛剌、默德那、天方國、哈密、赤斤蒙古、安定阿端、曲先、罕東、火州、撒馬兒罕、亦力把力、于闐、哈烈、韃靼

〔註49〕 朱士嘉，〈明代四裔書目〉，頁137～158。另可參閱筆者在該文的基礎上，稍加整理及增補所列本書之附錄三。

〔註50〕 熊人霖，《地緯》，頁195a～196b。

四夷考	朝鮮、日本、安南、女直、朵顏三衛、哈密（赤斤蒙古、安定阿端、曲先、罕東、罕東左、沙州）、西番、土魯番、北虜	朝鮮、日本、安南、哈密、西番
四夷館考	韃靼館、兀良哈、回回館、撒馬兒罕、天方、土魯番、占城、日本、爪哇、眞臘、滿剌加、西番館、高昌館、哈密、安定阿端、曲先、罕東、魯陳、亦力把力、黑婁、百夷館、孟養、孟定、南甸、干崖、隴川、威遠、灣甸、鎮康、大侯、芒市、景東、鶴慶、者樂甸、緬甸館、西天館、八百館、老撾、車里、孟良、暹羅館	韃靼館、回回館、撒馬兒罕、天方、占城、日本、爪哇、眞臘、滿剌加、西番館、哈密、安定阿端、曲先、罕東、亦力把力、暹羅館
東西洋考	交趾、占城、暹羅、下港、柬埔寨、大泥、麻六甲、啞齊、彭亨、柔佛、丁機宜、思吉港、文郎馬神、池悶、呂宋、蘇祿、貓里務、沙瑤吶嗶嘽、美洛居、文萊、雞籠淡水（東番考）、日本、紅毛番	占城、暹羅、麻六甲、呂宋、蘇祿、雞籠淡水（東番考）、日本、紅毛番

從表 2-1 中，就篇章名稱對照而論，《地緯》中「大瞻納」洲域（即今亞洲地區，其名稱緣由參閱本書第三章第二節）所列諸國各區，多與其前書目相似，或亦有傳襲之處，共同反映出明人所撰四裔著作關心及視野所及的地域。此外，《地緯》第四十四篇〈荒服諸小國〉記占麻剌、彭亨、古里、瑣里、西洋瑣里、錫蘭山、葛答、百花、波羅、合貓里、碟里、打回、日羅下治、阿魯（啞魯）、甘巴里、忽魯漠斯、忽魯母思、柯枝、麻林、沼納樸兒、加異勒、祖法兒（左法兒）、溜山環、牒幹國、阿哇、淡山、小葛蘭、須文達那、覽邦、拂麻、南巫里（南泥里）、急蘭丹、奇剌尼、夏剌北、窟察尼、烏涉剌踢、魯密、彭加那、捨剌齊、入可意、坎巴夷替、左法兒（祖法兒）、黑葛達、入答黑商、日落、夷北小王子、兆州番、保縣、松潘、西固城、階州文縣等，〔註51〕如與前舉諸書內容比對，亦可大略看出《地緯》亞洲部分的資料來源。

由於明代士紳對於亞洲地理的掌握與認識，形諸於書，傳之於聞，熊人霖得以旁徵博引，眾採諸說。《地緯》之「大瞻納」部分共四十三篇，若除去與《職方外紀》之「亞細亞」部分雷同的十五篇外（詳見本章第二節），其餘二十八篇的資料，多係採擷自明季人士相關域外及海外的地理著作內容，或者是參考歷代各朝的傳統史志典章，並且如同《職方外紀》一般，在分說世界諸國地理風俗的篇章安排部分，沿襲以地爲經、以史爲緯的列國志著作體例。

〔註51〕熊人霖，《地緯》，頁 111a〜114b。

　　從以上的分析可見，《地緯》與明代傳統四裔著述在體例方面的一致性，在資料上或有直接傳承的脈絡可尋。而熊人霖接觸這些傳述的管道，或許與他「幼從大人宦學」時期的經歷所累積的見聞，有著密切的關係。

二、「幼從大人宦學」時期的見聞

　　熊人霖自述幼時曾「趨庭而問格致，謀野以在土風」，〔註52〕不僅受教於曾任兵科署科事給事中的父親熊明遇，〔註53〕也多留心於各地風俗民情，這樣的經歷自然成為他撰著《地緯》的主要傳統學識背景，並直接落實在該書資料的運用上。茲以《地緯》第四十二篇〈東番志〉的敘述為例：

> 東番者，居海島中，載籍無所考信。其俗土著，無大君長，於中國不絕遠，從泉州海，更彭湖中，……其地起魍港、加老灣，歷大員、堯港、狗嶼、雙溪、加哩林、沙巴里，斷續凡千里。而山之雞籠、淡水最名。……亦有瓜分北港課漁者矣。甚哉！海水之為利害也，……居海島中，酷畏海，……老死不與他夷相往來。永樂初，鄭監航海諭諸夷，東番獨遠竄，不聽約束。〔註54〕

此段敘述中的東番即今臺灣。在萬曆四十五年之後刊行的張燮《東西洋考》卷五〈東番考·雞籠淡水〉中記載：「雞籠山、淡水洋在彭湖嶼之東北，故名北港，又名東番云。……無君長徭賦，……居島中，不善舟，且酷畏海，……老死不與他夷相往來。永樂初，鄭中貴航海諭諸夷，東番獨遠竄不聽約」，〔註55〕其所載地名、番俗和物產與《地緯》之〈東番志〉頗有共通處。如進一步追溯這些相關記載的淵源，其原始出處應為陳第的〈東番記〉。

　　萬曆三十年十二月，福建浯嶼指揮沈有容（字士弘，福建宣城人）曾率水師渡海來臺剿除倭寇，〔註56〕隨行的陳第（字季立，連江人）於翌年春撰〈東番記〉，收錄在沈有容編輯的《閩海贈言》卷二中，該文起始即謂：

〔註52〕熊人霖，〈地緯自序〉，頁 1b～2a。

〔註53〕熊明遇於萬曆四十三年（1615）授掌是職，熊人霖時年十二歲，隨侍父親讀書於邸舍間。見瀟江居士，〈操縵草題詞〉，《南榮集·詩稿原序》，頁 2b。

〔註54〕熊人霖，《地緯》，頁 107a～109a。

〔註55〕張燮，《東西洋考》，卷 5，頁 181～186。

〔註56〕據陳第〈舟師客問〉中記載：「萬曆壬寅（三十年）臘月初旬，將軍沈有容率師渡海，破賊東番。海波盪定，除夕班師」，收入沈有容編，方豪校訂，《閩海贈言》，卷 2，頁 28。

　　東番夷人不知所自始，居彭湖外洋海島中，起魁港、加老灣，歷大員、堯港、打狗嶼、小淡水、雙溪口、加哩林、沙巴里、大幫坑，皆其居也。斷續凡千餘里，種類甚蕃。……居島中，不能舟；酷畏海，……老死不與他夷相往來。永樂初，鄭內監航海喻諸夷，東番獨遠竄不聽約。〔註57〕

由此可見，《地緯》第四十二篇〈東番志〉與陳第〈東番記〉的內文頗有諸多雷同之處，就時序上而言，先出的陳第〈東番記〉應為後出的《地緯‧東番志》所本。據學者方豪的研究，陳第〈東番記〉為明季親臨臺灣的中國士人，「目擊本島情形者所遺之最早文獻」。〔註58〕嗣後如陳第友人何喬遠《閩書》卷一四六〈島夷志〉所記東番文，以及張燮《東西洋考》卷五〈東番考‧雞籠淡水〉，係多採錄自該份文錄。陳第〈東番記〉一文，實為當時福建人士認識臺灣地理分佈、風俗民情及物產交通的重要歷史資料。〔註59〕值得注意的是，熊明遇與熊人霖於萬曆後期正身處福建。

　　萬曆四十六年（1618），朝議以兵科給事中熊明遇與東林黨人士互通聲息，〔註60〕熊明遇為此左遷福建僉事；次年（1619），至閩臬任正飭下，熊明遇奉令「按察閩中，而治于福寧州者，東西甌之間也」。〔註61〕熊明遇鑒於福寧地處閩浙交界，負山臨海，州邑鄙遠，正當海外盜賊往來行徑，「蒼兕滿水，赭衣滿山」，〔註62〕於是年十月間，修城築臺，供應練營衛兵，俾清除閩海群盜。〔註63〕斯時年值十六歲的熊人霖，以「既冠，當隨大人官閩」。〔註64〕這段期間，熊人霖讀書於閩中逍遙閣，陪同熊明遇「吏隱滄江濱」，「幸見漁樵樂」。〔註65〕

　　當時熊明遇與沈有容相識往來，曾陸續題著詩文序言贈沈有容，這些作品

〔註57〕沈有容編，《閩海贈言》，卷2，頁24～27。
〔註58〕方豪，〈「閩海贈言」（方氏慎修堂影印本）序〉，《方豪六十自定稿》，頁2238。
〔註59〕方豪，〈陳第東番記考證〉，《方豪六十自定稿》，頁845～880。
〔註60〕張廷玉等，《明史》，卷257，〈熊明遇傳〉，頁6630。
〔註61〕熊明遇，〈福寧州新建龍光寶塔碑〉，《文直行書》，文卷1，頁32b。
〔註62〕熊明遇，〈福寧州議革坊里營衛供應碑〉，《文直行書》，文卷1，頁35b。
〔註63〕熊人霖，〈先府君宮保公神道碑銘〉；章士鴻，〈文直先生傳〉，《文直行書》，卷之前，頁前63a-b。
〔註64〕熊人霖，〈誥封喻恭人墓誌銘〉，《鶴臺先生熊山文選》，卷13。熊人霖〈籌海樓望三山〉詩旁註：「己未（1619）夏，隨大人閩臬署中」，《南榮集》，詩卷6，頁6a。
〔註65〕熊人霖，〈逍遙閣〉，《南榮集》，詩卷6，頁2a-b。

亦同陳第〈東番記〉收錄在沈有容編輯的《閩海贈言》中。如卷三之〈定海新署落成序〉，〔註66〕題「萬曆己未孟秋贈」（即萬曆四十七年），序中提到「熊子喜其新署之成，遂作定海歌以落之」。此外，書中卷四亦載錄熊明遇〈定海歌爲士弘沈將軍作〉詩云：「吾今爲歌定海歌，斷鰲之足海無波。與君醉飲金叵羅，泰山四維高峩峩」；〔註67〕卷五〈贈寧海沈將軍總鎮登萊〉詩云：「回首江湖看意氣，誓心天地論英雄。休嗟漢法多孤負，誰斬樓蘭飲帳中？」〔註68〕熊明遇與沈有容二人的惺惺相惜，歷歷可目。

　　《閩海贈言》中並載錄〈東番記〉著者陳第、《四夷考》著者葉向高（字進卿，福清人）、《東西洋考》著者張燮（字紹和，龍溪人）、《閩書》與《名山藏》著者何喬遠（字穉孝，晉江人）等福建籍文人學士多篇的詩文贈序。據該書〈凡例〉稱：「贈言以閩海稱，所載篇什悉出閩中士大夫及諸當事。間載一二非閩中者，以篇中獨詳閩事，不得例拘也」；〔註69〕何喬遠在〈閩海贈言序〉中也提到：「《閩海贈言》者何？宣州沈士弘來爲禆師，得縉紳諸公所贈言，合而刻之者也」，〔註70〕反映當時以沈有容爲中心，閩省各地官紳文人詩文酬唱及往來遊歷的景況。

　　熊明遇既至閩省整備以清海盜，身歷島夷雲擾、海警頻仍的情境，〔註71〕對於東南海防亦具有深刻的認知。其於萬曆四十七年〈定海新署落成序〉中，提及官閩時東行海上、目睹汪洋的感慨：「予奉勒書治兵溫麻，東行海上，不覺望洋而歎曰：甚乎哉！天下之大利大害也」。〔註72〕同年〈閩海蕩平志喜〉詩云：「使者專符一路分，行營時閱水犀軍，……盜賊革心歸買犢，蠻倭納款淨收氛。……賈舶聯翩天外至，魚舡歌笑夜中聞。由來海熟如日熟，盡屏山君賴聖君」。〔註73〕爾後，熊明遇將其治兵閩中蕩除盜賊的親身歷練，集於《島人傳》中：

　　　　奸闌之民，橫行海上，乃閩中四群爲尤甚。……如東番本甌脫奸闌

〔註66〕沈有容編，《閩海贈言》，卷3，頁53～56。此文亦收入《文直行書》，文卷1，頁41a～43b，題爲〈沈參軍定海新署落成碑〉。

〔註67〕熊明遇，〈定海歌爲士弘沈將軍作〉，《閩海贈言》，卷5，頁109。

〔註68〕熊明遇，〈贈寧海沈將軍總鎮登萊〉，《閩海贈言》，卷4，頁77。

〔註69〕沈有容編，《閩海贈言》，頁11。

〔註70〕沈有容編，《閩海贈言》，頁7。

〔註71〕熊明遇，〈福寧重修州城碑〉，《文直行書》，文卷1，頁30a～31b。

〔註72〕沈有容編，《閩海贈言》，卷3，頁54。

〔註73〕熊明遇，《文直行書》，詩卷12，頁2a。

盜賊，歸之若流水，……余治兵閩中，見盜賊滿山海，……不軌逐
利之徒率怙大氣力為奧主，因時衡于氣數開塞之機，而嗟海水之為
大利大害也，作《島人傳》。〔註74〕

《島人傳》凡錄〈佛郎機〉、〈呂宋〉、〈紅毛番〉、〈東番〉、〈琉球〉、〈日本〉
等篇，從海防的觀點敘述中國與外夷的利害關係。全書的著述旨趣與內容取
向，直接表達熊明遇對於閩海情勢的體認。而沈有容和陳第等人的親歷見聞，
對他似乎具有啟示之效與徵引之功，如《島人傳》中〈東番〉的內容即明顯
地脫胎自陳第的〈東番記〉。〔註75〕此外，該書〈紅毛番〉中記載萬曆三十二
年（1604）七月後，沈有容論退入據澎湖島的「大西洋紅毛番」長韋麻郎
（Wijbrant van Waerwijck）一事：

議曰：彭湖漳泉，臥榻之邊，市一開，必且勾外裔，逼處此土，其
害有不可言者，斥之便，不則勦之。於是橄浯嶼徼巡將沈有容往，
有容曰：彼來求市，非為寇也，勦之無名，……有容為之陳說漢法
嚴，無敢奸闌者，於是率部落免冠叩首，揚帆望西海而去。〔註76〕

由此可見，《島人傳》的資料根據，主要得自於熊明遇在福建地區的交遊經歷
所得實地見聞，間或採納閩籍人士的各類著述內容。

從中外交通史的觀點，《島人傳》的完成，也體現出福建地區在中國海
洋發展史上的特殊地位。自古以來，海上交通對於福建地區的開發具有舉足
輕重的影響，閩人也以擅長操舟航海的本領著稱於世。〔註77〕唐宋元時期，
福建沿海地區因具備良好的航海條件，發展成海外交通與貿易往來的重要港
灣據點，〔註78〕當地人士透過舟師商賈易於接觸到若干海外奇聞異事。明初
自太祖期間建立東南海防體系以防備倭患，採取移民內地堅壁清野的措施，
〔註79〕至洪武三年（1370）頒行海禁令後，三番數次嚴禁人民「下海通番」，
長時期實施貢舶貿易政策，任何民間私人的海外貿易皆遭受嚴行取締。〔註
80〕然而，閩人的海上活動並未就此斷絕，越關冒禁，進行走私貿易者依舊

〔註74〕 熊明遇，《島人傳》，收入《文直行書》，文卷13，頁19b～20a。
〔註75〕 熊明遇，《文直行書》，文卷13，頁25b～28b。
〔註76〕 熊明遇，《文直行書》，文卷13，頁25a。
〔註77〕 李東華，〈海上交通與古代福建地區的發展〉，頁59～74。
〔註78〕 李東華，〈五代北宋以降泉州海外交通轉盛的原因〉，頁1～17；李東華，〈宋
元時代泉州海外交通的盛況〉，頁1～40。
〔註79〕 尹章義，〈湯和與明初東南海防〉，頁93～134。
〔註80〕 陳文石，《明洪武嘉靖間的海禁政策》，頁41～76。

不絕於縷。明世宗嘉靖前後，由於「內地不逞之氓，勾引倭夷」，〔註81〕頻寇於濱海郡縣，閩浙地區飽受侵擾。爾後西班牙、葡萄牙及荷蘭商舶往來劫掠，中外接觸頻密，有識之士憂心忡忡，或形諸筆墨，編次成書，以求洞察機宜。〔註82〕從元汪大淵《島夷志略》到明代卜大同《備倭圖記》（嘉靖中任福建巡海副使備倭時撰）及《東西洋考》、《島人傳》等書，即是在這樣的背景與動機下產生。

　　萬曆晚期，熊人霖既隨熊明遇置身福建，生性「好游學四方，操奇覽勝為樂」〔註83〕的他，登臨福建名山勝景之際，〔註84〕讀書於閩中逍遙閣之餘，也留下了一些關注當地沿海情勢的詩篇。如其在〈逍遙閣〉中云：「側身東南望，海色飛溟濛」，「龍開島中霧，歷歷見扶桑。高天掃空碧，萬里來舟航」。〔註85〕這段期間，熊人霖耳濡目染了明代後期福建沿海地區，有關佛郎機、紅毛番、倭奴等寇擾及海商貿易的事蹟傳聞。實際上，《地緯》之〈東番志〉的文字大多出自熊明遇《島人傳》之〈東番〉一文，更採納《島人傳》的其他篇章內容（惟將〈日本〉改為〈倭奴志〉）。相較於該書其他篇章而論，《地緯》之〈佛郎機志〉、〈倭奴志〉、〈紅毛番志〉佔有全書相當比例的篇幅份量，敘述方面徵引不少的實例，顯見「幼從大人宦學」的熊人霖深受其父的影響。而前引《地緯》之〈東番志〉中「甚哉！海水之為利害也」一句，頗得熊明遇望洋興嘆之意，此句也正出自熊明遇〈東番〉之中。〔註86〕

〔註81〕 何喬遠，〈東番捕倭序〉，收入沈有容編，《閩海贈言》，卷3，頁44。

〔註82〕 王婆楞，《歷代征倭文獻考》，第5章，頁170～276；陳文石，〈明嘉靖年間浙福沿海寇亂與私販貿易的關係〉，頁117～175；張增信，〈明季東南海寇與巢外風氣（1567～1644）〉，頁313～344。

〔註83〕 徐世溥於〈操縵草序〉中稱其：「足跡所及，心目恢如。故其響崢嶸蕩潏，而無偪促之氣」。轉引自任道斌，《方以智年譜》，頁63。徐世溥（1607～1658），字巨源，江西新建人，為熊人霖妹婿，其生平事蹟可參閱楊周憲、趙日晃等，《新建縣志》，卷28，〈隱逸〉，頁1861；熊人霖，〈徐巨源微君傳〉，《鶴臺先生熊山文選》，卷9。又熊人霖〈新建徐巨源集選序〉推崇其「資才過人哉！……嘗記徐子少時為余序《操縵草》，嶷嶷乎！浩浩乎！……夫貿稱文人，非巨源，而誰與歸」。《鶴臺先生熊山文選》，卷5。

〔註84〕 熊人霖於萬曆四十七年（1619）遊武夷山，題詩〈武夷仙掌〉云：「天地東南甌越開，巨靈削出武夷來；手推腳蹋跡猶在，指點群仙上帝臺」。《南榮集》，詩卷12，頁23a-b。

〔註85〕 熊人霖，《南榮集》，詩卷6，頁3a-b。

〔註86〕 熊明遇於〈東番〉中云：「甚哉！海水之為利害也！不具論，論其番之俗」。《文直行書》，文卷13，頁25b。

　　另一方面，熊人霖或許也透過其父的關係，接觸到閩籍張燮等人的作品。例如《東西洋考》卷六外紀考之〈紅毛番〉記載：「紅毛番，自稱和蘭國，與佛郎機鄰壤，自古不通中華。其人深目長鼻，毛髮皆赤，故呼紅毛番云」。〔註87〕紅毛番即歐洲荷蘭，明中葉以降中國人士多未詳其來龍去脈，因此存在著「志載不經見」、「俱無定考」等說法。〔註88〕在《島人傳》及《地緯》之前，晚明著述中有關紅毛番的紀錄，以《東西洋考》爲主要的代表性作品。而《職方外紀》卷二諸目裡並未專載荷蘭，《地緯》之〈歐邏巴〉諸志中唯獨多出《職方外紀》此篇，其〈紅毛番志〉中除直接取材自《島人傳》、《東西洋考》，或旁徵當地傳述資料加以補充，稱其爲「大西洋之番，其種有紅毛者」，「或又云即倭夷島外所稱毛人國也，譯以爲和蘭國」，「負西海而居」且「去中國水道最遠」，「居佛郎機國外，取道其國，經年始至呂宋」。〔註89〕熊人霖在徵引《島人傳》記萬曆年間沈有容諭退紅毛番的史實基礎上，更增添天啓年間的事蹟：

　　　　至今上時，復入閩中，鎮將徐一鳴擊之殺十數人，夷遂引退。……

　　　　香山澳夷，皆歐邏巴人……紅毛夷既天性剽勇，好作亂，又不得市，

　　　　常往來抄掠海中，西舶苦之。而香山澳亦益修守衛備矣。〔註90〕

而《地緯》將之納歸〈歐邏巴〉志中，倒是正其所在五大洲世界中的地理位置。

　　由於熊人霖「幼從大人宦學」時期累積有關域外、海外傳述的學識，逐漸培養出對輿地外紀的興致雅好，〔註91〕配合其所謂「天子明聖，化暨無窮，重譯慕義，自西徂東，獻其圖經」的國際情勢，〔註92〕以及西士入華的時代氛圍，隨即在耶穌會士西方地理新知的推波助瀾下，促成《地緯》編纂的良機，也使得《地緯》這部大量採擷西學資料的地理專著成爲可能。

〔註87〕張燮，《東西洋考》，卷6，頁217～224。

〔註88〕熊人霖，《地緯》，第56篇，〈紅毛番志〉，頁134a。

〔註89〕熊人霖，《地緯》，第56篇，〈紅毛番志〉，頁134a～135a。

〔註90〕熊人霖，《地緯》，第56篇，〈紅毛番志〉，頁136b～137b。

〔註91〕熊人霖嗜遠遊且好輿地學的事實，亦可從其順治年間所撰〈采芝草引〉中得到旁證：「南榮子好蠟屐，年來荊棘載道，且老母在堂，未敢遠遊，惟澄懷對《山經》、《水注》，灝然神遊」。可見他神遊於《五藏山經》、《水經注》的地理世界中，自得其樂。《鶴臺先生熊山文選》，卷7。

〔註92〕熊人霖，《地緯·敍傳》，頁1a-b。

第二節 對耶穌會士西方地理新知的傳承

熊人霖學識成長的過程中，不僅接觸明季傳統四裔地理傳述的發展背景，也適逢入華耶穌會士進行知識傳教事業的歷史際遇。前引熊人霖〈地緯自序〉中，曾提到其父熊明遇與艾儒略《職方外紀》對《地緯》一書的重要影響，因此，本節主要從：一、熊明遇對熊人霖濡染西學知識的影響，探討二人與西士的交往及其對西學的態度；二、熊人霖直接接觸艾儒略《職方外紀》的體會和領悟，並兼論《職方外紀》的著述背景、內容取向及其在明末士人社會所引發的震撼。經由這兩個層面，來分析《地緯》在資料上對耶穌會士西方地理知識的傳承。

一、從其父熊明遇濡染西學

熊明遇、熊人霖父子籍隸江西省南昌府進賢縣，南昌府乃萬曆中後期耶穌會士利瑪竇等人傳教的重要據點之一，當地士人早有關心西方地理知識的先例。如利瑪竇自稱在南昌府時，曾「有些知識份子是為知道歐洲的風土人情而來」。〔註93〕至於熊明遇、熊人霖父子與西方傳教士的實際往來及其與西學的淵源關係，從現存的文獻記載，可以得知熊明遇曾於萬曆四十二年（1614）先後為龐迪我（Diadce de Pantoja, 1571～1618）的《七克》與熊三拔（Sabbathin de Ursis, 1575～1620）的《表度說》撰寫序言。熊人霖亦嘗追述其父長時期與耶穌會士龐迪我、陽瑪諾（Manuel Diaz, 1574～1659）、畢方濟（Francesco Sambiasi, 1582～1649）及徐光啟（1562～1633）等人的交往經歷，由於受到西學的影響，以致「初刻《則草》，始彰西學；晚刻《格致草》，稍正金水諸天之未盡」。〔註94〕熊志學於順治五年（1648）所撰〈函宇通序〉中記載：「《格致草》初名《則草》，成於萬曆時，後廣之為今書」。〔註95〕熊人霖於順治八年（1651）所撰〈文直行書凡例十六則〉中也提到：「先公壯時著《則草》矣，晚較《崇禎曆書》，復與西士辨復，乃更悟西士所未了」。〔註96〕熊明遇長期留心於中西天文曆算學尤其是《崇禎曆書》，亦可從《格致草·節度定紀》中

〔註93〕〈致耶穌會某神父書〉，1595 年 10 月 28 日寫於南昌，《利瑪竇書信集》，頁 179。
〔註94〕熊人霖，〈懸象說〉，《鶴臺先生熊山文選》，卷 11。
〔註95〕熊志學，〈函宇通序〉，頁 5a。
〔註96〕熊人霖，〈文直行書凡例十六則〉，《文直行書》，頁前 40a-b。

的一段文字獲得印證：

> 嘗留心於天官歷書，僅窺其樊蓋十數年所矣。今歲戊子（1648）避
> 地潭陽山中，偶見大統舊曆與新法西書及萬年曆通書，……定本崇
> 禎曆，春分後宿度有空度……〔註97〕

綜合以上的論述，大致可以推斷，熊明遇與西士的往來及其從《則草》到《格
致草》的醞釀和寫作期間，當在萬曆、天啓前後，〔註98〕這段時期也正是熊
人霖「幼從大人宦學」、「趨庭而問格致」的時候。熊人霖透過其父開啓傳統
四裔地理學的視野，更從其父得以一窺耶穌會士所傳西方格致學的堂奧。

熊人霖既追述其父於萬曆年間與耶穌會士交遊的情形，如根據〈地緯自
序〉和《鶴臺先生熊山文選》卷十一〈懸象說〉等幼承父教的回憶文字，其
從熊明遇濡染西學並受其影響已然有跡可尋。熊人霖本人亦曾親身接觸西方
傳教士，除了於〈地緯繫〉中自承「聞之西土之人」之外，〔註99〕在《地緯》
第十八篇〈默德那〉文後，熊人霖亦註明：

> 大西洋人爲余言，回回之人，好利，視善地，輒趨之如驚，故天下
> 被其教者，往往而是，其古經與大西洋頗同，及馬哈默（穆罕默德）
> 自恃聰明，變亂舊教，近其說大行，遂與耶蘇之學，互爲輸墨矣。
> 〔註100〕

從此段註記可見，熊人霖曾親聞耶穌會士談論異國風俗的事實，並接受其說
法，引以爲《地緯》寫作時旁徵的口述資料。凡此例證，當可說明熊人霖於
天啓四年接觸《職方外紀》之前，已然與西方傳教士有過一段淵源。

除了與西士的交遊往來之外，熊明遇、熊人霖二人對於西士、西學的態
度與理解，也值得我們留意。以熊明遇爲例，其〈七克引〉中陳述：

> 西極之國，有畸人來，最先西泰利氏，次順陽龐氏、有綱熊氏，偕
> 徒友十數，絕海九萬里觀光中國，……所攜圖畫、巧作及陳說海外
> 謠俗風聲，異哉所聞，……諸公大雅宏達，殫見洽聞。〔註101〕

筆者認爲，這段序文裡透露出兩點重要的訊息：

〔註97〕熊明遇，《格致草》，頁 54a。
〔註98〕熊明遇於萬曆四十七年所撰〈定海新署落成序〉中有「西極人爲余言」一語。
　　　　見沈有容編，《閩海贈言》，頁 54。
〔註99〕熊人霖，《地緯》，頁 190a。
〔註100〕熊人霖，《地緯》，第 18 篇，頁 42b。
〔註101〕熊明遇，〈七克引〉，《天學初函》，第 2 冊，頁 697。

一、文中「畸人」一詞，係典出《莊子・大宗師》中所謂：「〔孔子〕曰：
　　畸人者，畸於人而侔於天」，〔註102〕此語反映出熊明遇認爲當時自
　　西方遠道而來的耶穌會士，雖異於中土士紳，然其專精於「天官、
　　日曆、算數之學，而猶喜言名理，以事天帝爲宗」。〔註103〕「畸人」
　　的用語，以及「大雅宏達，殫見洽聞」的稱譽，實際是熊明遇對於
　　耶穌會士利瑪竇、龐迪我、熊三拔等人學問的推崇和尊重。
二、熊明遇讚歎耶穌會士「所攜圖畫、巧作及陳說海外謠俗風聲」，相對
　　於中國傳統學識而言，堪爲「異哉所聞」，流露出其對西方文物及世
　　界風俗的欽羨之情。

　　類似的態度，在〈表度說序〉中也可窺此端倪。序言中熊明遇以「西方之
儒」稱呼耶穌會士，又引《左傳》記孔子問學於剡子「天子失官，學在四夷，
猶信」的一段話，顯示他與耶穌會士交往時，抱持著稽取其學的立場，同時表
達了對西學「持之有故，言之成理」這一特色的重視：「西域歐邏巴國人，四泛
大海，周遭地輪，上窺玄象，下採風謠，彙合成書，確然理解」。〔註104〕

　　在熊明遇的認知中，耶穌會士周遭大地圓體的航海經歷，對於天文曆象以
及各地風俗的實際理解，進而保證了著述中世界地理知識的確定性和可靠性。
事實上，熊明遇對於西學趨於信任的態度，也直接反映在他的西學研究成果上。
學者張永堂認爲，熊明遇「可以說是與徐光啓、李之藻同屬研究西學的第一代
學人」。〔註105〕關於熊明遇的《格致草》一書，熊志學於〈函宇通序〉中稱其
「賅《崇禎曆書》而約之，更有富于《曆書》所未備者」。〔註106〕該書在資料
來源及知識傳承上，主要得自利瑪竇有關西方天文曆算、自然哲學的譯著，熊
三拔的《簡平儀說》及《表度說》、陽瑪諾的《天問略》，以及由傅汎際（Francois
Furtado, 1587～1653）譯義、李之藻（1565～1630）達辭的《寰有詮》。〔註107〕
在整體內容上，據學者徐光台的研究指出，此書實爲明清之際極早的一部介紹
西方格致學的著作，〔註108〕足見其濃厚的西學背景與素養。

〔註102〕王先謙，《莊子集解》，卷2，頁15a。
〔註103〕熊明遇，〈七克引〉，頁698。
〔註104〕熊明遇，〈表度說序〉，《天學初函》，第5冊，頁2527～2530。
〔註105〕張永堂，〈熊明遇的格致之學〉，《明末理學與科學關係再論》，頁5。
〔註106〕熊志學，〈函宇通序〉，頁4b。
〔註107〕馮錦榮，〈明末熊明遇父子與西學〉，頁126～127；石云里，〈《寰有詮》及其
　　　　影響〉，頁232～260。
〔註108〕徐光台，〈明末清初西方「格致學」的衝擊與反應：以熊明遇《格致草》爲例〉，

在熊明遇的薰陶啓迪之下，熊人霖〈地緯自序〉中敘述「畸人來於西極，外紀輯於耆英」，〔註109〕同樣也以「畸人」、「耆英」的佳譽來稱呼晚明入華耶穌會士，透露出他的尊敬之意。熊人霖自身對於西士和西學的態度及看法，另可見於《地緯》第八十四篇〈地緯繫〉中的陳述：

> 邑人名從主人，雖然聲萬不同，孰重九譯而辨之。所傳聞者，其不無異辭矣。何聞？聞之西土之人，西土之人信乎？信，何信乎西土之人？曰：以其人信之，其人達心篤行，其言源源而本本。然則無疑乎？邑人名，吾無所疑乎爾？怪物之若《山海經》也，奇事之非常所見，疑則傳疑，左氏之錄鬼神變怪，太史公之好奇，此蘇子《古史》之所瑩矣。〔註110〕

如以熊人霖先後濡染傳統及西方地理知識的背景爲考量，筆者認爲，在這段引文中大致透露出以下的歷史訊息：

一、熊人霖在相當程度上敬仰遠道而來的西方耶穌會士，並且信任他們的說法，「以其人信之，其人達心篤行，其言源源而本本」的一段表達，與其父熊明遇「不謂西方之儒之書，持之有故，言之成理也」、〔註111〕「大雅宏達，殫見洽聞」的說辭，頗有異曲同工之意。

二、熊人霖舉出《山海經》的奇聞異事、《左氏春秋》錄鬼神變怪之說和漢代司馬遷的看法，以及宋朝蘇轍《古史》的內容取向，古今比照，中西互證，以抱持信則傳信、疑則傳疑的態度來看待西學知識。他認爲西土之人所傳聞者縱然不無異辭，但仍有存而不論並可考之後信的空間。

熊人霖對於西學的態度，及其向來對輿地外紀及異域風情的偏好，在接觸耶穌會士艾儒略《職方外紀》之際獲得進一步的發揮，直接促成《地緯》的完成。

二、接觸艾儒略《職方外紀》

天啓二年（1622）十月，熊明遇移南僉院督操；翌年（1623），至南都選練

頁 235～258。

〔註109〕熊人霖，〈地緯自序〉，頁 2a。

〔註110〕熊人霖，《地緯》，頁 190a-b。

〔註111〕熊明遇，〈表度説序〉，《天學初函》，第 5 冊，頁 2527～2528。

蒼頭軍，增練奇兵，以資守禦。〔註112〕斯時熊人霖奉母偕妻，定居南京操院署。〔註113〕同年夏，楊廷筠（1557～1627）為艾儒略所輯《職方外紀》潤色文詞；八月，該書經李之藻（1565～1630）協助下在杭州付梓。〔註114〕就在這一年，熊人霖首次閱讀了《職方外紀》，覺得此書誠「異哉所聞」，然則「考之不謬」，而驚嘆喜悅之情，亦隱約其中，遂致力研讀，且多有啓發。〔註115〕次年（1624），熊人霖歸自南京，玄冬閉關於竹里之際，「仰稽赤道二極之躔度，逷考黃壚四懸之廣長，稽之典冊，參以傳聞」，〔註116〕開始進行《地緯》的撰寫，於是年完成初稿，此據《地緯・凡例》後題「天啓甲子歲，著于竹里」。〔註117〕時熊人霖年值二十一歲，是以在〈地緯自序〉中謙稱此書為「弱冠少作」。〔註118〕

　　熊人霖與西學的淵源，或承熊明遇的影響於前，使其能在《職方外紀》問世後短短一年左右的時間，以二十一歲弱冠之齡著成《地緯》，這或許是他自幼「聰敏絕異」的才情所展現的具體成果，〔註119〕也與他自幼接受西學的態度與興趣密不可分。當然，直接促成《地緯》寫作的關鍵，仍肇因於他實際接觸並閱讀艾儒略的《職方外紀》。在深入考察《地緯》的資料來源與《職方外紀》的傳承關係之前，我們也許有必要對艾儒略的背景及其書的內容風格，有初步的理解。

　　艾儒略，字思及，義大利人，於萬曆三十八年（1610）抵澳門，次年至廣州。萬曆四十一年（1613）起，先後前往北京、開封、南京、上海及揚州等地。萬曆四十七年（1619），抵達浙江杭州。天啓五年（1625），由於葉向高（1559～1627）的邀請，轉赴福建地區傳揚天主教。〔註120〕在晚明入華耶穌會士中，素以精詳世界地理知識見稱，也是繼利瑪竇、龐迪我之後，在晚

〔註112〕熊人霖，〈先府君宮保公神道碑銘〉。

〔註113〕熊人霖，〈誥封喻恭人墓誌銘〉。

〔註114〕方豪，《中國天主教史人物傳》上冊，頁136。

〔註115〕熊人霖，〈地緯自序〉，頁1a～2b。

〔註116〕熊人霖，〈地緯自序〉，頁3a。按竹里位置江蘇省句容縣北，參閱曹襲先，《句容縣志》，卷1，〈輿地志・鄉里〉，頁71。明代句容城約在南京西南數十公里處。

〔註117〕熊人霖，《地緯・凡例》，頁6b。

〔註118〕熊人霖，〈地緯自序〉，頁4b。

〔註119〕聶當世、謝興成等，《進賢縣志》，卷15，〈人物志・良臣〉，頁1268。

〔註120〕有關艾儒略在華傳教的經歷，參閱榮振華著，耿昇譯，《在華耶穌會士列傳及書目補編》，頁12～14；林金水，〈艾儒略與福建士大夫交游表〉，頁182～202；方豪，《中國天主教史人物傳》上冊，頁185～197。

明知識界推闡五大洲地理知識的主要人物。〔註121〕艾儒略於天啓三年初刻《職方外紀》之際，曾於〈職方外紀序〉中追溯其著述緣由：

> 吾友利氏齎進萬國圖誌，已而吾友龐氏又奉繙繹西刻地圖之命，據所聞見，譯爲圖說以獻，……但未經刻本以傳。……儒略不敏，幸廁觀光，……誠不忍其久而湮滅也，偶從蠹簡得睹所遺舊稿，乃更竊取西來所攜手輯方域梗概，爲增補以成一編，名曰《職方外紀》。
> 〔註122〕

崇禎十年（1637），艾儒略於福建晉江刊刻以介紹西國風土民情爲主的《西方答問》中，曾再度說明《職方外紀》的來龍去脈，及其以詳載五大洲域民風物產爲主的事實：「神宗朝，先友利、龐二子，曾描大圖，併西刻萬國圖誌以進，奉旨翻譯其書。愚雖不敏，得效纖力，刻有《職方外紀》一部，詳載五大州與各國民風物產焉」。〔註123〕由此可見，此書係其增補及潤色龐迪我等圖說舊作而成。至於題名《職方外紀》的原因，據李之藻〈刻職方外紀序〉的說法，主要是該書「凡系在職方朝貢附近諸國俱不錄，錄其絕遠，舊未通中國者，故名《職方外紀》」。〔註124〕《四庫全書總目》也以其「所紀皆絕域風土，爲自古輿圖所不載，故曰《職方外紀》」。〔註125〕

按「職方」一詞，原係古代官名，典出自《周禮・夏官》中記「職方氏，掌天下之圖，以掌天下之地，辨其邦國、都鄙、四夷、八蠻、七閩、九貉、五戎、六狄之人民，與其財用、九穀、六畜之數要，周知其利害」。〔註126〕明代官制兵部設武選、職方、車駕、武庫四司，各置郎中、員外郎與主事，職方司專掌天下地圖及城隍、鎮戍、營操、武舉、巡邏關津等政務，負責國家疆域、邊防扼塞及四裔來貢圖籍的審理與呈奉。〔註127〕由此可見，相對於明代《一統志》與傳統四裔著述自成格局的地理知識而言，《職方外紀》旨在詳其所未遍，異其之所同，補其前之所闕，內容記載以中華疆域風土和

〔註121〕徐宗澤，《明清間耶穌會士譯著提要》，頁313～317，363～364；霍有光，〈《職方外紀》的地理學地位與中西對比〉，頁58～64。

〔註122〕艾儒略，〈職方外紀序〉，《職方外紀》（《守山閣叢書》本），頁1a-b。

〔註123〕艾儒略，《西方答問》，卷下，〈地圖〉，頁1b。

〔註124〕李之藻，〈刻職方外紀序〉，《天學初函》，第3冊，頁1276。

〔註125〕紀昀等，《欽定四庫全書總目》，卷71，〈職方外紀五卷〉，頁537。

〔註126〕鄭玄注，賈公彥疏、陸德明音義，《周禮注疏》，卷33，頁601。

〔註127〕申時行等修，《明會典》，卷124，〈職方清吏司〉，頁636；張廷玉等，《明史》，卷75，〈職官志四〉，頁1833。

《一統志》載錄朝貢屬國之外的世界地理知識爲主。據此書卷一〈亞細亞總說〉所稱：

> 耶穌會中諸士幸復遍歷觀光，益習中華風土，今欲揄揚萬一，則《一統志》諸書舊已詳盡，至中華朝貢屬國如韃靼、西番、女直、朝鮮、琉球、安南、暹羅、眞臘之類，俱悉《一統志》中，亦不復贅，故略撮職方之所未載者于左。〔註128〕

就整體結構來看，該書共分五卷，卷首冠以世界圖，圖後〈五大州總圖界度解〉，說明地圓、氣候帶及經緯度劃分等自然地理學準則；卷一至卷四依序爲亞細亞（今亞洲）、歐邏巴（今歐洲）、利未亞（今非洲）、亞墨利加（今美洲）暨墨瓦蠟尼加（當時歐洲人想像中的南方大陸），各洲先列洲圖，次爲總說及諸國分說，敘述五大洲域各國度或地區之位置、風土、氣候、民情、勝蹟、物產等；卷五爲四海總說，分列海名、海島、海族、海產、海狀、海舶、海道。在體例上，有關五大洲諸國域分說的部分，基本上採取以地爲經、以史爲緯的列國志體例，也就是中國傳統四裔地理著述常用的體例。

在明清之際西學東漸史上，艾儒略的《職方外紀》通常被視爲是繼利瑪竇的《坤輿萬國全圖》之後，更詳實且系統地介紹地圓及五大洲域風土民情的代表性作品，堪稱是中國知識界最早的中文版五大洲世界地理專著。〔註129〕其繪圖立說，載錄了不少當時中國士人前所未聞且別有天地的奇聞異事。如李之藻認爲《職方外紀》的內容記載，「種種咸出俶詭，可喜可愕，令人聞所未聞；然語必據所涉歷，或彼國舊聞徵信者」，讀是書而知「地如此其大也，而其在天中一粟耳；吾州吾鄉，又一粟中之毫末。……熟知耳目思想之外，有如此殊方異俗，地靈物產，眞實不虛者」。〔註130〕楊廷筠於〈職方外紀序〉中讚許「西方之人，獨出千古，開創一家，謂天地俱有窮也，而實無窮；以其形皆大圓，故無起止，無中邊」，因此慨嘆《職方外紀》篇章所摘，「俶詭瑰奇，業已不可思議矣」。〔註131〕江蘇常熟人瞿式穀於〈職方外紀小言〉中肯定此書「不但使規毫末者，破蝸國之褊衷；抑且令恣荒唐者，實恒沙之虛見」。

〔註128〕艾儒略，《職方外紀》，卷1，頁1b。

〔註129〕Bernard Hun-Kay Luk, "A Study of Giulio Aleni's Chih-fang wai-chi," pp. 58～84；霍有光，〈《職方外紀》的地理學地位與中西對比〉，頁58～61；謝方，〈艾儒略及其《職方外紀》〉，頁132～139。

〔註130〕李之藻，〈刻職方外紀序〉，頁1276～1279。

〔註131〕楊廷筠，〈職方外紀序〉，《天學初函》，第3冊，頁1288～1292。

〔註132〕江西進賢人熊士旂跋《職方外紀》時，開場以「昔人謂讀書益人神智，又謂開卷有益」的理念，評價該書「爲益匪細」的貢獻。他認爲梯航九萬里而來的耶穌會士，「仰觀赤道南北二極之躔度以定萬國之封域，而茲紀露一斑云。吾人壽幾何，胡能足跡遍大地悉睹記諸殊尤絕跡哉！」〔註133〕換句話說，在當時中國知識界缺乏環遊大地以從事實徵研究的條件下，該書的出版等於是替晚明士人突破原本客觀環境的限制，製造出一立足中國而能放眼世界的契機。此外，福建福唐人葉向高序《職方外紀》時指出：

> 昔張騫使西域，其足跡不能出蔥嶺、天竺外；元人窮河源，亦至崑崙而止。我朝陳誠、鄭和踰流沙、涉滄溟，輶軒所記，皆在方以內，琛球共貢之所及，然已足以見明德之覆被矣！今泰西艾君乃復有《職方外紀》，皆吾中國曠古之所未聞，心思意想之所不到，夸父不能逐，章亥不能步者。〔註134〕

葉向高著有《四夷考》，對歷代開拓地理視野的事蹟沿革或當瞭若指掌，且於明代相關域外及海外的傳述也具有一定程度的認識，而如今極力推崇《職方外紀》曠古未聞、超邁諸賢的貢獻，雖張騫、鄭和、陳誠等人恐有未及，同時認爲「其言皆鑿鑿有據，非汪洋謬悠如道家之諸天，釋氏之恒河、須彌，窮萬劫無人至也」，〔註135〕更襯托出該書無以倫比的學術成果。

　　事實上，當時對域外事物有興趣的中國知識份子屢引用《職方外紀》的敘述。茲以安徽桐城人方以智（1611～1671）爲例，其所著《物理小識》大致從博物學傳統的知識脈絡出發，摘錄《職方外紀》等西學著述中涉及世界各國的制器利用、地理物產和奇聞異事，並將這些記載與中國古學舊說相提並論或交互印證，〔註136〕此舉與熊人霖於《地緯》中大量採用《職方外紀》資料的作法，頗爲相似。值得一提的是，方以智及其父方孔炤（1591～1655）曾於萬曆至崇禎年間和熊明遇、熊人霖父子有過往來。萬曆四十七、八年間，方孔炤知福寧州事，〔註137〕與熊明遇同時期仕宦於福建。〔註138〕方以智隨父

〔註132〕瞿式穀，〈職方外紀小言〉，《天學初函》，第3冊，頁1301。
〔註133〕艾儒略著，謝方校釋，《職方外紀校釋》，頁15。
〔註134〕葉向高，〈職方外紀序〉，《蒼霞餘草》，卷5，頁24b～25a。
〔註135〕葉向高，〈職方外紀序〉，頁25a。
〔註136〕Willard J. Peterson, "Fang I-Chih's Response to Western Knowledge," pp. 158～162.
〔註137〕李桂、李拔等，《福寧府志》，卷17，〈明州循吏・方孔炤〉，頁319。
〔註138〕熊明遇，〈福寧重修州城碑〉、〈福寧州新建龍光寶塔碑〉、〈福寧州議革坊里營

就教於精通西學的熊明遇，如其《物理小識》卷一〈天類〉中記載：「萬曆己未（1619），余在長溪，親炙壇石先生，喜其精論」。〔註139〕而當時年值十六歲的熊人霖與九歲的方以智初識於閩地，〔註140〕二人詩文交歡、惺惺相惜之餘，〔註141〕方以智於《物理小識》卷一〈曆類〉中也曾引用熊人霖的說法，作爲「光肥影瘦之論可以破日大于地百十六餘倍」的佐證之一：

> 熊伯甘曰：燈體如指，半寸內，熱不可堪；炬體如拳，三寸內，熱不可堪；野燒如車輪，三尺內，不能堪矣。西法測日輪，乃倍于離地之空處，則地上焦灼，何堪哉！〔註142〕

熊人霖的這段論述，亦可見於方以智三子方中履《古今釋疑》卷十一〈日體大小〉中，〔註143〕與前揭熊人霖〈懸象說〉中的部分文字近似。以上引論，概皆顯示熊明遇、熊人霖父子與方以智父子互通的西學淵源與興趣取向。〔註144〕就採用《職方外紀》的資料而言，張永堂認爲晚明學者像方以智在《物理小識》中徵引該書達六十次以上之多者，似乎並不多見。〔註145〕不過，相較於熊人霖的《地緯》，在大量採用《職方外紀》這一點上，《物理小識》不免相形見絀。熊志學在〈函宇通敘〉中認定《地緯》一書「賅《職方外紀》而博之，更有精于《外紀》所未核者」，〔註146〕實際上，《地緯》與《職方外紀》二書篇名及內容方面，雷同之處不在少數。

　　先以篇名而論，據以下所列表 2-2 中針對《職方外紀》、《地緯》的篇章比對顯示，在「歐邏巴」諸志（〈紅毛番志〉除外）、「利未亞」諸志、「亞墨利

　　衛供應碑〉，《文直行書》，文卷 1，頁 31b，33a，36b。

〔註139〕方以智，《物理小識》，卷 1，頁 3。

〔註140〕熊人霖於崇禎六年（1633）所撰〈夜飲贈密兒〉中云：「束髮遊七閩，聞君齒更穉；……閩焉十五年，古詩各盈笥。……今夕逢密兒，執燭笑相視」。《南榮集》，詩卷 6，頁 33a。

〔註141〕方以智《浮山文集》卷 5《曼寓草》卷中〈熊伯甘南榮集序〉記崇禎六年熊人霖過安徽桐城，二人會於稽古堂：「癸酉，熊伯甘公車過稽古堂，慰我博依」，頁 21。熊人霖〈明文大家說〉亦記：「癸酉，北上，過天柱，邂逅密之，得其博依集，讀一再過，心折其排決詩歸，獨溯雄渾」。《鶴臺先生熊山文選》，卷 11。

〔註142〕方以智，《物理小識》，卷 1，頁 24。

〔註143〕方中履，《古今釋疑》，卷 1，頁 1125～1126。

〔註144〕馮錦榮，〈明末清初方氏學派之成立及其主張〉，頁 141～154；馮錦榮，〈明末熊明遇父子與西學〉，頁 117。

〔註145〕張永堂，〈方以智與西學〉，《明末方氏學派研究初編——明末理學與科學關係試論》，頁 118。

〔註146〕熊志學，〈函宇通敘〉，頁 4b～5a。

加」、「墨瓦蠟泥加」諸志以及有關海洋知識的部分，《地緯》幾乎完全承襲自《職方外紀》，譯名亦多本於《職方外紀》。尤其是《職方外紀》卷一〈亞細亞〉中的所有篇章，盡涵括於《地緯》之〈大瞻納〉中。

表 2-2：《職方外紀》與《地緯》的篇章比對

書名 篇章部分	職　方　外　紀	地　緯
地圓及自然地理座標劃分	五大州總圖界度解	形方總論
亞洲部分	亞細亞： 韃而靼、回回、印弟亞、莫臥爾、百爾西亞、度爾格、如德亞、則意蘭、蘇門答刺、爪哇、渤泥、呂宋、馬路古、地中海諸島	大瞻納： 韃而靼、比達、朝鮮、西南蠻、三衛、哈密、赤斤蒙古衛、罕東衛、安定衛、曲先衛、火州、亦力把力、于闐、撒馬兒罕、哈烈、西番、回回、天方、默德那、印弟亞、莫臥爾、百爾西亞、度爾格、如德亞、占城、暹羅、安南、則意蘭、爪哇、滿刺加、三佛齊、浡泥、蘇門答刺、蘇祿、眞臘、佛郎機、西洋古里國、榜葛刺、呂宋、馬路古、倭奴、琉球、東番、地中海諸島、荒服諸小國
歐洲部分	歐邏巴： 以西把尼亞、拂郎察、意大里亞、亞勒瑪尼亞、法蘭得斯、波羅泥亞、翁加里、大泥亞諸國、厄勒祭亞、莫斯哥未亞、地中海諸島、西北海諸島	歐邏巴： 以西把尼亞、拂郎察、意大里亞、亞勒瑪尼亞、發蘭得斯、波羅泥亞、翁加里亞、大泥亞諸國、厄勒祭亞、莫斯哥未亞、紅毛番、地中海諸島、西北海諸島
非洲部分	利未亞： 阨入多、馬邏可、弗沙、亞非利加、奴米弟亞、亞毘心域、馬拿莫大巴者、西爾得、工鄂、井巴、福島、聖多默島、意勒納島、聖老楞佐島	利未亞： 阨入多、馬邏可、弗沙、亞非利加、奴米弟亞、亞毘心域、馬拿莫大巴者、西爾得、工鄂、井巴、福島、聖多默島、意勒納島、聖老楞佐島
美洲部分	亞墨利加： 南亞墨利加之孛露、伯西爾、智加、金加西蠟；北亞墨利加之墨是可、花地、新拂郎察、拔革老、農地、寄未蠟、新亞比俺、加里伏爾泥亞、西北諸蠻方等及亞墨利加諸島	亞墨利加： 孛露、伯西爾、智加、金加西蠟、墨是可、花地、新拂郎察、拔革老、農地、既未蠟、新亞比俺、加里伏爾泥亞、西北諸蠻方、亞墨利加諸島

南方大陸部分	墨瓦蠟尼加	墨瓦蠟尼加
世界圖	萬國全圖	輿地全圖
海洋部分	四海總說：海名、海島、海族、海產、海狀、海舶、海道	海名、海族、海產、海狀、海舶

　　至於在內容方面，也可看出《地緯》多有因襲《職方外紀》之處。如〈形方總論〉中涉及自然地理及地圖學的解說，幾全摘錄自《職方外紀》的說法而略加修改。在五大洲域的論述部分，凡亞洲地理之外各洲，甚至「大瞻納」亞洲部分四十三篇中，如大瞻納總志、韃而靼志、回回志、印弟亞志、莫臥爾志、百爾西亞志、度爾格志、如德亞志、則意蘭志、爪哇志、浡泥志、蘇門答剌志、呂宋志、馬路古志、地中海諸島等十五篇，內容多根據《職方外紀》，於行文之中加以刪削取捨，其餘各洲篇章亦然，可見《地緯》一書的資料運用主要得自於《職方外紀》的相關論述，蓋為不容置疑的事實，也就是學者王重民所謂的「十之八鈔撮《外紀》」。〔註147〕此外，學者馮錦榮指出《地緯》除大量引據《職方外紀》的資料外，尚參考了艾儒略「萬國全圖」的圖解說明。〔註148〕有關《地緯》對《職方外紀》內容部分的傳承舉證，以及《地緯》第八十三篇所附「輿地全圖」的版本和圖說內涵的淵源，筆者將在下一章予以討論。

第三節　中西地理知識交會下的學術成果

　　由於自幼「聰敏絕異」的熊人霖，幼年「隨大人閩署」期間，〔註149〕累積不少相關域外、海外的傳述見聞，而平素「于書無所不讀，奇無所不搜」的他，〔註150〕恰於天啓三、四年間接觸艾儒略《職方外紀》。《職方外紀》中「異哉所聞」的西方地理知識，深深吸引住雅好遠遊且常留心各地風俗的熊人霖，迅即於《職方外紀》之後，踵事增華以成《地緯》，「具論于篇，以備採風」。〔註151〕熊人霖學識背景的形成，結果也正反映在《地緯》的主要資料來源上。

〔註147〕王重民，《中國善本書提要》，頁213。
〔註148〕馮錦榮，〈明末熊明遇父子與西學〉，頁126～127。
〔註149〕熊人霖，〈全城錄敘〉，《南榮集》，文卷10，頁12a。
〔註150〕胡維霖，〈笙南草小引〉，《南榮集・詩稿原序》，頁5b。
〔註151〕熊人霖，〈地緯・敘傳〉，頁1b。

　　《地緯》全書蓋以《職方外紀》為主體，兼採明季人相關域外、海外的傳述內容。也因此，《地緯》雖多半自《職方外紀》出，然而在取材上，亦有詳於《職方外紀》之處，此乃拜明代四裔地理志書之賜，加以熊人霖自身對於中國傳統輿地知識的掌握，另補充其父《島人傳》、《格致草》的著作內容與「周遊赤縣、請教黃髮」以及「大西洋人為余言」等傳述（參閱下列表2-3），最終刪削彙整而成《地緯》一書，這也正是他在〈地緯自序〉中所謂「稽之典冊，參以傳聞」，以及在〈地緯繫〉中所稱「溯之古始，稽之實錄」、「徵之十三館之籍」、「考之象胥之傳，詢之重譯之語」的實質蘊涵。

　　《地緯》這類著作的產生，實與明清之際時代背景與西學東漸的學術環境息息相關。熊人霖適逢其盛，因緣際會地遭遇到這段學術發展脈絡，得以博採諸學，「所托者厚」，〔註152〕使他能在《職方外紀》問世後短短一年左右的時間，以弱冠之齡完成這部著作。另一方面，熊人霖既受到熊明遇啟迪西學於前，並對耶穌會士以畸人、耆英之名大加讚譽，秉持「以其人信之，其人達心篤行，其言源源而本本」的態度面對其人其說，這或許是他能迅速接受《職方外紀》中的西方地理知識的關鍵。若針對《地緯》的寫作時機而論，《職方外紀》則居於「觸媒」的角色，對此書產生直接的催生作用。

　　最後，基於資料來源的特殊性，《地緯》在晚明諸多四裔類著述中，熊人霖的學識背景與該書的資料取捨，勢必影響全書的內容取向及其所呈現的世界地理風貌。就體例而言，《地緯》雖係緊接《職方外紀》之後，一部整體介紹西方世界地理知識的著述，然而書中所呈現的世界地理知識，相較於擁有不同學識背景的艾儒略所撰《職方外紀》中的內文論述，兩者之間有何異同？這些異同出入之處，又透露出何種學術史的訊息？本書將從下一章起，進一步針對這類的問題加以分析。

表2-3：《地緯》各篇主要資料來源

篇次	篇名	主要引據資料名稱	內文徵引人、書名資料
一	形方總論	職方外紀等	曾子〔大戴禮記〕
二	大瞻納總志	職方外紀	徐光啟、熊明遇
三	韃而靼	職方外紀	孔子
四	比達	〔四夷館考等〕	

〔註152〕王重民，《中國善本書提要》，頁213。

篇次	篇　名	主要引據資料名稱	內文徵引人、書名資料
五	朝鮮	〔殊域周咨錄等〕	
六	西南蠻		王陽明
七	三衛	〔四夷考等〕	
八	哈密	〔四夷館考等〕	
九	赤斤蒙古衛	〔殊域周咨錄等〕	
十	罕東衛、安定衛、曲先衛	〔四夷館考等〕	
十一	火州	〔殊域周咨錄等〕	
十二	亦力把力	〔四夷館考等〕	
十三	于闐	〔殊域周咨錄等〕	
十四	撒馬兒罕、哈烈	〔殊域周咨錄等〕	
十五	西番	〔四夷館考等〕	
十六	回回	職方外紀	陶宗儀
十七	天方	〔四夷館考等〕	
十八	默德那	〔四夷館考等〕	大西洋人
十九	印弟亞	職方外紀	
二十	莫臥爾	職方外紀	
二一	百爾西亞	職方外紀	
二二	度爾格	職方外紀	
二三	如德亞	職方外紀	
二四	占城	〔四夷館考等〕	
二五	暹羅	〔四夷館考等〕	王世貞
二六	安南	〔殊域周咨錄等〕	
二七	則意蘭	職方外紀	
二八	爪哇	職方外紀	
二九	滿剌加	〔四夷館考、東西洋考等〕	
三十	三佛齊	〔殊域周咨錄等〕	
三一	浡泥	職方外紀	
三二	蘇門答剌	職方外紀	
三三	蘇祿	〔東西洋考等〕	
三四	眞臘	〔四夷館考等〕	
三五	佛郎機	島人傳	

篇次	篇　名	主要引據資料名稱	內文徵引人、書名資料
三六	西洋古里國	〔大明一統志等〕	
三七	榜葛剌	〔殊域周咨錄等〕	
三八	呂宋	島人傳、職方外紀	
三九	馬路古	職方外紀	
四十	倭奴	島人傳、〔東西洋考〕	禹貢、漢書、隋書、通典
四一	琉球	島人傳、〔東西洋考〕	通典
四二	東番	島人傳、〔東番記〕	
四三	地中海諸島	職方外紀	
四四	荒服諸小國	〔大明一統志、東西洋考、殊域周咨錄等〕	
四五	歐邏巴總志	職方外紀	
四六	以西把尼亞	職方外紀	
四七	拂郎察	職方外紀	
四八	意大里亞	職方外紀	
四九	亞勒瑪尼亞	職方外紀	
五十	發蘭得斯	職方外紀	
五一	波羅泥亞	職方外紀	
五二	翁加里亞	職方外紀	
五三	大泥亞諸國	職方外紀	
五四	厄勒祭亞	職方外紀	
五五	莫斯哥未亞	職方外紀	
五六	紅毛番	島人傳、〔東西洋考〕	沈有容
五七	地中海諸島	職方外紀	
五八	西北海諸島	職方外紀	
五九	利未亞總志	職方外紀	
六十	陀入多	職方外紀	
六一	馬邏可、弗沙、亞非利加、奴米弟亞	職方外紀	
六二	亞毗心域、馬拿莫大巴者	職方外紀	
六三	西爾得、工鄂	職方外紀	
六四	井巴	職方外紀	

篇次	篇　名	主要引據資料名稱	內文徵引人、書名資料
六五	福島	職方外紀	
六六	聖多默島、意勒納島、聖老楞佐島	職方外紀	
六七	亞墨利加總志	職方外紀	
六八	孛露	職方外紀	
六九	伯西爾	職方外紀	
七十	智加	職方外紀	
七一	金加西蠟	職方外紀	
七二	墨是可	職方外紀	
七三	花地、新拂郎察、拔革老、農地	職方外紀	
七四	既未蠟、新亞比俺、加里伏爾泥亞	職方外紀	
七五	西北諸蠻方	職方外紀	
七六	亞墨利加諸島	職方外紀	
七七	墨瓦蠟尼加總志	職方外紀	
七八	海名	職方外紀	驪（鄒）子
七九	海族	職方外紀	西志
八十	海產	職方外紀	西志
八一	海狀	職方外紀	
八二	海舶	職方外紀	
八三	地圖	格致草	宋人〔朱子語類〕
八四	緯繫		佛經、西志、皇極經世書、左傳、史記、蘇轍古史、山書、易、春秋、尚書、辨宗論、孟子、西士

資料來源：筆者比對各書內容所得。

附註：凡引錄資料名稱打〔　〕者，表示參考性質，其間存在著不確定性。筆者考慮到熊人霖可能與其他傳統四裔著作一般，根據前朝史地載籍或明代實錄、一統志、會典乃至四夷館傳述等同源史料撰述而成。因此，內容的相似或雷同，不盡代表彼此間有絕對直接的先後徵引關係。

第三章 《地緯》中世界地理知識
的呈現

　　本章嘗試透過《地緯》中世界地理知識的呈現，來理解熊人霖吸納及轉化以《職方外紀》為主的西方地理知識的具體方式。在分析的過程中，除了實際舉證《地緯》中的相關書寫內涵外，並著重在以下三個思考面向：

　　一、在發凡起例與整體內容上，《職方外紀》、《地緯》與明代傳統四裔地理著述的異同為何？

　　二、同為地圓、五大洲世界地理專著的《職方外紀》與《地緯》，其內容偏重取向為何？

　　三、《地緯》中世界地理知識的書寫內涵，在明清之際中國地理學演進史上的意義為何？

　　以下大體依《地緯》的篇章順序，分述地圓與自然地理座標劃分系統、五大洲及海洋知識、世界輿圖等項目，最後從地理觀念史的角度，探討該書中傳統輿地觀念的延續及轉化。

第一節　地圓及自然地理座標劃分

　　從史籍追溯西方地圓說在中國出現的記載，早在元世祖至元四年（1267），阿拉伯天文學家扎馬魯丁曾製造一架地球儀「苦來亦阿兒子」獻給宮廷，其制以木為圓毬，七分為水，三分為土地。然而，地圓觀念並無明顯引起當時中國學者廣泛重視的紀錄。〔註1〕至晚明耶穌會士將地圓及自然地理

──────────────

〔註 1〕 宋濂等，《元史》，卷 48，〈天文志一〉，頁 998～999；張廷玉等，《明史》，卷

座標劃分系統傳入中國，曾引發當時知識界的震撼、討論及爭議。我們從比利時籍金尼閣（Nicolas Trigault, 1577～1628）於 1614 年後據利瑪竇在華傳教日記手稿，整理而成《利瑪竇中國札記》中的一段敘述，或可窺此端倪：

> 中國人……才從他那裡第一次知道大地是圓的。從前他們堅信一個古老的格言，即「天圓地方」……他們不知道大地整個表面大都居住著人，或者人們可以住在地球相反的兩面而不會跌下去。……直到利瑪竇神父來到中國之前，中國人從未見過有關地球整個表面的地理說明，……也從未見過按子午線、緯線和度數來劃分的地球表面，也一點不知道赤道、熱帶、兩極，或者說地球分為五個地帶。……也看不出地球是一個圓球，或者是一個懸在空中的球體。〔註2〕

金尼閣在此凸顯「天圓地方」與「大地圓體」之間的地形觀念差異，對明清之際某些中國士人而言，誠然「如地圓之說，直到利氏西來而始知之」，〔註3〕利瑪竇「自彼國至中土，幾於遶地一周，此乃彼所目見，非臆說也」。〔註4〕至於南北極赤道、氣候帶及經緯度座標劃分地球自然地理區域的作法，亦不失為相對新穎的觀念。本節首論作為呈現世界地理知識前提的地圓說，次敘南北極赤道、氣候帶及經緯度劃分。行文之中，筆者嘗試以中西方學界歷來關於大地形狀及自然地理座標劃分的理論淵源作為參照指標，來考察在這些論點上，《地緯》相對於《職方外紀》的承繼、選取或轉換關係。

一、西方世界地理知識中的地圓說

相對於中國傳統蓋天說之「天圓地方」或渾天說之「地如雞中黃」等有關大地形狀的見解，〔註5〕地圓說則是西方古希臘時代至中世紀時期自然哲學

25，〈天文志一〉，頁 341；阮元等，《疇人傳》，卷 24，〈札瑪魯鼎〉，《疇人傳彙編》，頁 286～287；俞正燮，《癸巳類稿》，卷 9，〈蓋地論〉，頁 346～349。

〔註2〕 利瑪竇、金尼閣著，何高濟等譯，《利瑪竇中國札記》，頁 347～348。

〔註3〕 劉獻廷，《廣陽雜記》，卷 2，頁 30b。

〔註4〕 阮葵生，《茶餘客話》，卷 13，〈天地圓體〉，頁 364。

〔註5〕 關於渾蓋系統的源流、演變及其地形觀，可參閱錢寶琮，〈蓋天說源流考〉，《錢寶琮科學史論文選集》，頁 377～403。李申，〈渾蓋通說〉，頁 48～56。鄭延祖，〈中國古代的宇宙論〉，頁 111～119。宋正海，〈中國古代傳統地球觀是地平大地觀〉，頁 54～60。王立興，〈渾天說的地形觀〉，頁 126～148。李志超、華同旭，〈論中國古代的大地形狀概念〉，頁 51～55。金祖孟，〈渾天說的興起與衰落〉，頁 164～175；〈中國古宇宙論研究成果綜述〉，頁 176～181；〈天圓

暨天文曆算學的傳統中，一個頗爲顯著的觀念。從柏拉圖（Plato, 427～347 B.C.）之 *Timaeus* 中的宇宙論，到集希臘自然哲學大成的亞里斯多德（Aristotle, 384～322 B.C.）針對地域自然運動（terrestrial natural motion）的論證，乃至於希臘化時期托勒密（Claudius Ptolemy, 90～168）的天文學鉅著 *Almagest* 中的地心說體系，大致建立在地爲圓體的預設基礎上。〔註6〕即使是對亞里斯多德學說有所修正的中世紀經院哲學，在解說天地自然現象的相關論題上，仍多訴諸亞里斯多德學說中涉及地圓觀念的權威論述。〔註7〕

　　明清之際耶穌會士入華傳教的同時，也透過世界輿圖及圖解說明的方式，陸續介紹歐洲歷經新大陸發現與完成環球航行所誕生的世界地理知識，並敘及中世紀經院哲學與亞里斯多德—托勒密天文曆算體系中的地圓論證。耶穌會士極力向中國知識界宣揚地圓說，實有其傳教上的初衷。由於地圓之說爲中世紀經院哲學中論證天主造物信仰與自然哲學之主從關聯性，以及推闡西方天文曆算法則的宇宙論基礎，在西方天文幾何模型體系中佔有舉足輕重的地位。〔註8〕耶穌會士闡釋地圓於先，以其作爲信仰與知識的推論前提，如落實到地理學識的層面，則是呈現五大洲洋世界地理知識的基本觀念。

　　根據現有文獻的記載，早在1593年（萬曆二十年）於菲律賓馬尼拉刊行的一部題名高母羨（Juan Cobo）所撰《無極天主正教眞傳實錄》，其第四章〈論地理之事情〉中，已曾出現一段地圓的敘述：「予以爲天之所覆，員轉一氣，天則員矣，地之所載，誠上天之所接壞，而成形者，豈有方而不員之理乎？」〔註9〕這是目前可見，西方天主教傳教士闡釋地圓說之最早的漢文文獻之一。

　　　　地平說的世界性與地方性〉，頁12～17；〈三談《周髀算經》中的蓋天說〉，頁111～119。江曉原，〈《周髀算經》蓋天宇宙結構〉，頁248～253；余定國著，姜道章譯，《中國地圖學史》，頁124～133。

〔註6〕David C. Lindberg, *The Beginnings of Western Science*, pp. 39～42, 54～62, 98～105.

〔註7〕Edward Grant, *Physical Science in the Middle Ages*, pp. 60～82; Edward Grant, "Cosmology," pp. 280～293; John E. Murdoch and Edith D. Sylla, "The Science of Motion," pp. 206～264.

〔註8〕席澤宗，〈十七、十八世紀西方天文學對中國的影響〉，頁237。根據學者江曉原的研究，奠基在地圓體系的歐洲天文地理學，因其推算天象較中國傳統天文曆算精確，使得晚明士紳徐光啓、李之藻等人爲之折服。江曉原，〈十七、十八世紀中國天文學的三個新特點〉，頁52。

〔註9〕高母羨，《無極天主正教眞傳實錄》，頁29b～32a。筆者感謝國立清華大學歷史研究所徐光台教授提供此一資料。高母羨，西班牙多明我會士，其傳教事蹟及生平著述可參閱方豪，《中國天主教史人物傳》上冊，頁83～88。

學者方豪曾指出，利瑪竇最初在中國刊行的《天主實義》、《西國記法》等漢文著作，均較該書爲晚。〔註10〕縱使如此，西方地圓說在晚明知識界的傳播，仍由利瑪竇透過世界輿圖及專書介紹的方式首開風氣。

　　萬曆二十三年（1595），利瑪竇在南昌府時，曾於書信中描述當時中國人士對於大地形狀的認知情形：「中國人以爲地是平坦而呈方型，……還有其它許多事務的理解也是荒謬的」。〔註11〕利瑪竇的觀察，說明了中西方天地觀先天存在的岐異點。在這段期間，他親身體認到許多中國人「相信地是方的，任何不同的思想或概念都不容接受」的現象，〔註12〕不容易「理解那種證實大地是球形、由陸地和海洋所構成的說法」。〔註13〕因此，如何能讓原先習慣於傳統天地觀的晚明士紳順利地接納地圓說，便成爲利瑪竇需要深思熟慮並妥加安排的課題。茲舉萬曆三十年（1602）北京版《坤輿萬國全圖》爲例，其圖解說明之始即闡述地圓說：

> 地與海本是圓形，而合爲一球，居天球之中，誠如雞子黃在青內。有謂地爲方者，語其德靜而不移之性，非語其形體也。……所居渾淪一球，原無上下，蓋在天之內，何瞻非天？總六合內，凡足所佇即爲下，凡首所向即爲上，……故謂地形圓而週圍皆生齒者，信然矣！〔註14〕

從這段引文可以看出，利瑪竇解說地圓時，嘗試將中國渾天說「雞子黃在青內」的觀念，〔註15〕轉化爲西方地圓說的詮釋，在主觀認知上連貫中西方宇宙論的一致性；另一方面，再以「語其德靜而不移之性，非語其形體也」的提法，將「天圓地方」蓋天說中地方的形狀概念，轉換成地體靜止狀態的觀點，設法化解蓋天說與地圓說之間的牴觸，同時也符合了中世紀經院哲學所秉持之「哥白尼革命」前的托勒密（Claudius Ptolemy, 90～168）地心說體系

〔註10〕方豪，《中西交通史》，頁788。

〔註11〕〈利氏致耶穌會某神父書〉，1595年10月28日寫於南昌，《利瑪竇書信集》，頁178。同日〈致高斯塔神父書〉中也提到：「他們又都以爲地是平坦而呈四方型，……及其它許多無稽之談」（頁188）。

〔註12〕〈致羅馬總會長阿桂委瓦神父書〉，1595年11月4日撰於南昌，同上，頁209。

〔註13〕《利瑪竇中國札記》，頁180。

〔註14〕利瑪竇，《坤輿萬國全圖》。

〔註15〕這項說法的典故，可上溯自題名東漢張衡撰《渾天儀》的一段文字：「渾天如雞子，天體圓如彈丸，地如雞中黃，孤居於內。……天之包地，猶殼之裹黃」，頁1a。

（geocentric theory）。爲了強化大地圓體論述的說服力，利瑪竇進一步舉出直行二百五十里見南北極出高、入低各一度的例子（表示大地南北存在著曲度，也就是緯度差的實據），並且訴諸親身泛海東來的觀測經歷來加以印證：

> 直行北方者，每路二百五十里覺北極出高一度，南極入低一度；……
> 則不特審地形果圓，……且予自大西浮海入中國，至晝夜平線，已
> 見南北二極皆在平地，略無高低。道轉而南過大浪山，已見南極出
> 地三十六度，則大浪山與中國上下相爲對待矣！〔註16〕

利瑪竇在詮釋中國古籍舊說時，賦予其合乎西方地圓說的觀念，積極加強西方地理知識與中國學術傳統的聯繫與轉化，這是他於萬曆年間世界地圖與《乾坤體義》中引介西方地圓說之際慣用的方式。其間雖不免有附會之嫌，〔註17〕卻不失爲消弭中西方學術先天隔閡的可行途徑。也許，正因爲渾天系統天地觀原本存在的「模糊性」，給予利瑪竇藉以詮釋與類比西方地圓說時的彈性空間。〔註18〕另一方面，利瑪竇的地圓論述，也確曾獲得某些晚明士紳的認同。以萬曆四十年（1612）王英明的《曆體略》爲例，其卷上〈天體地形〉中有如下的敘述：「大圓者，上天下地之總名也，水附地以成一球，……地在寰宇之中，常靜不動，……《易》謂天圓而地方者，指其德也」。〔註19〕萬曆四十

〔註16〕利瑪竇，《坤輿萬國全圖》。按此段圖解說明文字，亦大致出現在萬曆三十三年（1605）的《乾坤體義》卷上〈天地渾儀說〉中，惟其內容稍有刪改，主要略去五大洲各四極分界一段。利瑪竇，《乾坤體義》，頁756～757。

〔註17〕如清儒王夫之就曾批評如此「附會」的作法：「渾天家言天地如雞卵，地處天中猶卵黃，……非謂地之果肖卵黃而圓如彈丸也。利瑪竇至中國而聞其說，執滯而不得其語外之意，遂謂地形之果如彈丸，因以其小慧附會之，而爲地球之象」。王伯祥校點，《思問錄·俟解》，頁63。

〔註18〕就明末清初中國知識界接觸西方地圓說之際，所引發對於傳統渾蓋系統宇宙論中大地形狀的討論，乃至於近來學界針對中國自然知識傳承中地圓與否的爭議，往往連帶凸顯這樣的一個問題：地圓究竟是否爲耶穌會士傳入的新觀念，或是中國渾天系統中早已產生的說法？筆者認爲，相對於耶穌會士從學理上言之有據地論證地圓，渾天系統所呈現的「存而不議，議而不決」的模糊性，很難望文生義地斷定其地形觀是否爲大地圓體，或者說地圓與否並非渾天曆算系統中需要迫切關心的焦點。在此，筆者接受學者傅大爲的論點：「『雞中黃』也並不代表地就是球形。後世渾天說也很少在『雞中黃』究竟是甚麼形狀的問題上打轉」。傅大爲，〈論《周髀》研究傳統之歷史發展與轉折〉，收入氏著《異時空裡的知識追逐——科學史與科學哲學論文集》，頁43註53。不容否認的，耶穌會士所傳入的西方地圓說，曾刺激當時知識界留意中國天文曆算傳統之宇宙論的形象及其地位。

〔註19〕王英明，《曆體略》，頁953。

一年（1613），章潢（1527～1608）於《圖書編》卷二十九〈輿地圓圖考〉中提出：「蓋天圓地亦圓，與舊所記載相反，且非足跡所及，若未可確信，然以理揆之，卻不相背馳」的彈性思考，他援古證今，認為西方地圓說與傳統渾天說的天地觀頗有契合之處，並肯定這類的知識對於置身天地之中的學人助益匪淺：「參之先儒謂天如雞子青，地如雞子黃，理則同也。故併錄之，亦可以廣見聞之一端。矧戴天履地，敢不究心乎哉！」〔註20〕

熊人霖友人方以智曾於《通雅》卷十一〈天文・曆測〉中，徵引利瑪竇之「地與海本是圓形，而同為一球，居天球之中，如雞卵黃在青內。有謂地為方者，乃語其定而不移之性，非語其形體也」的一段說明，作為其論述天文曆測的宇宙論基礎。〔註21〕爾後在《物理小識》卷一〈曆類・圓體〉中，方以智也指出：「天圓地方，言其德也，地體實圓，在天之中，……相傳地浮水上，天包水外，謬矣！」〔註22〕此外，其三子方中履在《古今釋疑》卷十一中也提到：「忽聞泰西脬豆之喻，乃驚耳。《晉志》謂天出入水中，鄒衍以瀛海環大九州外，《藏經》分四洲，是皆以地為扁土，陋哉、謬哉！……至利瑪竇入而始暢其言曰：地與海本是圓形，而合為一球，居天球之中，誠如雞子黃在青內。有謂地為方者，乃語其定而不移之性，非語其形體也」。〔註23〕凡此說法，皆可見其受到利瑪竇相關論述的影響。

利瑪竇調適中西方大地形狀觀的作法，也大抵為繼他之後耶穌會士闡述地圓說時的圭臬，或是在原本的基礎上增添相關的自然哲學推論（如四行說）、天文曆算學理、儀器測量結果、日常經驗例證（如日蝕之形圓），乃至推本於天主造物信仰。這些例證，可徵諸高一志（Aflonso Vagnone, 1566～1640）的《空際格致》、傅汎際（Francois Furtado, 1587～1653）的《寰有詮》、熊三拔（Sabbathin de Ursis, 1575～1620）的《簡平儀說》及《表度說》、陽瑪諾（Manuel Diaz, 1574～1659）的《天問略》等譯作內容。〔註24〕如就艾儒略的《職方外紀》而言，該書卷首〈五大州總圖界度解〉中論述地圓說與地心說時提出：

天體一大圜也，地則圜中一點，定居中心，永不移動。蓋惟中心離

〔註20〕章潢，《圖書編》，卷29，頁555。
〔註21〕方以智，《通雅》，頁438～439。
〔註22〕方以智，《物理小識》，頁18。
〔註23〕方中履，《古今釋疑》，頁1101～1105。
〔註24〕洪健榮，〈明末清初熊明遇對西方地圓說的反應──《格致草》相關地圓論題的傳承與發展〉，頁108～129。

天最遠之處，乃為最下之處，萬重所趨。而地體至重就下，故不得
不定居於中心，……可見天圓地方，乃語其動靜之德，非以形論也。
地既圓形，則無處非中。〔註25〕

在這段引文中，透露出如下的幾點訊息：

一、關於地球靜止於天體宇宙中心的說法，係採自亞里斯多德式自然哲
學中地域自然運動的論證預設——凡一切重物均會自然地趨向宇宙
中心即地球。〔註26〕

二、艾儒略堅守中世紀經院哲學之托勒密體系的觀念，對於十六世紀中
期後哥白尼《天體運行論》中的日心說（heliocentric theory），則仍
諱莫如深，這自然是基於羅馬天主教廷的規定。如我們所知，當時
哥白尼學說仍蒙受「異端」之名的禁制。

三、文中「語其動靜之德，非以形論也」的解說，即傳承自利瑪竇的範
例。在這段引文的最後，艾儒略強調既然大地圓體而無處非中，因
此，「所謂東西南北之分，不過就人所居立名，初無定準」。〔註27〕

出現在《職方外紀》卷首的〈五大州總圖界度解〉，艾儒略一開始即舉證實例
並援引學理來申明大地圓體，藉以改變中國人士對於天圓地方及中央四方的
傳統觀念，作為其進一步呈現西方地理知識的基本前題。除此之外，該書中
並提到哥倫布（Christopher Columbus, 1451～1506）、亞墨利哥（Vespucci
Amerigo, 1451～1512）與麥哲倫（Ferdinand Magellan, 1480～1521）等人的航
海事蹟，〔註28〕以歐洲近代「地理大發現」的事蹟配合五大洲域風俗民情及
奇珍異獸的介紹，更具體地向當時中國知識界證明地為圓體的事實。

〔註25〕 艾儒略著，謝方校釋，《職方外紀校釋》，頁 27。

〔註26〕 Aristotle, Physics, in Jonathan Barnes (ed.), *The Complete Works of Aristotle*, vol.
1, pp. 315～446；Aristotle, On the Heavens, Ibid., pp. 447～511.

〔註27〕 艾儒略著，謝方校釋，《職方外紀校釋》，頁 27。此外，艾儒略在《西方答問》
卷下〈地圖〉中，也一貫地強調：「大地居天之中，如卵黃之在殼內，……在
易地方之說，惟論其德，非論其形，猶曰：天動地靜云耳。後儒亦識地圓之
意，故比地如卵黃」；並且根據亞里斯多德的學說，解釋人們為何可以同立於
大地圓體之上而不墜：「凡物之重體，向下而不向上。天地最高區處，惟天頂
而已；最下區處，惟地心而已。故地之八面，凡為重體之物，皆直向地心以
就本位，如車輪輻輳，皆向樞以靠也。地上八面之人，自無不戴天履地，以
得其所。……其實彼此皆正立矣」（頁 2a～4b）。

〔註28〕 艾儒略著，謝方校釋，《職方外紀校釋》，卷 4，〈亞墨利加總說〉、〈墨瓦蠟尼
加總說〉，頁 119～120，141～142。

　　熊人霖《地緯》的著述體例主要傳承自《職方外紀》，其首篇〈形方總論〉中介紹地圓、氣候帶及經緯度劃分等自然地理學準則，通篇開場白針對地圓觀念有如下的說明：

> 地勢圓，正象天，天度三百有六十，地度三百有六十。而世傳天圓地方，則是四隅將懸水而緅行也，蓋曾子曰天道曰圓，地道曰方。
> 〔註29〕

如果從中國地理學的傳統觀念並參照耶穌會士的地圓論述來解讀這段文字，我們可以發現，熊人霖在「地勢圓，正象天」的前提上，質疑世傳天圓地方觀念之「四隅將懸水而緅行也」的不合情理，並引據先儒曾子所言來推論天圓地方之說的由來。按《大戴禮記》中記載單居離問曾子天圓地方一事時，曾子答覆：「天之所生上首，地之所生下首。上首之謂圓，下首之謂方，……參嘗聞之夫子曰：天道曰圓，地道曰方。方曰幽，而圓曰明。明者，吐氣者也，是故外景；幽者，含氣者也，是故內景」。通篇以方圓比附陰陽的感應思想為主，再將之推展至禮樂仁義與治亂緣由的意涵：「吐氣者施，而含氣者化，是以陽施而陰化也。陽之精氣曰神，陰之精氣曰靈。神靈者，品物之本也，而禮樂仁義之祖也，而善否治亂所興作也」。〔註30〕自始至終，未見其明確說明大地的形狀究竟為何。然而，這段敘述卻曾是明清之際中國士紳糾結於地圓及地方觀念的主要源頭之一。〔註31〕而熊人霖引述中國古代經典之論，來判別西方地圓說的可靠性與中西宇宙觀彼此之間的正確性，最終選擇地圓說作為《地緯》中整體呈現世界地理知識的出發點。

　　其次，對照《職方外紀》卷首〈五大州總圖界度解〉及《地緯》首篇〈形方總論〉中的地圓論述，可以看出，艾儒略主要依據亞里斯多德的學說及利瑪竇的範例來引證地圓，熊人霖則代之以自己所熟悉的中國古籍舊說作為參照，來採納西方地圓觀念，這樣的現象，顯示出西方傳教士與接觸西學的中國士大夫因為彼此學識背景的差異，反映在同樣的論題上，卻有著殊途同歸的理解方式，以至於產生「一個地球，各自解讀」的結果。

　　再者，前引〈形方總論〉中所提天度、地度相應俱為三百六十度，乃傳

〔註29〕熊人霖，《地緯》，頁 7a。
〔註30〕戴德撰，盧辯註，《大戴禮記》，卷5，〈曾子天圓〉，頁 456～457。
〔註31〕郭永芳，〈西方地圓說在中國〉，頁 155～156。另一源頭為《周髀》蓋天系統之「方屬地，圓屬天，天圓地方」的觀點。趙爽注，《周髀算經》，卷上，頁 16a 及卷下，頁 2a。

承自《職方外紀》中「週天之度，經緯各三百六十。地既在天之中央，其度悉與天同」的說法，〔註32〕也就是西方傳統劃分圓周方位的標準度數。〔註33〕據學者王爾敏的研究指出，中國傳統周天之圓刻度的劃定系統，係根據北斗星斗杓最末的招搖星為指針，從該星一年所指周天方向，將一年十二個月二十四節氣行經周天之圓，定為三百六十五度又四分之一。〔註34〕如西漢時期《淮南子》卷三〈天文訓〉中所謂「反覆三百六十五度四分度之一而代一歲」，〔註35〕隋朝蕭吉《五行大義》卷二〈第五論配支干〉中則「以周天三百六十五度四分度之一，日日行一度，故正用一干一支以主一日也」，〔註36〕宋代黎靖德編《朱子語類》卷二〈理氣下〉中論及「周天之度」，也提到「一晝一夜行一周，而又過了一度。以其行過處，一日作一度，三百六十五度四分度之一，方是一周」。〔註37〕熊人霖在《地緯》中吸收耶穌會士傳入晚明知識界的劃分圓周方位的標準度數，此舉也意味著他擺脫中國輿地之學的度數傳統，轉向西方自然地理學的座標系統。

　　從「天圓地方」到「大地圓體」，標幟著熊人霖對於大地形狀認知的轉變。在確定天地俱是圓體且度數彼此相應的基礎上，《地緯》首篇〈形方總論〉中緊接著闡述南北極赤道、氣候帶及經緯度的劃分原則。

二、南北極赤道、氣候帶及經緯度劃分

　　南北極赤道、氣候帶及經緯度的劃分，係西方傳統地理學立基於天地俱為圓體所定出的座標系統。早在西元前二世紀，希臘學者 Hipparchus 即嘗試用經緯網在地球表面上標劃出確定的地點。他的作法，嗣後為托勒密所採用並稍加修訂，形成歐洲地圖測繪學的一項重要傳統。〔註38〕另一方面，西方古代「分天下為五帶，二寒、二溫、一熱」的觀念，〔註39〕乃源自於古希臘

〔註32〕艾儒略著，謝方校釋，《職方外紀校釋》，卷首，〈五大州總圖界度解〉，頁27～28。先前利瑪竇《坤輿萬國全圖》中的解說已提到：「天既包地，則彼此相應，故天有南北二極，地亦有之；天有三百六十度，地亦同之」。
〔註33〕李旭旦譯，《地理學思想史》，頁22，46。
〔註34〕王爾敏，《明清時代庶民文化生活》，頁128～129。
〔註35〕劉安編，楊堅點校，《淮南子》，卷3，頁27。
〔註36〕蕭吉，《五行大義》，卷2，頁11a-b。
〔註37〕黎靖德編，《朱子語類》，卷2，頁29。
〔註38〕李旭旦譯，《地理學思想史》，頁46及52。
〔註39〕艾儒略，《西方答問》，卷下，〈地圖〉，頁4b。

「地理學之父」埃拉托色尼（Eratosthenes, ca. 273～192 B.C.）劃分地球氣候五帶的主張。〔註40〕晚明耶穌會士將西方自然地理座標系統傳入中國知識界，如利瑪竇在《坤輿萬國全圖》的解說中，即有「以天勢分山海，自北而南爲五帶」，以及南北極、赤道經緯度等說法。〔註41〕艾儒略在《職方外紀》卷首〈五大州總圖界度解〉中更加以衍繹：

> 地度上與天度相應。天有南北兩極，爲運動樞。兩極相距之中界爲赤道，……分爲五帶，其赤道之下，二至規以內，此一帶者，日輪常行頂上，故爲熱帶。夏至規之北至北極規，冬至規之南至南極規，此兩帶者，因日輪不甚遠近，故爲溫帶。北極規與南極規之內，此兩帶者，因日輪止照半年，故爲冷帶。……此南北經度也。至於東西緯度，則天體轉環無定，不可據。〔註42〕

這段文字介紹氣候五帶的各別特色，也提到南北極、赤道經緯度等劃分規則，在名稱用辭上，多是援用自中國傳統地理舊說。茲以南北經度、東西緯度的觀念爲例，古代經典如《周禮・天官冢宰》中有所謂「南北之道謂經，東西之道謂緯」，《淮南子》卷四〈墜形訓〉中也提到：「凡地形，東西爲緯，南北爲經」。〔註43〕耶穌會士嘗試透過「格義」的方式，聯繫並轉化中西方學術傳統的實質內涵，便能將西方地理知識順利地介紹給晚明知識界，在此又獲得一項具體的例證。只不過自然地理座標在宇宙論的觀點甚至實際運用上，仍存在著天地俱圓與天圓地平的基本分野。

熊人霖《地緯・形方總論》承繼《職方外紀・五大州總圖度解》中的論點，闡述立基於西方地圓觀念上的南北極及赤道座標規定：

> 天有南北極爲運樞，兩極相距之中界，爲赤道，是分南北。其黃道斜與赤道交，南北俱出二十三度半，日躔黃道，日行一度，自西而東，第九重行健之天振之，則自東而西，一日一週天矣。日輪正交赤道際，爲春秋二分規，南出赤道二十三度半者，冬至規；北出赤道二十三度半者，夏至規。〔註44〕

〔註40〕楊吾揚、懷博（Kempton E. Webb），〈古代中西地理學思想源流新論〉，頁323；李旭旦譯，《地理學思想史》，頁44～45。
〔註41〕利瑪竇，《坤輿萬國全圖》。
〔註42〕艾儒略著，謝方校釋，《職方外紀校釋》，頁27～28。
〔註43〕劉安編，楊堅點校，《淮南子》，頁42。
〔註44〕熊人霖，《地緯》，頁7a-b。

引文中說明天球測量的定規，由於「地在天中，勢與天通」，地球表面上的座標劃分與天球相對應。其中，夏至規乃今北回歸線，冬至規即今南回歸線；再者以赤道、冬、夏至規及南、北極規（赤道及回歸線、極圈）來區分「五界」，也就是所謂的氣候五帶，「其赤道下二至規內一帶者，日輪常行頂上，故爲熱界」，即熱帶位置赤道與南、北回歸線間；「自夏至規以北至北極規，冬至規以南至南極規之二界者，日輪不甚遠，不甚近，爲溫界」，即溫帶位於回歸線與極圈間；而極圈內則爲寒帶：「北極規與南極規內之二界者，日輪止照歲之半，爲冷界」。〔註45〕各氣候帶的特色如下：

> 赤道之下，終歲晝夜均平，自赤道以北，夏至晝漸長，是故有十二時之晝，有一月之晝，有三月之晝，至北極之下，有半年之晝矣。赤道南如之……其在東西界之地，凡南北極出入相等者，晝夜寒暑，節候俱同。〔註46〕

如以南北極赤道等定規配合日行位置，則地球上各地的氣候變化可由此窺測，熊人霖因而認爲：「在以極，則地之廣輪測矣；在以日，則地之寒暑測矣」。〔註47〕緯度的高低，影響各地太陽入射角的大小、晝夜的長短及四季的變化，通體可藉由地理網線赤道經緯度的劃分予以參照。〈形方總論〉中指出：

> 人居赤道之下者，平望南北二極，離南之北，每二百五十里，則北極出地一度，南極入地一度，行二萬二千五百里，見北極當冠，出地九十度，而南極入地九十度，當履矣。之南如之，此南北爲經之度也。〔註48〕

緯度即某觀測點的地平高度，由於中國位居北半球，故稱爲「北極出地」（或「北極高」），即今地理緯度的概念。而其二百五十里南北極出入一度的例則（每向北行二百五十里，北緯高出一度，原起點相對降低一度，行二萬二千五百里總和九十度，正爲北極點），係利瑪竇以降耶穌會士慣用的說明。〈形方總論〉依據《職方外紀》卷首〈五大州總圖度解〉中提出「南北爲經之度也」，在用字上與目前自然地理學對南北向爲經度的定義相一致。至於東西向度數則爲緯度，〈形方總論〉中指出：

〔註45〕熊人霖，《地緯》，頁 7b～8a。

〔註46〕熊人霖，《地緯》，頁 8a。

〔註47〕熊人霖，《地緯》，第 84 篇，〈地緯繫〉，頁 191a。

〔註48〕熊人霖，《地緯》，頁 8a-b。

　　　　至若東西爲緯之度，則天渾行無定，不可據七政量之，隨方可爲初
　　　　度，……以第九重行健之天一周，則日晝夜行三百六十度，每時得
　　　　三十度，若兩處相差一時，則知東西離三十度矣。以觀月食驗之，
　　　　或以里數考之。若從西洋最西處爲初度，即以過福島子午規爲始，
　　　　彷天度自西而東十度一規，以分東西之度。〔註49〕

在地心說系統的觀念中，地居天中，永不移動，動者爲天體，是以「天渾行無
定」（實際上是由於地球自轉的關係），因此經線初度誠「隨方可爲初度」。西方
地理學傳統將天體劃分爲三百六十度，而「以過福島子午規爲始」，福島
（Fortunate Islands）係今非洲西北岸外的加那利群島（Canarias Islands），如《職
方外紀》卷三〈福島〉中提到：「利未亞西北有七島，福島其總名也」，〔註50〕
爲往昔歐洲人測定經度的起點，這項規定肇端於西元二世紀時托勒密暨馬里諾
斯（Marinus of Tyre）的作法，〔註51〕將通過加那利群島的經線定爲零度（即本
初子午線，中國傳統以北爲子，以南爲午，經線爲南北向線，故稱），作爲中央
經線的基準。經度與經度之間的距離可互定時差（一日十二時辰，一時辰離三
十度），又如「彷天度自西而東十度一規，以分東西之度」，乃東西經向每十度
立經線一的定規。至於赤道經緯度在應用上，具有定位、定向的作用，其法則
先據日影測量，以離赤道南北度數知所在緯度，再依距離福島東西度數明所在
經度，經緯線相交即可得出定點位置。〈形方總論〉中指出：

　　　　故形方者，必定東西南北之規，參之本地，離赤道之南北幾何，離
　　　　福島之東西幾何，乃置本地方隅。若欲知中國京師何隅，法以日影
　　　　在其離赤道以北四十度，離福島以東一百四十三度，即于兩經緯線
　　　　之交得京師矣。〔註52〕

根據熊人霖的說明，「形方」之意在於引藉西方赤道經緯度的規則，定出特定
地域所在方位及其面積。如從中國傳統典籍中追溯「形方」的原始意義，可
見於《周禮・夏官》中所記「形方氏掌制邦國之地域，而正其封疆」，以「使
小國事大國，大國比小國」的說法。〔註53〕熊人霖汲取西方自然地理觀念的
同時，也試著將古代傳統著重於掌控政治封域的「形方」蘊涵，賦予「舊瓶

〔註49〕 熊人霖，《地緯》，頁 8b～9a。
〔註50〕 艾儒略著，謝方校釋，《職方外紀校釋》，頁 117。
〔註51〕 李旭旦譯，《地理學思想史》，頁 52。
〔註52〕 熊人霖，《地緯》，頁 9a。
〔註53〕 鄭玄注，賈公彥疏、陸德明音義，《周禮注疏》，卷 33，頁 610。

裝新酒」的不同詮釋。返觀《地緯》首篇〈形方總論〉定名「形方」，而不取《職方外紀》卷首〈五大州總圖度解〉的名稱，或許在考慮如何調整傳統與新知的思考層面上，熊人霖有其自主性的選擇標準。值得注意的是，如此的價值取向，也大體投射在五大洲各國域地理風俗的呈現風貌上。

　　總而言之，《地緯》首篇〈形方總論〉先以大地形狀、地理網線及氣候五帶的認知，作爲全書進一步分述五大洲及四海知識的基準。在明清之際中國地理觀念演進史上，該書的著述體例直接反映西方地理知識影響下的結果；相對於明代傳統四裔著作的格局而言，也代表著某種程度的突破。

第二節　世界五大洲域及海洋知識

　　相較於《職方外紀》以五大洲立綱分說世界諸國條目的體例而言，明代傳統四裔著述關於中國邊裔鄰國及海外藩屬的記述，爲能闡揚「明王愼德，四夷咸賓」的情勢，〔註54〕其發凡起例或採取以東、西、南、北方位分定諸國的架構，舉要如嚴從簡的《殊域周咨錄》（1574）二十四卷分敍東夷、南蠻、西戎、北狄；羅曰耿的《咸賓錄》（1590）八卷分列北虜、東夷、西夷、南夷諸國；愼懋賞的《四夷廣記》（1602）列東夷、北狄、西夷、海國各志；楊一葵的《裔乘》（1615）八卷分述東夷、南夷、西夷、北夷、東南夷、東北夷、西南夷、西北夷。以茅瑞徵的《皇明象胥錄》爲例，其在凡例中即標榜：

> 東夷首朝鮮、琉球，以請封脩貢，謹爲我外藩也。……南蠻首安南，蓋嘗郡縣其地矣。……西戎首哈密，故領袖西域，……兀良哈，則北狄矣。〔註55〕

至晚明耶穌會士將西方地理知識傳入中國知識界，帶來了嶄新的五大洲世界觀念。如利瑪竇在《坤輿萬國全圖》的解說中，即提出「以地勢分輿地爲五大州，曰歐邏巴，曰利未亞，曰亞細亞，曰南北亞墨利加，曰墨瓦蠟泥加」。〔註56〕繼利瑪竇之後，艾儒略的《職方外紀》成爲入華傳教士致力闡揚五大洲觀念及其知識內容的個中佼者。艾儒略曾向晚明士紳表明其作的內容取向：

> 按輿地圖，普天下萬國，總分爲五大州，……其中地度、風景、土

〔註54〕蔡汝賢，〈東夷圖總說〉，《東夷圖說》，頁409。
〔註55〕茅瑞徵，《皇明象胥考》，〈凡例〉，頁1a。
〔註56〕利瑪竇，《坤輿萬國全圖》。

產，嘗著《職方外紀》，可考鏡也。〔註57〕

熊人霖《地緯》借鏡《職方外紀》，也以五大洲列舉世界各國域的地理分佈、風俗物產及歷史演變。至於在各洲分說的內容書寫上，不論是《職方外紀》或《地緯》，皆承續中國傳統以地爲經、以史爲緯的列國志撰述方式，這也是明代四裔著述所慣用的體例。

《地緯》凡八十四篇，第一篇〈形方總論〉介紹了地圓與自然地理座標劃分等西方地理知識，緊接其後爲該書主體的五大洲及四海知識內容，概屬於人文及區域地理知識的層面。這個部分總計占八十一篇，份量之重，由此可見。五大洲、四海知識傳達了大地圓體的具體形像，也成爲地圓事實的有力證明。而〈形方總論〉中所提赤道經緯度定位及氣候五界的劃分，或實際應用在五大洲各地域的相關介紹中。本節首先敘述《地緯》中各洲分說的內涵與特色，其次探討該書所包羅的嶄新視野中的海洋知識，尤其著重在從東西洋之分到四海之辨這一點上。

一、各洲分說的內涵與特色

由於《地緯》中世界地理知識的資料來源，存在著「兼採中西」合於一書的情形，作者熊人霖本身也在內容的取捨上有其選擇或調整的標準，如此一來，使得全書五大洲各篇章所呈現的世界地理視野各具特色。以下分別羅列與陳述各洲的書寫內涵，來理解熊人霖對於世界圖像的知識建構。

（一）大瞻納（亞細亞、亞洲）部分

《地緯》分說五大洲乃依循《職方外紀》的卷次前後，這個部分主要是根據各洲大小次序加以陳述。該書第二篇〈大瞻納總志〉中提到：

> 大瞻納者，天下一大州也，人類肇生之地，聖賢首出之鄉。其地西
> 起那多理亞（今土耳其小亞細亞半島），離福島六十二度；東至亞尼
> 俺（白令）峽，離一百八十度；南起爪哇，在赤道南十二度；北至
> 冰海，在赤道北十二度。其國以百餘數，中國最大，……〔註58〕

通篇首以福島、赤道爲準，定出該洲的經緯度位置，此係受到西方地理知識

〔註57〕艾儒略，《西方答問》，卷上，〈國土〉，頁 1b～2a。

〔註58〕熊人霖，《地緯》，頁 10a。以下五大洲極點古今地名對照，主要參照霍有光，《〈職方外紀〉的地理學地位與中西對比〉，頁 61～62；謝方校釋，《職方外紀校釋》。

的影響，其文字大致脫胎自《職方外紀》卷一〈亞細亞總說〉中所謂：「亞細亞者，天下一大州也，人類肇生之地，聖賢首出之鄉。其地西起那多理亞，離福島六十二度；東至亞尼俺峽，離一百八十度；南起爪哇，在赤道南十二度；北至冰海，在赤道北七十二度。所容國土不啻百餘，其大者首推中國」。〔註59〕值得注意的是，熊人霖在此以「大瞻納」取代「亞細亞」的名稱，如追究其因，可見於〈大瞻納總志〉文後的一段附註：「徐玄扈先生原因西書，稱亞細亞，家君改定今名」。〔註60〕徐玄扈即徐光啓，文中「西書」應為利瑪竇世界地圖或《乾坤體義》，「家君」即為熊明遇。在熊明遇的《格致草》中，五大洲名稱見於〈圓地總無罅礙〉中所謂：「其餘行度多寡，可類推瞻納、歐邏、利未、南墨、北墨五大州也」。〔註61〕然而，熊明遇所記五大洲乃瞻納、歐邏巴、利未亞，加上亞墨利加分成南、北二州，並無墨瓦蠟尼加。其中的瞻納之名，則為熊人霖援用。我們知道，《職方外紀》中的「亞細亞」應係來自於 Asia 的譯音，該書卷一〈亞細亞總說〉中，也曾提到與「大瞻納」相類似的名稱「大知納」，其云：「亞細亞者，……中國則居其東南，……其距大西洋路幾九萬，開闢未始相通，但海外傳聞尊稱之為大知納，近百年以來，西舶往來貿遷，始闢其途」。「知納」似乎譯自印度梵文 Cina，為古代印度對於中國的一種稱呼。由於艾儒略東來途中曾於印度臥亞（Goa）停留，故得知這項海外傳聞。〔註62〕

值得注意的是，熊明遇、熊人霖父子以「瞻納」之名取代「亞細亞」之稱，也可能是受到印度佛教世界觀的影響。〔註63〕在印度佛教經典中有區分現實大陸為四大洲的說法，如唐代高僧玄奘（602～664）曾在《大唐西域記》卷一前部敘說唐帝國在印度世界觀念中的地位，據稱索訶世界（舊曰婆娑世界）三千大千國土之海中可居者，略有東毘提訶洲、南瞻部洲、西瞿陀尼洲、北拘盧洲等四大洲，〔註64〕而中、印等地都處於世界中央部分的「南瞻部洲」。明末章潢於《圖書編》卷二十九所載「四海華夷總圖」中註明：「此釋典所載

〔註59〕艾儒略著，謝方校釋，《職方外紀校釋》，頁32。
〔註60〕熊人霖，《地緯》，頁11a。
〔註61〕熊明遇，《格致草》，頁152a。
〔註62〕艾儒略著，謝方校釋，《職方外紀校釋》，頁32～33。
〔註63〕感謝林東陽教授於1997年5月17日私立東海大學歷史學系主辦「第三屆歷史學論文討論會」中提供筆者此一思考線索。
〔註64〕玄奘，〈大唐西域記序〉，《大唐西域記》，頁2。並參閱王成祖，《中國地理學史（先秦至明代）》，頁107。

四大海中南贍部洲之圖姑存之以備考」，圖旁並註稱：「南贍部洲者，乃四洲之一也，……諸國中，中印土爲最大，實當洲之正中；我震旦九州介洲之東北，特中國數耳」。〔註65〕返觀熊明遇、熊人霖父子在選定譯名時，或許從印度佛教世界觀得到啓發。當然，這項譯名的本身，也帶有些許以中國爲「贍納」之主的意味，如熊人霖在《地緯》第二篇〈大贍納總志〉中宣稱中國係「人類肇生之地，聖賢首出之鄉」，實爲「萬方之宗」，〔註66〕並於該書第八十四篇〈地緯繫〉中強調「凡地緯，地物之號從中國」以及「邑人名從主人」的原則。〔註67〕至於其它四洲，如果是在「名從主人」的前提之下，自可完全遵循入華耶穌會士的譯名。

　　《地緯》之〈大贍納〉部分共計四十三篇，超過全書總八十四篇之半數。《職方外紀》的亞細亞總說中強調「至中華朝貢屬國，如韃靼、西番、女直、朝鮮、琉球、安南、暹羅、眞臘之類，俱悉《一統志》中，亦不復贅」。〔註68〕而〈大贍納總志〉中雖宣稱「傳志既多有，不具論，論其職方所未備者，使好學深思之士，得以覽觀焉」，〔註69〕卻仍以大半篇幅容納明代的中華朝貢屬國。如專就篇目中所列國數而論，其亞洲部分所佔比例近乎《職方外紀》的兩倍，《職方外紀》所記韃而靼、回回、印弟亞、莫臥爾、百爾西亞、度爾格、如德亞、則意蘭、蘇門答剌、爪哇、渤泥、呂宋、馬路古、地中海諸島，《地緯》幾全囊括在內，並多出比達、朝鮮、西蠻、三衛、哈密、赤斤蒙古衛、罕東衛、安定衛、曲先衛、火州、亦力把力、于闐、撒馬兒罕、哈烈、西番、天方、默德那、占城、暹羅、安南、滿剌加、三佛齊、蘇祿、眞臘、佛郎機、西洋古里國、榜葛剌、倭奴、琉球、東番、荒服諸小國等。整體內容涵蓋今中國北方蒙古、東北、甘肅、青海、新疆及雲南等，東亞朝鮮半島，東亞島弧的日本、琉球、臺灣，東南亞、南洋群島一帶，南亞的中南半島、印度半島、阿拉伯半島，中亞細亞與北亞等國家及地域，呈現當時各國族之間在目前亞洲地理範圍內的勢力分合情形。書中除了敘述各地域一般性的俗尚物產之外，並具有以下的幾點特色：

　　一、諸國域或有點出赤道緯度位置者，如其記則意蘭「在赤道北四度」、
　　　　爪哇「離赤道南十度」、滿剌加「當赤道下」、浡泥「當赤道下」、蘇

〔註65〕章潢，《圖書編》，卷29，頁559～560。
〔註66〕熊人霖，《地緯》，第2篇，〈大贍納總志〉，頁10a-b。
〔註67〕熊人霖，《地緯》，第84篇，〈地緯繫〉，頁190a。
〔註68〕艾儒略著，謝方校釋，《職方外紀校釋》，卷1，頁33。
〔註69〕熊人霖，《地緯》，頁10b～11a。

門答剌「地可十餘度，跨赤道」、以及百爾西亞其南之島忽魯謨斯「此赤道之北二十七度也」。〔註70〕凡《職方外紀》有列出者，《地緯》悉盡納入，更推測滿剌加位置「當赤道下」，此與明代傳統四裔著作風格有所不同。

二、記載中國東、西、南、北邊疆及外國的歷史沿革，特別側重於明代，說明諸國域在中國各朝代記載中的名稱演變，上溯先秦至兩漢歷代載籍，下限多至明代前、中期。

三、著重「四夷」、「邊裔」對於中國的朝貢及受封關係（參閱表 3-1），兼及明代使節的外交活動。行文之中鋪陳邊裔各國「來朝闕下」、中國厚往薄來的情形，流露出王者無外的政治思維，並以蠻、夷、戎、狄的文字描述邊裔相對於中國的地理位置及社會文化之間的差異，頗富明代傳統四裔著作的色彩。

四、從國防的立場出發，重視各國域與中國歷代的軍事活動及交通貿易關係，尤其以中國北疆（今蒙古、東北等地）、西域（今新疆等地）、朝鮮、日本、中南半島各國及東南海防（包括日本倭寇、葡萄牙、西班牙及荷蘭）最為顯著，可見於比達、安南、朝鮮、佛郎機、呂宋、倭寇等篇，反映明代中葉以後北域邊防及東南海防的緊張情勢。其中，佛郎機應係葡萄牙的別稱（甚或包括西班牙人在內），《地緯》第三十五篇〈佛郎機志〉中將該國本土與其海外殖民地相混淆，使得原本位於歐洲的葡國「乾坤大挪移」到了亞洲區域，〔註71〕此例顯示出熊人霖對於當時這些歐洲人的來龍去脈存有認知上的模糊性。在《地緯》之前，如嚴從簡的《殊域周咨錄》、張燮的《東西洋考》等輿地外紀，也有類似的現象。〔註72〕

表 3-1：《地緯》中「大贍納」所錄國域對於中國的朝貢受封關係

區域名	明代進貢受封情形
朝鮮	洪武初，上表賀即位，賜璽書黃金印，封高麗國王。
哈密	永樂四年，遣使入貢，詔封為忠順王，賜金印。
赤斤蒙古衛	永樂初，故元相率所部歸于詔建千戶所。

〔註70〕 熊人霖，《地緯》，頁 47b，64a，65a，67a，70a，71a。
〔註71〕 熊人霖，《地緯》，頁 79a～81a。
〔註72〕 張維華，《明史佛郎機呂宋和蘭意大里亞四傳注釋》，頁 5～71。

罕東衛	洪武間，通貢，置衛官，其酋長指揮僉事。
安定衛	洪武中，朝貢，置安定、可端二衛。
曲先衛	永樂初，置衛。
火州	永樂宣德間，數遣使貢馬。
亦力把力	其酋自洪武以來數入貢。
于闐	漢唐以來皆入貢。永樂初，貢玉璞。
撒馬兒罕	洪武、永樂、正統，來貢玉石橐駱馬。
哈烈	洪武中，詔諭酋長賜金帛。永樂間，貢馬。正統間，又來貢。
西番	明初，詔各族酋長舉故官失職者，至京授職，三年一朝。
天方	宣德中，來貢，使道嘉峪關。
默德那	宣德中，遣使隨天方陪臣來貢。
占城	洪武中，來朝，詔封為王。
暹羅	高帝即位，其王遣陪臣奉金葉表入貢，貢方物，受正朔，已遣王子來朝貢。文帝時，復修歲事來貢。
安南	高皇帝既平元，使節持璽書諭降之，自是職貢無闕。
爪哇	洪武三年，王遣陪臣奉金葉表，貢方物，黑奴三百人。十三年，復遣使朝貢。永樂二年，東王復遣使朝貢，求漢印，比外藩。十六年，西王獻白鸚鵡。正統八年，著令甲，三年一貢。
滿剌加	文皇帝三年，其君長遣使奉金葉表朝貢，願內附，比藩臣。七年，上遣使齎璽書王印，封之。九年，妃及王子從官朝闕下。十二年，王母朝。宣德九年，王來朝。正統以後，數遣陪臣朝貢不絕。
三佛齊	洪武中，數朝貢。十年，封嗣君為國王，賜銀印駝紐黃金塗，比于外藩。
浡泥	洪武中，其長遣使貢象齒、吉貝、玳瑁、片腦、香木、鶴頂諸方物。永樂中，封其長為王，王率妃及子來朝貢。
蘇門答剌	洪武中，來貢。永樂中，已來貢。天子下璽書封其王，已復來貢。宣德以來，朝貢不絕。
蘇祿	永樂十五年，東王卒，二王朝闕下，貢玳瑁及徑寸良珠，上大加賞賜，已封東王長子嗣王。十九年，復遣使入貢。
眞臘	大明皇帝之御寓也，眞臘王表賀貢方物受正朔，已貢象及它方物。景皇帝以來數貢。
佛郎機	正德十四年，佛郎機大酋弒其王，遣必加丹末三十餘人，入貢，乞封。
西洋古里國	永樂元年，其使受命來貢駿馬。五年，上遣中人賜王璽書幣帛，陪臣皆授爵賞。
榜葛剌	永樂中，朝貢，貢麒麟。
呂宋	永樂三年，其國遣臣隔察老入朝貢方物後，遂無聞焉。

倭奴	洪武二年，入貢，其王良懷，遣僧祖來進表箋貢馬。四年，遣行人趙秩宣諭，陪臣隨秩入貢。十二年、十三年、十四年、十五年，並入貢。十六年，絕之。永樂二年，入貢。宣德元年、七年、十年，定入貢。正統七年，貢船至九艘人千餘。天順二年，入貢。成化二年，偽貢。正德四年，入貢。嘉靖初，彼國各道爭貢。二十六年。入貢。
琉球	洪武初，遣使朝貢，後中山王自來朝闕下，詔許王子陪臣子來遊太學。
荒服諸小國	諸國或洪武初，來朝貢。或永樂中朝貢。

資料來源：摘錄自《地緯》中的相關篇章內容。

（二）歐邏巴（歐洲）部分

　　歐邏巴為入華耶穌會士的故鄉。《職方外紀》緊接著亞細亞之後，介紹「天下第二大州，名曰歐邏巴。其地南起地中海，北極出地三十五度。北至冰海，出地八十餘度，南北相距四十五度，徑一萬一千二百五十里。西起西海福島初度，東至阿比河（今鄂畢河）九十二度，徑二萬三千里，共七十餘國」。〔註73〕《地緯》第四十五篇〈歐邏巴總志〉中，也根據艾儒略界定當時歐洲疆域的說法，敘述「次二之州，曰歐邏巴，其地南起地中海，北極出地三十五度，北至冰海，出地八十餘度，南北距四十五度，徑一萬一千二百五十里；西起西海福島初度，東至阿北河九十二度，徑二萬三千里。共七十餘國」。〔註74〕在疆域的界定之後，有關該洲人文地理現象的描述，熊人霖在字裡行間或稱頌其文教之美，對於歐洲文化基本上抱持著肯定的態度，然而此種肯定，卻是出自於中國本位的立場所作出的判斷：

　　　　凡歐邏巴州內大小諸國，……其庠、序、郡國有大學、中學；邑、
　　　　里有小學，師徒教受，頗似中國。……其它政令，大抵多如中國，
　　　　而皆原本於耶穌之學。蓋其地廣，人民少，物力饒，故民之從善輕
　　　　焉。〔註75〕

換句話說，熊人霖嘗試將《職方外紀》中闡述歐洲文化的內容，置於中國政治文化的歷史脈絡中加以對照，「頗似中國」、「大抵多如中國」之類的用語，即清楚地透露出這樣的意向。

　　《地緯》中「歐邏巴」的內容大致涵蓋今歐洲各國家及地域，呈現當時歐洲歷經十五世紀「地理大發現」以及十六世紀宗教改革之後，各民族國家

〔註73〕艾儒略著，謝方校釋，《職方外紀校釋》，卷2，〈歐邏巴總說〉，頁67。
〔註74〕熊人霖，《地緯》，頁115a。
〔註75〕熊人霖，《地緯》，頁115b～118a。

逐漸興起的情形。此部分共計十四篇，除了第五十六篇〈紅毛番志〉之外，其餘幾與《職方外紀》所記諸國相彷。整體敘述主要以「事天之教諸國」為中心，[註76] 詳如當時歐洲列強以西把尼亞（西班牙）、意大里亞（義大利）、亞勒瑪尼亞（日耳曼諸邦），概為十六世紀之後堅持天主教信仰的重點區域，明末入華傳教士來自於這些國域的人數，亦占有相當的比例。[註77]《地緯》中對於這些國域文明昌盛、豐饒富庶及物力強盛的情形，也有扼要的刻劃，這自然是受到《職方外紀》的影響。由於艾儒略出身義大利籍天主教耶穌會士，義大利又是羅馬天主教廷的所在地，「教皇即居於此，以代天主在世主教」。在艾儒略的心目中，其故鄉義大利「地產豐厚，物力十全，四遠之人輻輳於此」，堪為歐洲文化的重心。[註78]《地緯》第四十八篇〈意大里亞志〉在歐邏巴諸志中，篇幅僅次於〈紅毛番志〉（荷蘭）。由於〈紅毛番志〉的內容多出自於熊明遇《島民傳》中的〈紅毛番〉一文（參閱本書第二章第一節），因此，在論述取向上亦承續前大瞻納諸志中，重視明季東南海防以及該國人士與中國的交通貿易關係等特色。[註79]

（三）利未亞（非洲）部分

「利未亞」（即今 Africa，阿非利加）的辭稱，源自於古希臘埃拉托色尼（Eratosthenes）的說法。[註80] 直到十六、十七世紀，除了自上古迄中世紀長時期與歐洲文明保持聯繫交流的北部非洲之外，在當時許多懷有文化優越感的歐洲人心目中，對於「地中多曠野，野獸極盛」[註81] 的廣大非洲，仍或存有「黑暗大陸」的印象。

《地緯》第五十九篇〈利未亞總志〉開宗明義說明「次三曰利未亞之州，大小百餘國，西南至利未亞海，東至西紅海，北至地中海。極南，南極出地三十五度；極北，北極出地三十五度，東西廣七十八度」。[註82] 其「利未亞」

〔註76〕熊人霖，《地緯》，頁 115b。

〔註77〕榮振華著，耿昇譯，《在華耶穌會士列傳及書目補編》，頁 958～973；王漪，《明清之際中學之西漸》，頁 17～19。

〔註78〕艾儒略著，謝方校釋，《職方外紀校釋》，卷 2，〈意大里亞〉，頁 84。

〔註79〕熊人霖，《地緯》，第 56 篇，頁 134a～137b。

〔註80〕楊吾揚、懷博（Kempton E. Webb），〈古代中西地理學思想源流新論〉，頁 323。

〔註81〕艾儒略著，謝方校釋，《職方外紀校釋》，卷 3，頁 105。

〔註82〕熊人霖，《地緯》，頁 141a。此段文字出自艾儒略《職方外紀》卷 3〈利未亞總說〉。

各國域分說共計八篇，篇章名稱及內容大抵承襲自《職方外紀》，主要內容涵蓋今非洲各國域，呈現當時歐洲人士所認知的「地多曠野，野獸極盛」、「人或無常居」、「輒產奇乖殊異之獸」的非洲情形，[註83] 尤其偏重在北非天主教、回教文化區內如阨入多（埃及）、馬邏可（摩洛哥）、弗沙（摩洛哥北部）、亞非利加（利比亞與突尼西亞一帶）等國域，描述其位置優越、國人機智、物產茂美及宮室狀麗的景況，[註84] 此係「迤北海濱之國最豐饒」，[註85] 並且長期以來與南歐諸國存在著政治、軍事以及商貿往來關係。這個部分，自然也是受到《職方外紀》的影響。

（四）亞墨利加（美洲）部分

亞墨利加洲的呈現，直接反映近代歐洲所謂「地理大發現」的成果。《地緯》第六十七篇〈亞墨利加總志〉中記載「次四曰亞墨利加之州，南北縣而峽連其中。自峽以南者，曰南亞墨利加，南起墨瓦蠟泥（麥哲倫）海峽，南極出地五十二度，北至加納達，北極出地十度半，西起二百八十六度，東至三百五十五度；自峽以北者，曰北亞墨利加，南起加納達，南極出地十度半，北至冰海，未有知其北極出地度者，西起一百八十度，東盡福島三百六十度。地方廣袤，幾半天下」。[註86] 文中所謂亞墨利加之州「地方廣袤，幾半天下」，乃就當時耶穌會士的的世界地理視野而論，而熊人霖莫辨，既然先前已列明天下第一、二、三大洲，亞墨利加一洲又豈足以「幾半天下」或「平分天下之半」？[註87]

值得一提的是，《地緯》第六十七篇〈亞墨利加總志〉中引據《職方外紀》所載十五、十六世紀之交，西班牙籍航海家哥倫布（閣龍）及亞墨利哥等人「發現」美洲新大陸的經歷，實為當時中國士人著述中所罕見：

> 百年前，西國有大臣閣龍者，……一日行遊西海上，……忽若有悟，……自此以西必有人民國土矣。因請其王造舟，……閣龍迺率眾出海，展轉數月，……忽一日船樓上大聲呼有地矣，迺取道前行，果至一方，有人民國土。……閣龍命同行者半留勿還，……明年，國王

〔註83〕熊人霖，《地緯》，頁 141a-b。
〔註84〕熊人霖，《地緯》，第 60、61 篇，頁 145a～147b。文中各地域名稱的古今對照，據艾儒略著，謝方校釋，《職方外紀校釋》，頁 112～113。
〔註85〕熊人霖，《地緯》，頁 141a。
〔註86〕熊人霖，《地緯》，頁 154a-b。
〔註87〕此段文字出自艾儒略《職方外紀》卷 4〈亞墨利加總說〉。

又命載百穀百果之種，及農圃百工之事，往教其地，……居數年頗得曲折，然猶未深入其阻也。其後又有亞墨利哥者，至歐邏巴西南海，尋得赤道以南之大地，即以其名名之，故曰亞墨利加。〔註88〕

《地緯》之〈亞墨利加〉部分共計十篇，篇章內容悉出自《職方外紀》，其主要內容涵蓋今美洲等國域。從當時歐洲人的角度來看，中南美各國「其地多金銀」，「至貴器物皆金銀銅三等為之」（第六十八篇〈孛露志〉），「地甚肥饒」（第六十九篇〈伯西爾志〉），「是多金銀」（第七十篇〈金加西蠟志〉），「國土富饒」（第七十二篇〈墨是可志〉），堪稱是奇貨可居，因而成為近代歐洲國家從事海外殖民活動所染指的對象。相形之下，北美洲北部則「未有知其北極出地度者」，其西北部區域當時仍未受歐洲人掌握（或者說，當地土著文化尚未被歐洲人「征服」），故仍視之為「諸蠻方」。《地緯》第七十五篇〈西北諸蠻方志〉中承襲《職方外紀》的內容，描述其「地愈北，人愈椎野」，或「日以報仇攻剽為事」，「以鬥為戲」。〔註89〕

《地緯》之「亞墨利加」部分，整體呈現十五世紀歐洲人「發現」新大陸及新航路之後，法國、荷蘭在北美洲以及西班牙、葡萄牙在中、南美洲拓殖時的勢力分佈情形，如「其中大國與歐邏巴餽遺相通，而歐邏巴教官之屬，亦往往至其國，相與論講習說焉」，〔註90〕尤其集中在中、南美及北美洲西部及南部。在這些內文敘述之中，也呈現出當時歐洲人士對於美洲各地風俗民情的認知概況。

（五）墨瓦蠟泥加（其時泛指未知的南方大陸）部分

墨瓦蠟尼加轉譯自拉丁文 Terra Australis，泛指歐洲傳統世界地理觀念中一假設性或想像性的南方大陸。〔註91〕其歷史源頭，可上溯自西元二世紀托勒密在《地理指南》（*Guide to Geography*）的世界地圖上所標明的 Terra Australis Incognita，意指未知的南方大陸。〔註92〕十五、十六世紀，葡、西籍航海家積極探尋這塊南方大陸，以拓展其海外殖民地及商貿據點。自 1605 年起至十七世紀中葉，荷蘭航海家 Willen Jansz 等人陸續登陸澳洲大陸的西、北岸；十八世紀

〔註88〕熊人霖，《地緯》，頁 154b～156a。
〔註89〕熊人霖，《地緯》，頁 169a。
〔註90〕熊人霖，《地緯》，頁 156b。
〔註91〕張箭，〈地理大發現在自然地理學方面的意義〉，頁 191。
〔註92〕鄭寅達、費佩君，《澳大利亞史》，頁 13～14。

後期，英國人 James Cook（1728～1779）曾實際勘察澳洲的東半部。直到十九世紀初，西方才普遍採用 Australia 一詞稱呼這塊新發現的澳洲大陸。〔註93〕

　　利瑪竇與艾儒略等人梯航入華之際，當時歐洲人士對於亞、美二洲大陸之間南半球地域的認識，多仍處在懵然模糊的狀態。萬曆三十七年（1609），利瑪竇於〈復蓮池大和尚竹窗天說四端〉中提到：「今西國地理家，分大地為五大洲，其中一洲，近弘治年間（1488～1505）始得之。以前無有，止有四洲」。〔註94〕艾儒略在《西方答問》卷下〈地圖〉中強調：「尚有人所罕至，如南極地方，則亦不敢鑿空而訛傳。故未詳載其山川人物，俟有人至其地，詳考而嗣補也」。〔註95〕針對 Terra Australis 的定位而言，利瑪竇在「坤輿萬國全圖」中解說「若墨瓦蠟泥加者，盡在南方」，「其界未審何如，故未敢訂之」。該圖中並於墨瓦蠟泥加洲上註稱「此南方地，人至者少，故未審其人物何如」。〔註96〕在此之後，艾儒略於《職方外紀》卷四〈墨瓦蠟泥加總說〉中記載所謂的天下第五大洲云：

　　　墨瓦蘭……已盡亞墨利加之界，忽得海峽，亙千餘里，海南大地又
　　　復恍一乾坤。……因命名為火地。而他方或以鸚鵡名州者，亦此大
　　　地之一隅。……謂墨瓦蘭實開此區，因以其名命之曰墨瓦蠟尼加。

　　　　〔註97〕

就當前的認知而言，引文中實際指涉的是葡萄牙籍探險家麥哲倫於 1521 年初所抵達的關島。〔註98〕艾儒略且不忘說明：「其人物、風土、山川、畜產與夫鳥獸蟲魚，俱無傳說。即南極度數、道里、遠近幾何，皆推步未周，不漫述，後或有詳之者」。〔註99〕身處十七世紀前期的熊人霖，其所著《地緯》第七十七篇〈墨瓦蠟尼加總志〉中係延襲艾儒略所宣揚的地理觀念，指出：「州五矣，東西俱南極出地七十度，其東即墨瓦蘭所從登，其西有地多鸚鵡，曰鸚鵡州」。〔註100〕該篇所記內容如同《職方外紀》一般，反映當時歐洲人士對於南半球

〔註93〕張天，《澳洲史》，頁 43～54；鄭寅達、費佩君，《澳大利亞史》，頁 20；李旭旦譯，《地理學思想史》，頁 52～53 及 109～110。

〔註94〕利瑪竇，《辯學遺牘》，《天學初函》，第 2 冊，頁 656。

〔註95〕艾儒略，《西方答問》，卷下，頁 1b。

〔註96〕利瑪竇，《坤輿萬國全圖》。

〔註97〕艾儒略著，謝方校釋，《職方外紀校釋》，頁 141。

〔註98〕李旭旦譯，《地理學思想史》，頁 96～97 及 109～110。

〔註99〕艾儒略著，謝方校釋，《職方外紀校釋》，頁 142。

〔註100〕熊人霖，《地緯》，頁 173a。按文中南極出地度數並未載於《職方外紀》之〈墨

區域的大致認知情形。〔註101〕又其文中記載十六世紀前期麥哲倫（墨瓦蘭）通過南美洲南端麥哲倫海峽，橫渡太平洋抵達關島與菲律賓以東摩鹿加群島（馬路古）的事蹟，最終完成環球航行的壯舉：

> 已盡亞墨利加之界，忽得海峽互千餘里，……墨瓦蘭既踰此峽，遂入太平大海，自西復東，……度小西洋越利未亞大浪山（今非洲南端好望角附近）而北折，遵海以還。墨瓦蘭渾行大地一周，四過赤道之下，歷地三十萬餘里，從古航海之績，未有若斯盛者也。〔註102〕

從所謂的發現新大陸到完成環球航行，西方「地理大發現」的歷程具體展現在一位十七世紀前期中國知識份子的著作中，既是將中國傳統的世界視野逐漸往五大洲域推進，與此同時，也似乎透露出中國即將納入五大洲世界脈動的先聲。

表3-2：《地緯》所錄五大洲各國域位置、名稱沿革及古今對照

國　域	位　　　置	名稱沿革	今　名
韃而靼	中國之北，迤而西抵歐邏巴東界		蒙古（蒙古人民共和國）
比達	東抵兀良哈，西連撒馬兒罕，北盡河漠	北荻，周獫狁，秦漢匈奴、烏桓、鮮卑、蠕蠕，唐突厥、契丹，蒙古（元），明瓦剌	蒙古
朝鮮	在中國東北直遼東	周箕子之封，漢眞番、臨屯、玄菟、樂浪，晉、五代高麗、新羅、百濟，馬韓、卞韓、辰韓	韓國（Korea）
西南蠻		漢夜郎、滇，大理	雲貴高原苗、猺等族
三衛	自大寧前抵喜峰近宣府曰朵顏，自錦義歷廣寧至遼河曰泰寧，自黃泥窪逾瀋陽、鐵嶺至開原曰福餘	故山戎地，秦遼西郡北，漢奚契丹，明洪武中爲蒙古所抄	東北西拉木倫河北岸、洮兒河流域及嫩江下游一帶

瓦蠟泥加總說〉，不知熊人霖何據。

〔註101〕霍有光，〈《職方外紀》的地理學地位與中西對比〉，頁62。
〔註102〕熊人霖，《地緯》，頁172a～173a。

哈密	東接甘肅，西距土魯番，為西域諸國之喉咽	故伊吾盧地，唐伊州	新疆哈密一帶
赤斤蒙古衛	肅州之西，沙州之東徼外	故西戎月氏地，漢開敦煌、酒泉	甘肅玉門縣東
罕東衛	在甘州西南，西連安定衛	故西戎部落	甘肅敦煌縣東南
安定衛	北抵沙州，西連曲先衛	韃靼別部	甘肅阿克塞哈薩克族自治縣南
曲先衛	在肅州南徼外	故西戎部落	青海西寧縣西北
火州	肅州之西北徼外夷，在哈密之西	故土魯番，唐置交河縣	新疆吐魯番縣東南哈拉和卓附近
亦力把力	居肅州西北徼外沙漠間	故焉耆國、龜茲	新疆伊犁市附近
于闐	在曲先衛之西，阿耨之山鎮焉，而蔥嶺迤其南	肅州西南夷	新疆和闐縣境
撒馬兒罕	肅州西徼外夷也	故罽賓國	中亞錫爾河南、阿母河北諸地
哈烈	環大山而居，直肅州西徼		阿富汗西北黑拉特（Heart）
西番	散處河湟江岷間，崑崙之山鎮焉	烏思藏，漢曰羌，唐吐番	洮岷至西寧青康藏高原諸地
回回	中國之西北，出嘉峪關，逕哈密、土魯番		新疆天山北路及中亞、西亞一帶
天方	故筠沖地	故筠沖地，天堂、西域	阿拉伯半島麥加（Mecca）
默德那		回回祖國	阿拉伯半島麥地那諸地
印弟亞	中國之西南，在印度河左右	天竺五印度	印度（India）南部
莫臥爾	東近滿剌加處		印度中北部（原1526年建立的蒙兀兒帝國）
百爾西亞	印度河之西，地居三大州之中	罷鼻落你亞（巴比倫）	伊朗一帶（原波斯帝國）
度爾格	百爾西亞西北諸國		土耳其、兩河流域及阿拉伯半島等地（原突厥族所建奧斯曼帝國）
如德亞	亞細亞之西，近地中海		猶太人居住的巴勒斯坦地區（今以色列等地）

占城	在雲南之東，眞臘之北，安南之南，東北直廣東，而西負海	秦置林邑、象郡，漢隸日南郡	越南（Vietnam）中圻及南圻
暹羅	在占城南	先有暹國、羅斛國	泰國（Thailand）
安南		故南交地，秦象郡，漢交趾、九眞、日南郡，唐交州	越南北部
則意蘭	印弟亞之南，在赤道北四度		錫蘭（斯里蘭卡，Sri Lanka）
爪哇	占城以南，三佛齊以東，離赤道南十度	古稱闍婆、蒲家龍	印尼爪哇（Java）
滿剌加	在占城南海中，直蘇門答剌之東北，當赤道下春秋二分	舊稱五嶼	馬來西亞麻六甲州（Malacca）
三佛齊	在東南海中，西距滿剌加，東距爪哇	渤淋、舊港，本南蠻別種	印尼蘇門答臘巨港（Palembang）
浡泥	在西南海中，當赤道下	故闍婆屬國	印尼婆羅洲加里曼丹島北部汶萊（Brunei）
蘇門答剌	自滿剌加乘風行，五日至。地可十餘度，跨赤道	須文達那	印尼蘇門答臘島（Sumatra）北端
蘇祿	在東南海中		菲律賓蘇祿（Sulu）群島
眞臘	在東海中，其地距中國番禺十日程	甘孛智，故扶南屬，宋封眞臘國，占臘、澈浦	柬埔寨（Camboja）及越南西貢諸地
佛郎機	居海島中，與爪哇直		葡萄牙與西班牙人
西洋古里國	在西南海中，自柯支北行，三日可至，去中國蓋數萬里云	古里國	印度西南部卡里卡特（Calicut）
榜葛剌	在西海中	東印度	孟加拉（Bengale）
呂宋	海中之小島也，其去倭奴遠，至中國稍近，居琉球日本之南，爲海舶要會		菲律賓呂宋島
馬路古	呂宋之南		印尼摩鹿加群島（Moluccas Is.）
倭奴	揚州之東島夷也		日本（Japan）
琉球	居大島中，當建安郡東浮海更彭湖最徑，七日可達	流求	琉球群島
東番	居海島中，從泉州海，更彭湖中，二日夜可達		臺灣（Taiwan）

地中海諸島	亞細亞之地中海,有島百千,其大者,哥阿之島、羅得之島、際波里之島		阿拉伯半島西北端東地中海島嶼
荒服諸小國			散處印度洋及阿拉伯海各處
以西把尼亞	歐邏巴之極西,南自三十五度,而北至四十度,東自七度,而西至十八度		西班牙(Spain)
拂郎察	以西把泥亞東北,南自四十一度,而北至五十度,西自十五度,而東至三十一度		法國(France)
意大里亞	拂郎察東南,經度自三十八至四十六,緯度自二十九至四十三		義大利(Italy)
亞勒瑪尼亞	拂郎察之東北,南四十五度半,北五十五度半,西二十三度,東四十六度		德國(Germany)等地(原日耳曼諸邦)
發蘭得斯	亞勒瑪尼亞之西南		荷蘭、比利時等地
波羅泥亞	亞勒瑪尼亞之東北		波蘭(Poland)等地
翁加里亞	波羅尼亞之南		烏克蘭(Ukraine)等地
大泥亞諸國	歐邏巴西北,南北經度自五十六至七十三		斯堪的那維亞半島(Scandinavia Pen.)各國
厄勒祭亞	在歐邏巴極南,經度三十四至四十三,緯度四十四至五十五		希臘(Greece)
莫斯哥未亞	亞細亞之西北極		俄羅斯莫斯科(Moscow)等地
紅毛番	大西洋之番,負西海而居,居佛郎機國外	毛人國、和蘭國	荷蘭(Holland)
地中海諸島	地中海		地中海域諸島
西北海諸島	歐邏巴西海,迤而北至冰海,海島千百		大不列顛(Britain)群島
阨入多	利未亞之東北		埃及(Egypt)
馬邏可	阨入多近地中海一帶		摩洛哥(Morocco)
弗沙	阨入多近地中海一帶		摩洛哥北部

亞非利加	陀入多之西		利比亞（Libya）與突尼西亞（Tunisia）一帶
奴米弟亞	馬邏可之南		阿爾及利亞（原 Numidia 王國）
亞毗心域	利未亞之東，從西紅海至月山		衣索比亞（Ethiopia）
馬拿莫大巴者	利未亞之南		那米比亞（Namibia）、南非共和國、波札那（Botswana）等地（原 Monomotpa 帝國）
西爾得	利未亞之西濱海		茅利塔尼亞（Mauritania）與西撒哈拉一帶
工鄂			中非剛果（Congo）等地
井巴	利未亞之南有狄焉		南非尚比亞（Zambia）、坦尚尼亞（Tanzania）等地（原係當地部族 Zimba 音譯）
福島	利未亞西北之島		加那利群島（Canarias Is.）
聖多默島	利未亞之西，赤道之下		聖多美及普林西比共和國（Sao Tome & Principe）
意勒納島			聖赫勒納島（Saint Helena Is.）
聖老楞佐島	在赤道南，從十七度至二十六度半		馬達加斯加島（Madagascar Is.）
孛露	南亞墨利加之西，起赤道以北三度，至赤道以南四十一度		祕魯（Peru）
伯西爾	南亞墨利加之東境，起赤道以南二度，至三十五度而止		巴西（Brazil）
智加	南亞墨利加之南		智利（Chile）南部與阿根廷（Argentina）部分區域

金加西蠟	南亞墨利加之北		哥倫比亞（Columbia）、委內瑞拉（Venezuela）及巴拿馬（Parama）等地
墨是可	北亞墨利加之南、新以西把尼亞內大國		墨西哥（Mexico）
花地	北亞墨利加之西南		美國佛羅里達州
新拂郎察	北亞墨利加之西南		加拿大聖勞倫斯河至美國五大湖區一帶（原新法蘭西）
拔革老	北亞墨利加之西南		加拿大東南聖勞倫斯灣以北一帶
農地	北亞墨利加之西南		北美阿帕拉契山脈東部一帶
既未蠟	北亞墨利加之西		美國西部喀斯喀特山脈區域
新亞比俺	北亞墨利加之西		加拿大西北部沿海一帶
加里伏爾泥亞	北亞墨利加之西		墨西哥西部加利福尼亞半島及美國西部加州（California）一帶
西北諸蠻方	北亞墨利加地北		美國西北部及加拿大西部一帶
亞墨利加諸島	小以西把尼亞之島古巴、牙賣加；無何之島、珊瑚之島；新爲匿之島，亦曰入匿之島，經度起赤道以南一度至十二度，緯度起一百六十五度至一百九十度		安地列斯群島（Antilles，西印度群島）諸國、福克蘭群島（Falkland Is.）等
墨瓦蠟尼加	盡亞墨利加之界，得海峽，亙千餘里，海南大地，別一境界，東西俱南極出地七十度		原係古代歐洲人想像中的南方大陸，今可視爲澳洲大陸

資料來源：本表主要摘錄自《地緯》各篇章內容，引據謝方《職方外紀校釋》中針對各國域位置及其名稱沿革的考證，並參考下列資料整理而成：劉鈞仁原著，鹽英哲編，《中國歷史地名大辭典》；魏嵩山主編，《中國歷史地名大辭典》；邱炫煜，〈明代張燮及其《東西洋考》〉，「表三：《東西洋考》中的東西洋列國」，頁 82～86。

二、嶄新視野中的海洋知識

晚明耶穌會士傳入中國的世界海洋知識，主要源自其自西徂東實際航海的觀察紀錄，「據舶行所見，述一二以新聽聞」，〔註103〕間亦參酌西方舊志傳述作為補充，進而將這些關於海洋現象的知識奠基在大地圓體的立論上，並置於西方四行說的自然哲學系統中加以解釋。〔註104〕如艾儒略《職方外紀》卷五〈海狀〉中提到地形與水勢俱圓的原因：「地心最為重濁，水附於地，到處就其重心，故地形圓而水勢亦圓」。〔註105〕此種說法，仍是依循亞里斯多德自然哲學的觀點，與該書中作為五大洲知識前提的地圓說相連一貫且前後呼應。

《職方外紀》中針對海洋的記述，詳於卷五〈四海總說〉及〈海名〉、〈海島〉、〈海族〉、〈海產〉、〈海狀〉、〈海舶〉、〈海道〉。《地緯》中關於海洋的敘述共五篇，包括第七十八篇〈海名志〉、第七十九篇〈海族志〉、第八十篇〈海產志〉、第八十一篇〈海狀志〉、第八十二篇〈海舶志〉，內容多摘錄自《職方外紀》。如《地緯》之〈海狀志〉中記載：「重濁下沈而為地，水環附之。故地圓而水亦圓」，〔註106〕並將《職方外紀》之〈四海總說〉的部分內容納入〈海名志〉，將〈海道〉放入〈海舶志〉，略去〈海島〉，整體涉及西方「地理大發現」時代所拓展的世界海洋知識，以及遠渡重洋的耶穌會士在航海途中的親身見聞。相較於中國傳統輿地著述中所呈現的海洋視野，其間存在著中西方對於所知世界海洋範圍及其名稱的劃定問題與認知差異，特別是從東西洋之分到四海之辨的差別，最值得我們注意。

古代中國人走向海洋的歷史過程中，自唐末五代以後逐漸產生「東洋」與「西洋」這兩大地理概念，以此區分今西太平洋暨印度洋等東南亞一帶海域。〔註107〕據學者王爾敏、陳佳榮的研究：宋元時期基於航海技術的需要，根據羅盤的針向將航海區域劃分為東、西洋兩個部分。二洋大致以今加里曼丹島西岸作為分界，其中更包括西洋、小西洋和大、小東洋的區別，整體涉及今東南亞至印度洋的廣闊海域。〔註108〕這種將世界海域分為東、西洋的傳

〔註103〕艾儒略著，謝方校釋，《職方外紀校釋》，卷5，〈海族〉，頁149。
〔註104〕艾儒略著，謝方校釋，《職方外紀校釋》，卷5，〈四海總說〉，頁146。
〔註105〕艾儒略著，謝方校釋，《職方外紀校釋》，卷5，頁154。
〔註106〕熊人霖，《地緯》，第81篇，〈海狀〉，頁182a。
〔註107〕劉迎勝，〈「東洋」與「西洋」的由來〉，頁120～133。
〔註108〕王爾敏，〈近代史上的東西南北洋〉，頁101～102；陳佳榮，〈鄭和航行時期的東西洋〉，頁136～137。

統見解，後爲明代知識界所承襲。如張燮於萬曆四十五年（1617）的《東西洋考》中針對東、西洋的範疇，於該書卷五〈東洋列國考・文萊〉中指出：「文萊，即婆羅國，東洋盡處，西洋所自起也」；卷九〈舟師考・東洋針路〉中亦記載：「文萊國：即婆羅國，此東洋最盡頭，西洋所自起處也，故以婆羅終焉」。〔註109〕福建晉江人何喬遠《名山藏》之〈王享記・東南夷三〉中也提到：「婆羅國，東洋盡處，西洋所自起也」。〔註110〕《明史》卷三二三〈外國傳四〉中則援用此說，記載婆羅國「又名文萊，東洋盡處，西洋所起也」。〔註111〕前舉的說法，概顯示當時以文萊（今婆羅洲島的汶萊國）作爲世界海域分界的指標，其東爲東洋，實際上指的是今太平洋西岸一帶海域；其西則爲西洋，乃爲今南海以西、馬六甲海峽以東的海域。萬曆前期以降，自歐洲遠道而來的耶穌會士帶來嶄新視野的世界海洋地理知識，以至於中國傳統東西洋觀念的分界基準，也在西學東漸的影響下，產生了些許的變化。〔註112〕

　　利瑪竇自稱從「大西浮海入中國」，〔註113〕且自居「大西洋」人。〔註114〕《坤輿萬國全圖》的解說中提到利未亞「只以聖地之下微路，與亞細亞相連，其餘全爲四海所圍」，「若亞墨利加者，全爲四海所圍」。在此所謂的「四海」，據該地圖上所標示的五大洲中各海域，舉要如大西洋（今歐洲西岸東大西洋）、小西洋（今印度西岸印度洋）、大東洋（今北美洲西岸東太平洋）、小東洋（今北亞、日本島東岸西太平洋）、大明海（今東海，西太平洋海域）、地中海（今歐亞非洲之間地中海）等等。〔註115〕顧名思義，利瑪竇主要以各洲（尤其是歐洲）作爲地理觀察座標，或直接援用中國舊稱賦予新詮，或重劃

〔註109〕張燮，《東西洋考》，頁 67，124。

〔註110〕何喬遠，《名山藏》，頁 6198。

〔註111〕張廷玉等，《明史》，頁 8378。

〔註112〕霍有光，〈《職方外紀》的地理學地位與中西對比〉，頁 62；張奕善，〈明帝國南海外交使節考〉，《東南亞史研究論集》，頁 176～202；宮崎市定，〈南洋を東西洋に分つ根據に就いて〉，頁 549～554。

〔註113〕利瑪竇，《坤輿萬國全圖》。

〔註114〕如利瑪竇於萬曆二十八年（1601）向大明萬曆皇帝呈現禮物的奏疏中，提到：「大西洋陪臣利瑪竇謹奏」，《利瑪竇書信集》，頁 551。萬曆二十九年（1601）二月，天津督稅御用監太監馬堂「進大西洋利瑪竇土物」，禮部攝事朱國祚則以《會典》止有西洋國、西洋瑣里國，而無大西洋，質疑「其眞僞不可知」。談遷，《國榷》，卷 79，頁 4870。另參閱沈德符，《萬曆野獲編》，卷 30，〈大西洋〉，頁 2067～2068。

〔註115〕利瑪竇，《坤輿萬國全圖》。

界域更新定名，來界定出「四海」的各自所在位置及其名稱。

艾儒略《職方外紀》中對於西方近代劃定及命名世界海域的標準，有相當清楚的解說。該書卷五〈四海總說〉首先按海與陸的相對關係，對海洋進行分類。分類的方式，如海洋位在國域之中，陸地包海稱爲地中海；若是國域位居海洋之中，海包陸地則稱作寰海。由於寰海極其廣袤，隨所處位置而互異其名，可各就五大洲域來命名，亦可以國家命名，或隨其本地方隅賦予名稱，「隨方易向，都無定準」。艾儒略並舉中國爲例：

> 茲將中國列中央，則從大東洋至小東洋爲東海，從小西洋至大西洋
> 爲西海，近墨瓦蠟尼一帶爲南海，近北極下爲北海，而地中海附焉。

〔註116〕

這項說明，如果參照《職方外紀》（《天學初函》本、《守山閣叢書》本）卷首「萬國全圖」及各卷所附洲域分圖，可以得知艾儒略所謂的大東洋，指的是今天的北美洲東岸西大西洋，至於小東洋位置今北美西岸東太平洋，小西洋係今印度洋，大西洋乃當今歐洲西岸東大西洋。除此之外，今太平洋西海域爲大明海，今南太平洋海域自東至西分列爲太平海、東南海及南海，今印度洋西南海域爲西南海。〔註117〕艾儒略在該書〈海名〉中強調：「海雖分而爲四，然中各異名」，相形之下，南海因「人跡罕至，不聞異名」，〔註118〕此則呼應了卷四〈墨瓦蠟泥加總說〉中的說法。〈四海總說〉、〈海名〉中關於海洋的分類及名稱，亦可見於〈海島〉、〈海族〉、〈海產〉、〈海狀〉、〈海舶〉、〈海道〉中，實爲全書介紹世界海洋地理知識的起點。〔註119〕

熊人霖在《地緯》第十八篇〈默德那〉中曾提及「大西洋人爲余言」，〔註120〕其中的「大西洋」與該書中所謂大、小東洋與大、小西洋以及各洲海域與諸國海域，主要徵引自《職方外紀》，其內容大同小異。如第七十八篇〈海名志〉中首先提出相對性的海洋界域劃分基準：

〔註116〕艾儒略著，謝方校釋，《職方外紀校釋》，頁146～147。

〔註117〕艾儒略，《職方外紀》，卷首，頁1b～3a及各卷附圖，頁1a～8b。其中，大東洋及小東洋的標示位置與利瑪竇《坤輿萬國全圖》有所不同。

〔註118〕艾儒略著，謝方校釋，《職方外紀校釋》，卷5，〈海名〉，頁147。

〔註119〕此外，如清康熙初期利類思、安文思、南懷仁的《西方要紀・國土》中提到：「西洋總名爲歐邏巴，在中國最西，故謂之大西；以海而名，則又謂之大西洋」（頁1a）。另參閱南懷仁，《坤輿圖說》，卷下，頁44b～52b。其中「大明海」改爲「大清海」。

〔註120〕熊人霖，《地緯》，頁42b。

> 凡海在國之中，國包乎海者，地中海；國在海之中，海包乎國者，
>
> 寰海，隨地異名，或以州稱，或以其州之方隅稱。〔註121〕

依此標準作爲劃分的根據，則近亞細亞者爲亞細亞海，近歐邏巴者爲歐邏巴海。利未亞、亞墨利加、墨瓦蠟尼加及其他小國，皆可隨本地原先所稱，或隨其本地方隅予以命名。位處東、南、西、北者，分別爲東海、南海、西海、北海。若基於「內中國而外及之」的立場來考慮，則從大東洋至小東洋爲東海，小西洋至大西洋爲西海，近墨瓦蠟尼者爲南海，近北極下者爲北海。此外，海雖然分而爲四，然其中名稱各異，如大明海、太平海、東紅海、孛露海、新以西把尼亞海、百西兒海等皆屬東海，榜葛蠟海、百爾西海、亞剌北海、西紅海、利未亞海、何摺亞諾滄海、亞大蠟海、以西把尼亞海等盡爲西海。而南海則因「人跡罕至，不聞異名」。至於地中海之外，有波的海、窩窩所德海、入爾馬泥海、太海、北高海等，亦可附於地中海。〔註122〕

　　如果以張爕《東西洋考》及艾儒略《職方外紀》作爲傳統和嶄新的分野，那麼，兼取材自張爕和艾儒略著作的《地緯》一書，顯然跨越了自宋元以來相沿一貫的東西洋界域概念，轉而採納西方相對新穎的五大洲寰海知識，與明季人士所秉持的傳統海域視野，各自呈現出不同的風貌。

　　「大地圓體，江河趨海」，〔註123〕不論從亞洲到五大洲，抑或從東西洋之分到四海之辨，皆象徵著熊人霖世界地理知識的轉折。近代史學者的研究指出：明清之際歐洲史地知識的東傳，導致「東洋」、「西洋」、「大、小西洋」等詞義內涵的混淆，中國人士對於原本西洋地域的概念也逐漸產生變化。〔註124〕就中國地理觀念演進史的角度而言，熊人霖《地緯》中呈現的五大洲域與四海視野，可以視爲此過渡時期頗具代表性的歷史先例。

第三節　世界輿圖的傳承及其特點

　　耶穌會士向晚明知識界展現歐洲歷經「地理大發現」後所醞生的世界輿

〔註121〕熊人霖，《地緯》，頁 174a。

〔註122〕熊人霖，《地緯》，頁 174a-b。

〔註123〕熊人霖，〈山川表總論〉，《鶴臺先生熊山文選》，卷10。

〔註124〕王爾敏，〈近代史上的東西南北洋〉，頁 108～113；邱炫煜，〈中國海洋發展史上「東南亞」名詞溯源的研究〉，頁 325～316；王家儉，〈十九世紀西方史地知識的介紹及其影響（1807～1861）〉，頁 188～198。

圖，曾引起當時不少中國士紳極度的震驚，「考圖證說，歷歷可據，斯亦奇矣」，
〔註125〕並且受到朝廷的關注。福建福唐人葉向高（1559～1627）在〈職方外
紀序〉中提到了這樣的情景：

> 泰西氏之始入中國也，……又畫爲輿地全圖，凡地之四周皆有國土，
> 中國僅如掌大，人愈異之。〔註126〕

本節主要探究入華耶穌會士刻劃世界輿圖的內涵與晚明士紳的觀感，尤其將
焦點放在熊人霖《地緯》中世界地圖的學術源流及其特殊性，首先概述西方
地理大發現前後輿圖學的發展，其次敘說西方五大洲世界地圖在明末士人社
會的迴響，針對利瑪竇等耶穌會士的世界地圖以及《地緯》摩刻「輿地全圖」
的版本與內容進行考察，以理解晚明士紳熊人霖對於世界地理圖像刻劃的歷
史意義。

一、西方地理大發現前後輿圖學的發展

自近世以後，歐洲人士逐漸擴張他們在世界各海域的航行範圍，哥倫布、
麥哲倫等人「從西游海，新逢他地，則古所未聞」，〔註127〕造成所謂「地理大
發現」的時代。由於對地球形狀大小及五洲地理情勢有更深刻的掌握，配合
上測量技術及製圖方法的精密化，促成了歐洲當時地圖學的進展。〔註128〕西
方近代輿圖學的演進特徵，每爲明清之際入華耶穌會士所標榜。如利瑪竇於
萬曆三十五年（1607）的〈譯幾何原本引〉一文中，概述西方格物窮理之學
（Philosophia）中幾何測度法的應用層面與實效功能，其中一項爲「地理者，
自輿地山海全圖，至五方四海，方之各國，海之各島，一州一郡，僉布之簡
中，如指掌焉。全圖與天相應，方之圖與全相接，宗與支相稱，不錯不紊，
則以圖之分寸尺尋，知地海之百千萬里，因小知大，因邇知遐，不誤觀覽，
爲陸海行道之指南也」。〔註129〕萬曆四十年（1612）九月，龐迪我、熊三拔等
人向大明皇帝進呈「萬國地海全圖」的奏疏中，提到歐洲版的萬國全圖「其
中各國圖說至爲詳備，又皆臣國人游學經商，耳聞目見，並無鑿空駕造之說」。

〔註125〕楊廷筠，〈職方外紀序〉，艾儒略著，謝方校釋，《職方外紀校釋》，頁 4。
〔註126〕葉向高，〈職方外紀序〉，艾儒略著，謝方校釋，《職方外紀校釋》，頁 13。
〔註127〕高一志，《空際格致》，卷上，〈地之廣大〉，頁 869。
〔註128〕曹永和，〈歐洲古地圖上之臺灣〉，頁 295；張箭，〈地理大發現在自然地理學
方面的意義〉，頁 188。
〔註129〕《天學初函》，第 4 冊，頁 1932。

〔註130〕艾儒略於崇禎十年（1637）刊刻的《西方答問》卷下〈地圖〉中，在答覆中國人士詢問西方萬國輿圖的製作方法時指出：

> 敝邦人士，古來多有好學，且好遠遊者，每至一方，即考其地北極
> 高下之度數，并查山川形勢而繪於冊。……合見合聞，湊成考訂，
> 遂舉天下萬國，強半以列諸圖。〔註131〕

南懷仁（Ferdinand Verbiest, 1623～1688）於清康熙十三年（1674）刊刻的《坤輿圖說》中，也提到：「近今二百年來，大西洋諸國名士航海通遊，天下週圍，無所不到，凡各地依歷學諸法測天，以定本地經緯度，是以萬國地名輿圖，大備如此」。〔註132〕入華耶穌會士汲汲向中國士大夫強調，歐洲的世界地圖乃累積長時期的航海旅行經歷，實測經緯度考訂而成，絕非出自子虛烏有或天馬行空的想像。實際上，耶穌會士們「梯航九萬里而來」，「以盡傾海嶽之奇」，〔註133〕採集航海見聞、徵諸舊識學說繪製而成的世界輿圖，正是其深得晚明士紳欽羨及信任的主要關鍵之一。

安徽歙縣人吳中明在萬曆三十年版「坤輿萬國全圖」的序言中，提到利瑪竇「自歐邏巴入中國，著山海輿地全圖，薦紳多傳之。其國人……好遠游，時經絕域，則相傳而誌之，積漸年久，稍得其形之大全」。〔註134〕此外，祁光宗題序「坤輿萬國全圖」時，感嘆往昔「第令掇拾舊吻，未能抉千古之秘」，直到他親眼目睹利瑪竇實證所繪的世界輿圖之後，這類的遺憾始得以釋懷：

> 西泰子流覽諸國，經歷數十年，據所聞見，參以獨解，往往言前人
> 所未言。……坐令天地之大，歷歷在眉睫間。〔註135〕

廣陵張京元推崇「西域至人，多泛大海，涉重溟，多者數十載，少者數載。積百年來，實聞實見，畫而成圖。西泰子歸心中夏，謁見今上，以其圖懸之通都，真是得未曾有」。〔註136〕浙江杭州人楊廷筠亦稱讚「遠遊窮海之畸人，其所聞見，比世獨詳」，並且慨嘆「西方之人，獨出千古，開創一家，謂天地俱有窮也而實無窮，以其形皆大圓，故無起止，無中邊」，呈現在西方地理圖

〔註130〕艾儒略著，謝方校釋，《職方外紀校釋》，頁17。
〔註131〕艾儒略，《西方答問》，卷下，頁1a-b。
〔註132〕南懷仁，《坤輿圖說》，卷上，頁5a-b。
〔註133〕李之藻，〈刻職方外紀序〉，艾儒略著，謝方校釋，《職方外紀校釋》，頁7。
〔註134〕利瑪竇，《坤輿萬國全圖》。
〔註135〕利瑪竇，《坤輿萬國全圖》。
〔註136〕程百二，《方輿勝略》，頁12b～13a。

誌的記載，「俶詭瑰奇，業已不可思議矣」。〔註137〕葉向高也認爲相較於地圓、
五大洲世界地理知識，中國傳統輿地學「不能窮其道里、名號、風俗、物產，
如泰西氏所圖記。要以茫茫堪輿，俯仰無垠，吾中國人耳目聞見有限，自非
絕域奇人，躬履其地，積年累世，何以得其詳悉之若是乎！」〔註138〕此外，
利瑪竇《天主實義》卷下亦載有中國士人親見「坤輿萬國全圖」的感觸：「中
士曰：睹所傳坤輿萬國全圖，上應天度，毫髮無差，況又遠自歐邏巴躬入中
華。……吾中國人不習遠遊異域，故其事恒未詳審」。〔註139〕兩相對比之下，
中國傳統輿地圖與西方五大洲世界圖的詳疏立見。

　　呈現地圓、經緯度與赤道南北極分明以及介紹五大洲各國域位置與風俗
概況的世界地圖，係西方地理大發現後的產物。由於其具有一目暸然的效果，
遂成爲萬曆中葉之後利瑪竇等人藉以傳揚西方宗教的利器。

二、西方世界圖在晚明士人社會的迴響

　　萬曆年間利瑪竇的傳教過程中，曾經在晚明官紳的鼓勵及協助下，陸續
刊印各種版本的世界地圖。萬曆十一年（1583），利瑪竇在肇慶應知府王泮等
人之請，繪製一以中文講解的世界地圖，於萬曆十二年（1584）刻版，題名
「山海輿地全圖」。同年十一月三十日，利瑪竇在〈致羅馬總會長阿桂委瓦神
父書〉中提到，該地圖「是以我們的樣式出版的；但是上面的文字，公里與
時間的計算以及地名等，則以中文寫出」。〔註140〕這張地圖，便是萬曆三十年
（1602）著名的中文版世界圖「坤輿萬國全圖」的前身。據學者林東陽的研
究，由於利瑪竇的世界圖能徵採中國傳統輿圖、通誌的內容，配合上他本人
的旅行實測、見聞札記等資料加以繪製，使其在東亞地理部分較當時的歐洲
版世界圖更加精詳。〔註141〕而利瑪竇在華先後繪製的各種版本世界圖，「版面
逐步擴大，內容更加豐富」，〔註142〕其內容主要介紹地圓、地球大小、地心說、
赤道經緯度、氣候五帶的劃分以及五大洲域山川與各國名稱，大地是圓體的
訊息清楚地從圖中顯露出來，五大洲世界地理觀念亦隨著世界圖的流佈，逐

〔註137〕楊廷筠，〈職方外紀序〉，頁4。
〔註138〕葉向高，〈職方外紀序〉，頁13。
〔註139〕《天學初函》，第1冊，頁493～494。
〔註140〕《利瑪竇書信集》，頁60。
〔註141〕林東陽，〈利瑪竇的世界地圖及其對明末士人社會的影響〉，頁321～336。
〔註142〕王慶余，〈記新發現的明末《兩儀玄覽圖》〉，頁169。

漸在晚明士人社會中傳播開來。〔註 143〕

　　利瑪竇在晚明社會刊刻的世界地圖，也曾陸續爲當時中國士大夫加以翻刻或改刊入私人著述中，如馮應京的《月令廣義》（1602）、王圻的《三才圖會》（1607）、程百二的《方輿勝略》（1612）、曹學賜的《性理筆乘集要》（1612）、章潢的《圖書編》（1613）、王在晉的《海防纂要》（1613）、潘光祖的《輿圖備考》（1633）等。〔註 144〕利瑪竇的世界地圖受到晚明知識界重視的情形，由此可見一斑。

　　若從中國傳統輿圖學的發展背景，來考量利瑪竇世界圖在晚明知識界頗受矚目的原因，除了圖上展現不少當時中國人士前所未聞的世界史地資訊之外，也在於利瑪竇採用以地圓說爲基礎的經緯網線和地圖投影技術，〔註 145〕較西晉裴秀（223～271）、唐代賈耽（730～805）、北宋沈括（1031～1095）到元朝朱思本（1273～1333）與明代羅洪先（1504～1564）所建立起來的「製圖六體」、「計里畫方」的規範更爲精準，使得中國傳統自成體系的製圖技術，逐漸借鏡近代歐洲繪製地圖的方法。〔註 146〕熊人霖在《地緯》第一篇〈形方總論〉中，即指出歐洲近代輿圖學繪製世界地圖的方法：

> 畫地者，當以圓木爲毬畫之，如畫于平面者，或直剖之爲一圖，或橫截之爲兩圖，直者長如剖橘而未殊，南北極居上下，赤道居中央，圓者如盤，南北極爲心，赤道界之圖中南北規與規相等，皆以二百五十里爲一度，赤道之度亦然，其離赤道平行東西諸規，則漸近兩極者，其規漸小，然亦分爲三百六十度，其里數漸以益狹矣。亦有畫爲方圖者，其畫線稍變不及圓圖之得其眞形。〔註 147〕

〔註 143〕樊洪業，〈西學東漸第一師——利瑪竇〉，頁 51～53；林金水，〈利瑪竇輸入地圓學說的影響與意義〉，頁 29～31。

〔註 144〕洪煨蓮，〈考利瑪竇的世界地圖〉，頁 1～50；林東陽，〈利瑪竇的世界地圖及其對明末士人社會的影響〉，頁 346～349；海野一隆，〈明・清におけるマテオ・リッチ系世界圖〉，頁 518～566。

〔註 145〕利瑪竇於 1585 年 10 月 20 日在肇慶撰〈致羅馬總會長阿桂委瓦神父書〉中，曾指出中西地圖存在著有無經緯網線的差異：「只是目前尚不知北京在中國北方的經緯度，……書中找到不少有關它的地圖，繪得也非常詳細。可惜沒有經緯度」。《利瑪竇書信集》，頁 69。

〔註 146〕胡欣、江小群，《中國地理學史》，頁 167～168；曹婉如，〈中國古代地圖繪製的理論和方法初探〉，頁 246～257；鈕仲勛，〈明朝的緯度測量〉，頁 118～125。

〔註 147〕熊人霖，《地緯》，頁 9a-b。

以上敘述，主要脫胎自《職方外紀》卷首〈五大州總圖界度解〉中的說明，
〔註148〕其度數定規及繪製理論，明顯是立基於西方地圓說的前設條件上。
《地緯》分篇敘述五大洲洋世界地理知識之後，第八十三篇〈地圖〉即具體
載錄一摩刻自西方五大洲世界圖的「輿地全圖」。從這張地圖上，我們可以
看出：

　　一、全圖呈橢圓形，左右圓、上下扁平，顯示出西方橢圓投影製圖法的
　　　　樣態。

　　二、南北極、東西向赤道及南北向經度分明，採三十度間隔的等距經度
　　　　線十二條，而無其它緯度線。

　　三、地圖東半部（球）標出亞細亞、歐邏巴、利未亞、墨瓦臘等洲，以
　　　　及大明海、小西洋海等，墨瓦臘部分略為模糊；西半部（球）標出
　　　　北亞墨洲、南亞墨洲，以及海浪。

　　四、圖中未標出世界各國域名稱。

　　五、據五大洲及各海域位置來判斷，今大西洋座落在全圖正中央部分，
　　　　大明中國則位於該圖的東北邊。

　　學者馮錦榮曾提到，《地緯》中所附「輿地全圖」與艾儒略於天啓三年
（1623）所繪的「萬國全圖」頗為相似。〔註149〕筆者見崇禎年間刊《天學初
函》本《職方外紀》卷首所附「萬國全圖」一幅，該圖呈橢圓形，經線為對
稱弧線，計三十六條；緯線為平行直線，計十八條，經緯線間隔各十度。圖
中呈現各洲域諸國的所在位置，並承繼利瑪竇在「坤輿萬國全圖」中調整福
島本初子午線的方式，使得中國佔據全圖中央偏右的位置。另外，清乾隆年
間《四庫全書》本《職方外紀》卷首附圖則無「萬國全圖」，僅錄各洲分圖。
道光年間《守山閣叢書》本《職方外紀》卷首亦附有「萬國全圖」一幅，圖
形及內容與《天學初函》本相似。〔註150〕

〔註148〕「地形既圓，則畫圖於極圓木毬，方能肖像，如畫於平面，則不免或直剖之
　　　　為一圖，或橫截之為兩圖。故全圖設為二種，一長如卵形，南北極居上下，
　　　　赤道居中；一圓如盤形，南北極為心，赤道為界，……圖中南北規相等，
　　　　皆以二百五十里為一度，赤道之度亦然。其離赤道平行東西諸規，則漸近兩
　　　　極者，其規漸小，然亦分為三百六十度，其里數以次漸狹，別有算法。今畫
　　　　圖為方者，其畫線不免于稍變，畢竟惟圓形之圖乃得其真也」。艾儒略著，謝
　　　　方校釋，《職方外紀校釋》，頁29。
〔註149〕馮錦榮，〈明末熊明遇父子與西學〉，頁126～127。
〔註150〕艾儒略，《職方外紀》，《天學初函》本，臺北國立故宮博物院藏明崇禎年間刊

　　如將《地緯》所附「輿地全圖」與《天學初函》本、《守山閣叢書》本《職方外紀》所附「萬國全圖」的內容相互對比,「輿地全圖」稍具輪廓但略嫌簡略,不僅緯度與多數國名、地名不明,經線度數亦不甚清楚,且有東西半球倒置的情況,其間的傳承關係有待考察。值得注意的是,《地緯》中的「輿地全圖」形似熊明遇《格致草》中所附「坤輿萬國全圖」。在先前的研究中,日本學者海野一隆曾將《函宇通》中的兩幅世界圖,與耶穌會士攜帶來華的奧代理版 *Theatrum Orbis Terrarum* 中所附世界圖(1587 年後刊行)加以比對,顯示其在各洲及海域的形狀、輪廓與位置幾乎一致,應有直接的傳承關係。〔註151〕

　　熊明遇、熊人霖父子若得摩繪奧代理版世界圖,那麼,他們是透過什麼樣的機會目睹這張原圖?在利瑪竇的書信集中,或許可以找出些許的重要線索。萬曆三十六年(1608)八月二十二日,利瑪竇在北京撰〈致羅馬總會長阿桂委瓦神父書〉中提到,他於當年「收到聖奧斯定的著作和奧爾德耳(按:即奧代理)所繪的世界地圖,……是經印度寄來」。〔註152〕翌年(1609)二月十七日,利瑪竇於〈致羅馬阿耳威列茲神父書〉中復言及:「去年神父的恩賜又到了一批,即聖奧斯定(St. Augustine)的著作和世界地圖(Theatrum Orbis Abraham Orterii),……先送到南京」。利瑪竇下令將那張世界地圖儘速送至北京,「因為這裡是帝國首都,有許多學人和我們交往,可以讓他們知道世界的情形」。〔註153〕

　　天啟三年,李之藻於〈刻職方外紀序〉中追憶萬曆四十二年(1614)間,曾親眼目睹歐洲文字版地圖一事:

　　　　會閩稅璫又馳獻地圖二幅,皆歐邏巴文字,得之海舶者。而是時利
　　　　氏已即世,龐、熊二友留京,奉旨繙繹。……余以甲寅赴補,幸獲
　　　　睹焉。〔註154〕

　　　　本(按:臺灣學生書局景印的《天學初函》本中未附該圖及各洲分圖):《景
　　　　印文淵閣四庫全書》第 594 冊,頁 285~291;《守山閣叢書》本,卷首,頁
　　　　1a~8b。關於利瑪竇在「坤輿萬國全圖」中移動福島本初子午線的作法,參
　　　　見林東陽,〈利瑪竇的世界地圖及其對明末士人社會的影響〉,頁 332~333。
〔註151〕海野一隆,〈明・清におけるマテオ・リッチ系世界圖〉,頁 567~572。另參
　　　　閱龔纓晏、馬瓊,〈《函宇通》及其中的兩幅世界地圖〉,頁 87~94;馬瓊,〈熊
　　　　人霖《地緯》研究〉,頁 92~97。
〔註152〕《利瑪竇書信集》,頁 380。
〔註153〕《利瑪竇書信集》,頁 418。
〔註154〕艾儒略著,謝方校釋,《職方外紀校釋》,頁 6。

萬曆後期，耶穌會士利瑪竇等人透過世界地圖的贈閱與中國士紳往來，而這段期間，也正是熊明遇與西方傳教士密切接觸的時候。〔註155〕同樣是在萬曆四十二年，熊明遇於龐迪我《七克》的引言中，提到利瑪竇、龐迪我暨熊三拔等人「所攜圖畫、巧作及陳說海外謠俗風聲，異哉所聞」。〔註156〕由此可以推知，熊明遇可能曾在南京或北京親見奧代理原版的世界地圖，以摩刻其五大洲概略形狀的方式，載入自己的著作《格致草》中，而這項作法也影響了其子熊人霖。〔註157〕因此，相較於晚明士人仿刻或摩繪自利瑪竇中文版世界圖的作法，熊明遇、熊人霖父子則摩刻自歐洲版世界圖，這是其著作中世界圖之傳承淵源的特殊性。

熊人霖掌握世界圖這項輔助工具，透過圖像的展示，配合《地緯》中廣大篇幅的五大洲洋書寫內涵，圖文並茂，誠如「文中之圖，圖悉其形，并志其義，則圖中之文，參合並觀」，〔註158〕具有相得益彰的作用。而〈地圖〉置於該書針對地圓及五大洲洋的分說內容之後，似乎意味著以其作爲整體呈現世界地理知識的「結論」。熊人霖在「輿地全圖」下方註有一段圖解文字說明：

> 輿地圖原是渾圓，經線俱依南北極爲軸，東西衡貫者，則赤道緯線也。總以天頂爲上，隨人所戴履，處處是高，四面處處是下，所謂天地無處非中也。……行海者，測量于天，如行赤道南，見南極出地三十餘度；又進赤道北，見北極出地三十餘度，則二處正爲人足相對。其餘行度多寡，可類推矣。〔註159〕

熊人霖在此重申〈形方總論〉中所舉地圓說以及赤道經緯線的劃分，而「隨人所戴履，處處是高，四面處處是下，所謂天地無處非中也」一段，頗得艾儒略《職方外紀》卷首〈五大州總圖界度解〉中所言「地既圓形，則無處非中。所謂東南西北之分，不過就人所居立名，初無定準」之意。〔註160〕又引文中「則二處正爲人足相對」一句，似乎出自〈五大州總圖界度解〉之「則

〔註155〕林金水，〈利瑪竇交游人物考〉，頁117～143。熊明遇名列其中。

〔註156〕熊明遇，〈七克引〉，《天學初函》，第2冊，頁697。

〔註157〕在私立東海大學歷史學系於1997年5月17日主辦的「第三屆歷史學論文討論會」中，林東陽教授向筆者說明《地緯》所附「輿地全圖」，當是摩刻自奧代理版世界圖。承蒙指教，特此致謝。

〔註158〕周孔教，〈三才圖會序〉，王圻，《三才圖會》，頁5。

〔註159〕熊人霖，《地緯》，第83篇，〈地圖〉，頁186a。

〔註160〕艾儒略著，謝方校釋，《職方外紀校釋》，頁27。

見北極正當人頂，出地九十度，而南極入地九十度，正對人足矣」的說法，〔註161〕或是出自利瑪竇〈天地渾儀說〉中所稱：「則每辰行三十度而兩處相違三十度，……如又離中線度數同而差南北，則兩地人對足氐反行」。〔註162〕更值得注意的是，以上徵引文字，也多出現在熊明遇《格致草》之〈圓地總無罅礙〉中：

> 地形既圓，……若將山河海陸渾作一丸而看，隨人所戴履，處處是高，四面處處是下，所謂天地無處非中也。……後坤輿圖原是渾圓，經線俱依南北極為軸，東西衡貫者，則赤道線也。行海者，其行雖在地上，其測量卻在天上，如行赤道南見南極出地三十餘度，又進赤道北，見北極出地三十餘度，則二處正為人足相對，總以天頂為上，其餘行度多寡，可類推。〔註163〕

不僅文字相似，且度數一致。此外，在前引「輿地全圖」下方所註文字敘述中，熊人霖憑藉西方地圓觀念來批判宋儒的眼界狹隘云：「宋人言天旋如磨，磨下許多粉子，凝結為地；又言海那一岸，與天相粘，皆屬管中之窺」。〔註164〕這項說法，應是受到其父熊明遇的影響。按熊明遇在《格致草》之〈圓地總無罅礙〉文末、「坤輿萬國全圖」旁的一段文字中指出：「宋儒言天旋如磨下所多粉子，凝結為地，可一大噱；又言海那一岸，與天相粘，皆屬管中之窺」。〔註165〕熊明遇根據西方地圓說及五大洲世界地理知識，批評宋儒（以《朱子語類》為主要對象）的天地觀簡直是「管窺蒙昧」，指出宋儒關於天地創生與海天相粘之地理知識的謬誤。〔註166〕《格致草》、《地緯》中皆形諸文字，以耶穌會士世界圖所展現的世界地理知識作為批判宋儒宇宙觀的依據，可見《格致草》與《地緯》在書寫內涵上的互通點及其受到西學影響的層面。

　　《地緯》中的「輿地全圖」傳承自《格致草》之「坤輿萬國全圖」的淵源，直接反映出熊明遇、熊人霖父子對於歐洲近代世界輿圖的重視。從地圓觀念的引介、五大洲洋的介紹到世界地圖的展現，《地緯》中的世界地理書寫，

〔註161〕艾儒略著，謝方校釋，《職方外紀校釋》，頁28。
〔註162〕利瑪竇，《乾坤體義》，卷上，頁758。
〔註163〕熊明遇，《格致草》，頁151b～152a。
〔註164〕熊人霖，《地緯》，第83篇，〈地圖〉，頁186a。
〔註165〕熊明遇，《格致草》，頁152a。徵引原文可見於宋黎靖德編，《朱子語類》，卷1，〈理氣上〉，頁8～9及卷2，〈理氣下〉，頁45；胡廣等，《性理大全》，卷26，〈理氣一〉，頁449及卷27，〈理氣二〉，頁475。
〔註166〕熊人霖於〈文直行書凡例十六則〉中也曾表明類似的態度：「物理之學，宋儒意測，實未細推」。《文直行書》，頁前40a。

具體表達了傳統輿地觀念的延續與轉化。

第四節　傳統地理觀的延續及轉化

在十七世紀西學東漸史上，《地緯》為緊接著《職方外紀》之後問世的五大洲世界地理專著。如將《地緯》的書寫內涵與明代傳統四裔著述相比較，其間明顯的差異在於：

一、對大地形狀的認識：表現在天圓地方與大地圓體的認知差異，並牽涉到南北極赤道、氣候五帶及經緯度劃分等概念之有無。

二、對世界人文區域範圍的敘述：表現在傳統以亞洲為主體（包括南海、印度洋）的域外、海外傳述，到五大洲洋世界地理書寫的分別。

三、世界輿圖：表現在傳統以中國為中心的亞洲地域圖，相對於五大洲域圖的差別。

《地緯》的體例與內容主要承襲自《職方外紀》，尤其在「大贍納」（亞細亞）地理之外，如「歐邏巴」諸志、「利未亞」諸志、「亞墨利加」諸志、「墨瓦蠟尼加」以及有關四海總說的部分，再加上西方地圓說、赤道南北極、氣候五帶與經緯度劃分等西方自然地理學的介紹，與明代傳統相關域外、海外知識的四裔著述風格大異其趣。

另一方面，《地緯》的相對特殊性，還在於熊人霖兼採中國古代典籍與明代四裔傳述，並延續傳統重視中外政經關係的論述取向。熊志學於〈函宇通序〉中指出：「《地緯》之言地也，賅《職方外紀》而博之，更有精于《外紀》所未核者」，[註167] 其博於《職方外紀》之處，主要在於亞洲地理的部分，此係拜熊明遇《島人傳》與《東西洋考》、《四夷館考》等著作所賜。《地緯》中世界地理知識的呈現，如與《職方外紀》相互對照，其間的差異之處，主要表現在以下兩個層面：

一、對於歐洲文明的敘述

《地緯》除了亞洲地理之外，其餘四洲與海洋的知識內容多出自《職方外紀》，或在內容上稍加取捨、文字上略為潤飾。《職方外紀》各洲與四海的篇幅比例相距不大（墨瓦蠟尼加因「國土未詳」而著墨不多），然而，歐邏巴

〔註167〕熊志學，〈函宇通序〉，頁 4b～5a。

諸篇在該書中實佔有首要的地位。如其卷二〈歐邏巴總說〉中鋪陳歐洲文明的盛況，強調歐洲人士道德情操的高尚，此個人道德凝聚成集體行爲，進而成就了歐洲社會長期以來的善風美俗與富裕安康：

> 歐邏巴國人奉天主正教，在遵持兩端：其一、愛敬天主萬物之上；其一、愛人如己。愛敬天主者，心堅信望仁三德，而身則勤行瞻禮工夫。……其愛人如己，一是愛其靈魂，使之爲善去惡，盡享天生之福：二是愛其形軀，如我不慈人，天主亦不慈我。故歐邏巴人俱喜施捨，千餘年來，未有因貧鬻子女者，未有飢餓轉溝壑者。〔註168〕

舉凡歐洲社會安定富庶的美景、敬天愛人的學養與教育文化的博雅，在〈歐邏巴總說〉中多有著墨。乍看之下，宛如一片人間天堂的景象，藉以博得晚明士紳的認同感，這自然是其傳教策略的應用。而在歐洲諸國分說中，特詳於當時堅持天主舊教信仰且爲眾多入華耶穌會士的故鄉，包括「意大里亞（義大利）」、「以西把尼亞（西班牙）」等列強，或是舊教大國「拂郎察（法蘭西）」。相形之下，《地緯》以絕大多數的篇幅載錄亞洲地區的中華朝貢國，在歐邏巴諸志中，熊人霖有選擇性地摘錄或修改《職方外紀》的內容，如其於第四十五篇〈歐邏巴總志〉中大舉濃縮前述《職方外紀》中關於歐洲文明盛況的敘述，特別是將某些中國士人心目中帶有「溢美」成分或「宣教」意味的文字予以刪去或簡化，此種價值取向貫穿於該書關於歐洲各國域的敘述。茲以法蘭西爲例，《職方外紀》卷二〈拂郎察〉中首述該國域的地理位置與教育設施：

> 以西把尼亞東北爲拂郎察，南起四十一度，北至五十度，西起十五度，東至三十一度，周一萬一千二百里，地分十六道，屬國五十餘。其都城名把理斯，設一共學，生徒嘗四萬餘人，併他方學共有七所。又設社院以教貧士，一切供億，皆王主之，每士計費百金，院居數十人，共五十五處。中古有一聖王名類思者，惡回回佔據如德亞地，初興兵伐之，始制大銃，因其國在歐邏巴內，回回遂概稱西土人爲拂郎機，而銃亦沿襲此名。

緊接此段文字之後，爲天地之間唯一主宰者天主以及該國國王各項神蹟的敘述：

> 是國之王，天主特賜寵異。自古迄今之主，皆賜一神，能以手撫人瘰癧，應乎而愈，至今其王每歲一日療人。先期齋戒三日，凡患此疾者，遠在萬里之外，預畢集天主殿中，國王舉手撫之，祝曰：「王

〔註168〕艾儒略原著，謝方校釋，《職方外紀校釋》，頁70。

者撫汝，天主救汝」。撫百人百人愈，撫千人千人愈，其神異如此。
國王元子別有土地，供其祿食，不異一小王，他國不爾也。

同卷最後，則爲該國域政經情況及風俗民情的描述：

> 國土極膏腴，物力豐富，居民安逸。有山出石，藍色質脆，可鋸爲
> 板，當瓦覆屋。國人性情溫爽，禮貌周全，尚文好學。都中梓行書
> 籍繁盛，甚有聲聞。又奉教甚篤，所建瞻禮天主與講道殿堂，大小
> 不下十萬。初傳教於此國者，原係如德亞國聖人辣雜琭，乃當時已
> 死四日。蒙耶穌恩造，命之復活，即此人也。〔註169〕

反觀《地緯》第四十七篇〈拂郎察〉中隨機篩選《職方外紀》的描述，大舉
刪去其中關於教育設施、宗教信仰及善風美俗的描述，並略加修飾，僅餘如
下的說明：

> 以西北尼亞東北爲拂郎察，南自四十一度，而北至五十度，西自十
> 五度，而東至三十一度，周一萬一千二百里，地分十六道，屬國五
> 十餘。有名王類斯者，以火攻伐回回。世所傳弗郎機，名從主人云。
> 〔註170〕

再以〈以西把尼亞〉爲例，《職方外紀》卷二中宣稱該國域在當時歐洲的重要
地位及其人文俗尙的特點：「世稱天下萬國相連一處者，中國爲冠；若分散於
他域者，以西把尼亞爲冠。……此國人自古虔奉天主聖教，最忍耐，又剛果，
且善遠遊海上，曾有遶大地一周者」。〔註171〕以上敘述，皆於《地緯》第四十
六篇〈以西把尼亞〉中失載。又《職方外紀》卷二中強調該國天主教堂建築
的雄偉華麗：

> 國中奉天主之堂雖多，而最著者有三，一以奉雅歌默聖人，爲十二
> 宗徒之一，首傳聖教於此國，國人尊爲大師大保主，四方萬國之人
> 多至此瞻禮。一在多勒多城，創建極美，中有金寶祭器不下數千。
> 有一精巧銀殿，高丈餘，闊丈許，內有一小金殿，高數尺，其工費
> 又皆多於本殿金銀之數。其黃金乃國人初通海外亞墨利加所攜來
> 者，貢之於王，王用以供天主耶穌者。〔註172〕

〔註169〕艾儒略著，謝方校釋，《職方外紀校釋》，頁82～83。
〔註170〕熊人霖，《地緯》，頁121a。
〔註171〕艾儒略著，謝方校釋，《職方外紀校釋》，頁76。
〔註172〕艾儒略著，謝方校釋，《職方外紀校釋》，頁77～78。

針對這段敘述，熊人霖於《地緯》第四十六篇〈以西把尼亞〉中將之簡化成：「有金銀之殿，各一，以祀上帝」。〔註173〕大致說來，凡《地緯》中摘錄《職方外紀》涉及歐洲國域的敘述，概可看出類似的選擇性取向。出身傳統儒學背景的熊人霖與來自歐洲天主教耶穌會的艾儒略，在他們各自的中文版世界地理專著中出現此種對於歐洲國度的認知歧異，其實也不難理解。另一方面，熊、艾二人學識背景的差異反映在《地緯》、《職方外紀》二書內容取向的出入，亦可從其對於天主信仰的態度上窺知端倪。

二、對於天主信仰的態度

自歐洲中世紀時期至十六世紀初，聚集在天主教會院的多數學者們，並非從觀察者或實驗者的角度來研究地球，而是致力將各種文獻中的地理思想與《聖經》（特別是〈創世紀〉）中的說法加以調和。〔註174〕身為天主教耶穌會士的艾儒略，他的傳教初衷與神學素養也直接反映在《職方外紀》的世界地理論述中。以該書卷一〈如德亞〉為例，如德亞即西亞近地中海之巴勒斯坦一帶，係天主教創立者耶穌誕生的地方，素被奉為天主教的聖地，職是之故，艾儒略以相當大的篇幅詳加陳述。通篇之始，艾儒略從歷史發展之悠久性與地理環境之優越性的角度，強化如德亞在天主教史上的神聖性，及其無可取代的獨特地位：

> 此天主開闢以後，肇生人類之邦。天下諸國載籍上古事蹟，近者千年，遠者三、四千年而上，多茫昧不明，或異同無據，惟如德亞史書自初生人類至今將六千年，世代相傳，及分散時候，萬事萬物，造作原始，悉記無訛，諸邦推為宗國。地甚豐厚，人烟稠密，是天主生人最初賜此沃壤。〔註175〕

在天主的認證及其恩賜之下，此處不僅富庶繁榮、地靈人傑，其國王亦受命於天主且德盛智高，受到世人的景仰：

> 其國初有大聖人曰亞把剌杭，約當中國虞舜時，有孫十二人，支族繁衍，天主分為十二區。厥後生育聖賢，世代不絕，故其人民百千年間皆純一敬事天主，不為異端所惑。其國王多有聖德，乃天主之

〔註173〕熊人霖，《地緯》，頁119b。
〔註174〕李旭旦譯，《地理學思想史》，頁56。
〔註175〕艾儒略原著，謝方校釋，《職方外紀校釋》，頁52。

所簡命也。至春秋時，有二聖王，父曰大味得，子曰撒刺滿。嘗造
一天主大殿，皆金玉砌成，飾以珍寶，窮極美麗，其費以三十萬萬。
其王德絕盛，智絕高，聲聞最遠，中國所傳謂西方聖人，疑即指此
也。〔註176〕

在前舉敘述中，艾儒略爲使不熟悉這段天主教史的中國讀者能易於了解，乃援
用中國儒家傳統所推崇的古聖先賢名號及歷史年代，來增強其論述的清晰度及
說服力。緊接這段論述之後，艾儒略除了宣稱該地域上至國王、下至人民對於
天主信仰的虔誠，並逐步將耶穌降生的預言及其神蹟，展現在中國讀者眼前：

此地從來聖賢多有受命天主，能前知未來事者。國王有疑事，必從決
之。其聖賢竭誠祈禱，以得天主默啟，其所前知，悉載經典，後來無
不符合。經典中第一大事是天主降生，救拔人罪，開萬世升天之路，
預說甚詳。後果降生於如德亞白德稜之地，名曰耶穌，譯言救世主也。
在世三十三年，教化世人，所顯神靈聖蹟甚大且多。如命瞽者明、聾
者聽、瘖者言、跛者行、病者起以至死者生之類，不可殫述。〔註177〕

艾儒略採取說故事般的方式，循序漸進地牽引著中國讀者進入《聖經》的世界
中，從人文事蹟的具體描述提昇到宗教信仰的精神層面，使其體認天主教義的
眞諦。通觀卷一〈如德亞〉中介紹耶穌降生的預言與垂教世人的行蹟，其儼然
爲西亞、歐洲與非洲諸多地區盡皆崇奉的神聖對象，同卷並敘說天主教的信仰
內涵，闡明至尊至大、全知全能的天主一神教義，「天地間惟一天主爲眞主，故
其聖教獨爲聖教」，以及《聖經》中有關天堂地獄、靈魂不滅、爲善去惡、天主
審判與赦宥解罪等信條。艾儒略宣揚天主信仰之情，可說是躍然紙上。

在《職方外紀》問世之前，明代史籍概未專載「如德亞」。《地緯》第二
十三篇〈如德亞〉主要徵引自《職方外紀》，但卻濃縮成如下的敘述：

亞細亞之西，近地中海有國焉，曰如德亞之國。其史能記載六千年
之事之言，地土豐厚，煙火稠密，有享上帝之殿，黃金塗白玉砌雜
廁百寶爲飾，環奇異等，費凡三千萬萬。其人多賢知。〔註178〕

此段文字如與前舉《職方外紀》的敘述相互比對，可以看出《地緯》大舉刪
去《職方外紀》所載天主教史及聖經教義的重點。

〔註176〕艾儒略原著，謝方校釋，《職方外紀校釋》，頁53。
〔註177〕艾儒略原著，謝方校釋，《職方外紀校釋》，頁53。
〔註178〕熊人霖，《地緯》，頁51a。

　　再以歐邏巴為例。當耶穌死後，眾門徒散處亞歐非各地，繼續實現耶穌在世時的未竟之業；這些事蹟，亦散見於《職方外紀》中涉及各門徒之傳教範圍的描述。而當天主教傳入歐洲之後，逐步發展的結果，使其從原先遭受壓迫的對象轉變成正統的信仰，天主教徒更獲得諸多君王的禮遇。該書卷二〈歐邏巴總說〉中宣稱：「凡歐邏巴州內大小諸國，自國王以及庶民皆奉天主耶穌正教，纖毫異學不容竄入」。艾儒略在這段陳述中，明顯是為了達成其宣揚宗教的目的，刻意掩飾回教勢力的影響與歐洲十六世紀宗教改革後宗教分裂的情況，以彰顯天主教舉世至高無上的神聖性。再者，文中又記載「其諸國所讀書籍，皆聖賢撰著，從古相傳，而一以天主經典為宗。即後賢有作，亦必合於大道，有益人心，乃許流傳國內」。〔註179〕透過這類的說法，向中國讀者傳達天主教在歐洲學術文化中的核心地位。前舉艾儒略於〈歐邏巴總說〉中洋洋灑灑的宗教論述，在《地緯》第四十五篇〈歐邏巴總志〉中則將之簡化成：「凡歐邏巴州內大小諸國，自王以下，皆勤事天之教。……其它政令，大抵多如中國，而皆原本于耶蘇之學」。〔註180〕

　　除此之外，熊人霖於《地緯》歐邏巴諸國分說中，亦略去或修改不少《職方外紀》中關於各國天主教發展史及其現況的描述，而將焦點集中在民情俗尚及風土物產等方面。前舉該書第四十七篇〈拂郎察〉中刪除天主神蹟的文字，可為明證。又如《職方外紀》卷二〈意大里亞〉中陳述南歐義大利半島上「其最大者曰羅瑪，古為總王之都，歐邏巴諸國皆臣服焉」，文中並回溯第四世紀第一位信仰天主教的羅馬帝國皇帝君士坦丁（Constantinus I Magnus, 272〜337）的奉教作為，以及強調羅馬教皇在天主教世界中獨一無二的地位：

> 耶穌升天之後，聖徒分走四方布教，中有二位，一伯多祿，一寶祿，皆至羅瑪都城講論天主事理，人多信從。此二聖之後，又累有盛德之士，相繼闡明。至於總王公斯瑪丁者，欽奉特虔，盡改前奉邪神之宇為瞻禮諸聖人之殿，而更立他殿以奉天主，至今存焉。教皇即居於此，以代天主在世主教，……歐邏巴列國之王雖非其臣，然咸致敬盡禮，稱為聖父神師，認為代天主教之君也，凡有大事莫絕，必請命焉。〔註181〕

〔註179〕艾儒略原著，謝方校釋，《職方外紀校釋》，頁67，70。
〔註180〕熊人霖，《地緯》，頁115b〜118a。
〔註181〕艾儒略原著，謝方校釋，《職方外紀校釋》，頁84。

艾儒略在此清楚地表明了羅馬教皇崇高的地位，其代表天主在現實世界主持教務，權力既得之於天主，亦高於世間所有的國家統治者。反觀《地緯》第四十八篇〈意大里亞〉中將歐洲天主教世界中羅馬教皇的權威，簡述為「羅瑪城，周一百五十里，有王者居之，掌其國之教化禁令。凡歐邏巴諸侯王，皆宗而臣服焉」。〔註182〕如此簡短的文字敘述，僅佔該篇極小的篇幅，相較於《職方外紀》卷二〈意大里亞〉中的天主教論述，在比例上亦呈現出相當大的落差。

在利未亞、亞墨利加甚至亞細亞諸國分說的部分，我們仍然可以看出類似的跡象。《職方外紀》中針對這些異國殊域，偶以當地人士崇奉天主教與否作為依據，來論定其風俗文化的優劣美惡。如其卷三〈阨入多〉中記載北非埃及往昔「未奉真教時，好為淫祀，即禽獸草木之利賴於人者，因牛司耕，馬司負，雞司晨，以至蔬品中為葱為韮之類，皆欽若鬼神祀之，或不敢食，其誕妄若此」，「至天主耶穌降生，少時嘗至其地，方入境，諸魔像皆傾頹。有二三聖徒到彼化誨，遂出有名聖賢甚多」。〔註183〕此段文字，《地緯》第六十篇〈阨入多〉中悉予刪除。《職方外紀》卷三〈福島〉中陳述今非洲西北岸加那利群島上的「聖迹水」云：「言天主不絕人用，特造此奇異之迹以養人」。〔註184〕熊人霖於《地緯》第六十五篇〈福島〉中將此段天主神蹟之說，更改為「天之所以養育人也」，〔註185〕可見他嘗試回歸到自然而然的觀點，刻意淡化西方宗教信仰的色彩。另外，《職方外紀》卷四〈亞墨利加總說〉中強調十五世紀末美洲新大陸的「發現」，乃緣起於義大利航海家哥倫布的信仰熱忱與宣教意念，最終經由天主的引領下所得出的驚世成果。一旦美洲區域逐漸納入歐洲的勢力範圍，嗣後教化土著暨移風易俗的關鍵，也在於「西土國王亦命教中掌教諸士至彼勸人為善。數十年來，相沿惡俗稍稍更變」。〔註186〕在傳教士的努力下，為過去失落於歐洲文明之外的荒蕪舊天地，營造出一個歸屬於天主信仰的美麗新世界。該書卷四〈西北諸蠻方〉中記載印第安人出沒的北美西北部，原屬野蠻落後、未經開化的部落區域，由於「近歐邏巴行教士人至彼，勸令敬事天主，戒勿相殺，勿食人，遂翕然一變」。〔註187〕此段文字，

〔註182〕熊人霖，《地緯》，頁 122a。
〔註183〕艾儒略原著，謝方校釋，《職方外紀校釋》，頁 110。
〔註184〕艾儒略原著，謝方校釋，《職方外紀校釋》，頁 117。
〔註185〕熊人霖，《地緯》，頁 152a。
〔註186〕艾儒略原著，謝方校釋，《職方外紀校釋》，頁 119～121。
〔註187〕艾儒略原著，謝方校釋，《職方外紀校釋》，頁 138。

熊人霖於《地緯》第七十五篇〈西北諸蠻方〉中悉予刪除。

　　《職方外紀》中標榜天主教文明的支配性地位，描述非天主教的地域或國度如何趨向天主信仰的歷程。另一方面，當造物主化生萬物後，人心的發展偶會偏離天主正道，爲現實世界帶來諸多的災禍。針對這些不尊天主或有違教義者，擔負末世審判權責的天主亦會降災加以懲罰，作爲來者的警惕。如卷一〈百爾西亞〉中記載西亞波斯一帶：「太古生民之始，人類聚居，言語惟一。自洪水之後，機智漸生，人心好異，即其地創一高臺，欲上窮天際。天主憎其長傲，遂亂諸人之語音爲七十二種，各因其語散厥五方」。〔註188〕又如卷一〈度爾格〉中記載西亞死海南岸的「瑣奪馬」一帶：「古極富厚，名於西土，因恣男色之罪，天主降之重罰，命天神下界，止導一聖德士名落得者及其家人出疆，遂降火盡焚其國」。〔註189〕這兩段天主降罰世人的宣教論述，《地緯》第二十一篇〈百爾西亞〉、第二十二篇〈度爾格〉中亦全數刪去。

　　艾儒略將《聖經》故事、聖徒事蹟、聖教奇蹟以及聖教「神權」與現世「政權」的關係放入《職方外紀》的世界地理內容中，以天主教的價值觀貫穿五大洲域風土民情的描述。州域之外，針對環球海域的描述，如該書卷五〈四海總說〉以天主造物的神學見解爲基礎，結合亞里斯多德的自然哲學所論月亮以下地域（terrestrial sphere）中土、水、氣、火四元素的自然位置，〔註190〕來解釋地球表面爲水環抱與別分川湖海域的緣故：

> 造物主之化成天地也，四行包裹，以漸而堅凝。故火最居上，而火包氣，氣包水，土則居於下焉，是環地面皆水也。然玄黃始判，本爲生人；水土未分，從何立命？造物主於是別地爲高深，而水盡行于地中，……所瀦曰川、曰湖、曰海。〔註191〕

這一段神學論述，卻不見於《地緯》第七十八篇〈海名〉的內容中。整體而言，熊人霖於《地緯》中略去原本在《職方外紀》內文裡爲數不少的信仰字句。個中緣由，根據他在〈地緯繫〉中的現身說法：「西土曰：耶穌，上天之

〔註188〕艾儒略原著，謝方校釋，《職方外紀校釋》，頁45。
〔註189〕艾儒略原著，謝方校釋，《職方外紀校釋》，頁49。
〔註190〕有關亞里斯多德的宇宙論及其在中世紀時期與天主教神學信仰的融合，參閱 David C. Lindberg, *The Beginnings of Western Science*, pp. 54～58, 245～261. 關於明末耶穌會士傳入四元素說的緣由及其推廣方式，參閱徐光台，〈明末西方四元素說的傳入〉，頁347～380。
〔註191〕艾儒略原著，謝方校釋，《職方外紀校釋》，頁146。

宰也。噫！非達人，其勿輕語于斯」。〔註192〕由此可見，熊人霖對於西方天主耶穌或造物主信仰基本上持保留的態度，其大舉刪除或濃縮《職方外紀》的宗教論述（特別是與中國傳統天下意識及儒家倫常觀念有所牴觸的部分），也可說得上是合乎他個人的情理標準了。

從以上的例證不難理解，《職方外紀》實爲一部帶有濃厚宗教信仰色彩的世界地理專著，整體以歐洲文化爲中心，以天主信仰爲圭臬，來看待世界各地的歷史沿革、社會制度與風俗民情。該書的世界地理論述主軸，幾近於一部近代歐洲勢力向外擴張的過程中所衍生的天主教傳播史。〔註193〕有別於《職方外紀》的內容特色，《地緯》則以中國政治文化爲基準點，來看待世界各地的殊風異俗及其相對於中國的文化落差，並延續明代傳統四裔著作的思維架構，秉持華夏天朝與四夷朝貢的傳統觀念，來鋪陳蠻、夷、戎、狄等邊裔諸國相對於中國的政經關係。由於艾儒略、熊人霖在學識背景上的差異以及在價值觀念上的出入，使得《職方外紀》與《地緯》這兩部同爲十七世紀中文版的世界地理專著，在內容比重及論述取向上存在著不少差異性。

《地緯》的書寫係奠基於《職方外紀》中的西方地理知識，兼採中國傳統史志記載及域外、海外傳聞作爲補充，貫徹以中國知識份子的取捨標準加以刪削或潤飾。熊人霖的個人意向，決定了該書的內容取向及其呈現風貌。前引熊志學所謂「精于《外紀》所未核者」一句，或許正關係著熊人霖著書的思維理路及其對地理知識的選擇性認知。這個部分，有待我們深入意識形態的層面予以分析和理解。

從《地緯》中世界地理知識的呈現，我們隱約體會到熊人霖在字裡行間透露出的一種將西方地理知識「中國化」的意願，也就是說，從中國學識傳統的立場吸納耶穌會士的西方地理知識，並轉化成以中國政治文化爲本位思考的世界地理知識內涵，爲其所關切的重點。而此種意願，實際也與《地緯》的著述旨趣與思維方式息息相扣。以至於熊人霖從事世界地理的知識建構之際，如何反省向來自居天朝上國的中國在五大洲世界中的定位問題，並隨機調適中西地理觀念之間的矛盾面向，容有待下一章起針對該書中的宇宙論、自然觀、天下意識以及經世理念作進一步的分析。

〔註192〕熊人霖，《地緯》，第 84 篇，頁 193b。

〔註193〕謝方，〈艾儒略及其《職方外紀》〉，頁 132～139；艾儒略原著，謝方校釋，《職方外紀校釋》，前言，頁 1～6。

第四章　《地緯》中的傳統宇宙論與自然觀

作爲西學異聞的雅好者與引介者，熊人霖的學養思維卻紮根於傳統儒家教育。熊人霖自幼隨侍熊明遇讀書於邸舍間，〔註1〕在天啓三年（1624）接觸《職方外紀》之前，陸續接受傳統《四書》、《五經》等儒學典籍的薰陶。熊人霖於〈四書繹自敘〉中，曾追憶這段學習經歷：

> 自人霖年十一也，家君口授四書義；至人霖年十九，而口授者凡五週，霖漸有窺焉。年二十而縱觀大全性理講說；又三年而縱觀註疏、語錄、文集；又三年而旁索諸子，……至年三十，家君復爲口授，且令霖日從本文泳游之，而霖豁然若寤。〔註2〕

這段期間，熊人霖「日繹庭訓，遍稽漢儒註疏、宋儒語錄，略測涯涘」。〔註3〕萬曆四十一年（1613），熊人霖年值十歲，曾隨熊明遇至山東曲阜拜謁孔廟，題六言絕句一首，表達他對孔子的景仰：「乾坤盤礴靈氣，秀發尼丘大成，至德永垂表式，宮牆千古崢嶸」。〔註4〕又據《進賢縣志》卷十五〈人物志・良臣〉中的記載，熊人霖年十一時，「即尋究《性理》、《皇極經世》諸書」。〔註5〕其中，《性理大全》七十卷爲永樂十三年（1415）翰林院學士胡廣等奉敕撰著，乃明代科舉教科書，內容多本於宋儒的理學思想，尤其獨宗朱子之學；〔註6〕《皇

〔註1〕　瀟江居士，〈操縵草題辭〉，《南榮集・詩稿原序》，頁2b。
〔註2〕　熊人霖，〈四書繹自敘〉，《鶴臺先生熊山文選》，卷4。
〔註3〕　熊人霖，〈重刻五經繹序〉，鄧元錫，《五經繹》，頁1b～2a。
〔註4〕　熊人霖，《南榮集》，詩卷10，頁4b。
〔註5〕　轟當世、謝興成等，《進賢縣志》，卷15，頁1268。
〔註6〕　容肇祖，《明代思想史》，頁2～3。

極經世書》九卷爲北宋邵雍（1011～1077）所著，主要以解說《周易》爲核心，從而建立起一套關於天地萬物的運動變化和陰陽消長的象數哲學體系。〔註7〕熊人霖傳統儒學素養的淵源，於此可知。而儒學中涉及宇宙論與自然觀的類比推論方式，熊人霖也實際運用在《地緯》的整體思路上，除了引以解釋天地自然事物暨人文地理現象，更進而推闡世界風俗文化差異的緣由。

本章擬從反映《地緯》著述宗旨之所繫的〈地緯繫〉，以及書前開宗明義的〈地緯敘傳〉、〈地緯自序〉等相關論述，來分析熊人霖對於宇宙狀態與自然秩序的看法，及其對於人與天地自然關係的見解。我們可以看到，熊人霖採取傳統天地人合一與陰陽五行的系統觀念，作爲《地緯》中自然暨人文地理現象的詮釋基礎，並類推到人際社會的倫常關係，構成其整體認識地圓、五大洲世界各地風俗文化的出發點，也就是全書統攝地理知識的宇宙論與自然觀。

中國傳統宇宙論及自然觀的一般性特色，包涵天地人合一、陰陽五行的系統思維，以及這類系統思維的實際運用所呈現出的整體性且多樣化的詮釋風格，筆者借鏡英國科技史家李約瑟（Joseph Needham, 1900～1995）所強調的「關聯式思考」（correlative thinking, coordinative thinking）的論點，〔註8〕據以作爲本章的分析架構，來探究幼受傳統儒學薰陶的熊人霖如何援引天地人交合感應與陰陽五行的觀念，針對各種地理現象進行類比詮釋的嘗試，以體現其延續傳統輿地的觀念系統，吸納及轉化西方世界地理知識的方式。

第一節　解釋自然暨人文地理現象

在傳統關聯式思考的學術脈絡中，天地人交感與陰陽五行、氣論的有機推論方式，往往可以類比於自然暨人文地理現象的解釋上，推論天地宇宙的

〔註7〕　朱伯崑，《易學哲學史》，第2卷，頁131。

〔註8〕　李約瑟等人指出，關聯式思考是一種「直覺的聯想系統」，「概念與概念之間並不互相隸屬或包涵，它們只在一個『圖樣』（pattern）中平等並置。事物之間的相互影響，……是由於一種『感應』（inductance）……萬物的活動，係由於其在循環不已的宇宙中的地位，被賦予某種內在的特質，使它們的行爲自然而然」。換句話說，關聯式思維理路的特色在於從事物的功用、屬性或其相互關係上，直覺地掌握世界狀態的一般性或特殊性，呈現出多樣化的詮釋風格。Joseph Needham, *Science and Civilisation in China*, vol. 2, pp. 279～293. 譯文據陳維綸等譯，《中國之科學與文明》，第2冊，頁466。

變化與社會人倫的秩序，賦予認知客體自成系統的多重意涵。此種以物示物的論述取向，成爲中國傳統地理觀念史上頗爲顯著的一項特色。〔註9〕熊人霖《地緯》中明顯承繼了這樣的詮釋風格，採取傳統關聯式的思維方式，建構出全書的宇宙論及自然觀。從〈地緯敍傳〉中的一段話，便透露出這樣的基調：

> 凡爲志八十一篇，以象陽數；論一篇，應天；圖一卷，應地；繫一
> 卷，應人，以象三才。〔註10〕

熊人霖自稱《地緯》一書中，「論一篇」即第一篇〈形方總論〉，以明天度之詳，因此應天；「圖一卷」即第八十三篇〈輿地全圖〉，以摩刻耶穌會士的西方世界輿圖，所以應地；「繫一卷」即第八十四篇〈地緯繫〉，熊人霖藉以闡述自身對世界地理知識的見解，以人爲認知主體，所以應人。

值得注意的是，熊人霖合天、地、人於一書總敍之，以象三才，其間蘊涵著傳統「廣大悉備」的知識理念。如《易傳・繫辭下》中所謂：「《易》之爲書也，廣大悉備，有天道焉，有人道焉，有地道焉。兼三才而兩之，……三才之道也」。〔註11〕而志凡九九八十一篇以象陽（奇）數，也呈顯出中國傳統文化中的數字崇拜意識。傳統上，奇數「九」有時象徵至尊最大的意義，而奇偶數與天地、陰陽、剛柔等觀念，也存在著某些對應組合的關係。〔註12〕由此不難想見，熊人霖將傳統三才與陰陽的觀念投射到《地緯》的寫作架構上，也等於是將整部書的思維安排在傳統宇宙論與自然觀之中。

熊人霖在《地緯》中陸續介紹天、地（五大洲、四海、輿地全圖）中的自然人文地理知識之後，最後出現的是揭曉全書寫作宗旨之所繫的〈地緯繫〉，其開場白即表達熊人霖有關天地人相合交感的思維：

〔註9〕　何丙郁、何冠彪，《中國科技史概論》，頁17～19；唐錫仁、黃德志，〈試論我國早期陰陽五行說與地理的關係〉，頁26～30；胡維佳，〈陰陽、五行、氣觀念的形成及其意義——先秦科學思想體系試探〉，頁16～28；楊文衡，〈試論中國古代地學與自然和社會環境的關係〉，頁1～9。

〔註10〕　熊人霖，〈地緯敍傳〉，頁6b。

〔註11〕　南懷瑾、徐芹庭註譯，《周易今註今譯》，頁437。又如萬曆三十七年周孔教序《三才圖會》時，讚譽該書編纂者王圻「嘗廣搜博采，輯所謂《三才圖會》。上至天文，下至地理，中及人物」。《三才圖會》，頁3。

〔註12〕　井上聰，《古代中國陰陽五行的研究》，頁134～135；楊希牧，〈說古籍編撰的神秘性〉，收入蘇雪林，《天問正簡》，附錄，頁514～519；俞曉群，〈數在中國傳統文化中的意義〉，頁33～41。

> 立天之道，曰陰與陽；形地之緯，曰柔與剛。無柔則萬物之生氣不
> 達，無剛則萬物之埴模不堅。天父而地媪然乎。陽親天而陰親地也。
> 施本乎上，形凝乎下。本乎上，故首天；凝乎下，故趾地。首天而
> 天不功，趾地而地不倦，仁夫？斯父母之德矣。天圓地方，天玄地
> 黃，天施地藏，愛嚴相劅，樂哀相將。〔註13〕

此段引文大致說明了，熊人霖傳承了類似《周易‧說卦傳》中的觀念，〔註14〕
將天道、地緯的觀念對應陰陽、柔剛的性質，來解釋天地形成的緣由及其循
環變化過程中的原創動力，將之比擬為父母生育之德，進而以天地形體與自
然現象連貫人們的情緒及感受。這個聯想的本身，實際帶有類比性質的思考。
熊人霖似乎要表達的是，天地現象與人類行為，彼此間存在著一種感應性質
的關聯性，天地人皆處在一通體互動聯繫的宇宙系統中。茲將前引論述所顯
示的宇宙關係，圖解如下：

表 4-1：熊人霖思維中的天地人宇宙關係

愛	嚴	樂	哀
施		藏	
玄		黃	
圓		方	
功		倦	
上		下	
父		母	
陰	陽	柔	剛
天道		地緯	

（左側標示：↑｜｜類比）

　　在熊人霖看來，「儒者之學，本天而貴人，天人相與之際，道之終始有焉」，
〔註15〕天、人之間既是互為感應，則可以試著從天地人的相依相倚關係，統
攝之於陰陽五行生剋消長的系統思維中。熊人霖本諸《易經》中一陰一陽化
育萬物的觀念，來定位天地之間的自然變化現象，強調萬物皆依循這項普遍

〔註13〕熊人霖，〈地緯繫〉，頁 187a-b。
〔註14〕「是以立天之道，曰陰與陽；立地之道，曰柔與剛；立人之道，曰仁與義。……
　　　　分陰分陽，迭用柔剛，……乾，天也，故稱乎父；坤，地也，故稱乎母」。引
　　　　見南懷瑾、徐芹庭註譯，《周易今註今譯》，頁 443～450。
〔註15〕熊人霖，〈羅近溪先生集序〉，《鶴臺先生熊山文選》，卷 5。

性的規律來進行。如〈地緯繫〉中說明：

> 一陰一陽，萬物乃行。故陰之中，不得不相爲陰；陽之中，不得不
> 相爲陽。獨陽不生，獨陰不成。故星維化施，故土維天潤，雨露之
> 澤仁，天地之交氣也；霧霧之澤戕，天地之偏氣也。電者，陽之專；
> 疃者，陰之積，故皆不爲功。〔註16〕

熊人霖基於對陰陽之氣化育自然現象的理解，以陰陽類比天地中萬物萬事之
間的載履生成關係，〔註17〕因象以指事，言事以寓理，因而進入人文政治秩
序中關於王者法天之德的思考。如〈地緯繫〉中指稱：

> 陽用以文，陰撟以武。凡可見者，謂之陽，日月、星辰、河漢、雲
> 霓、山川、陵谷、木石，凡可見者，皆天地之文也，萬物戴焉履焉、
> 生焉成焉。易首文言，書首文思，文也者，其天地帝王之心乎？甲
> 兵脩而不試，刑措而不用，王者法天之德，常直陰於空處、於虖仁
> 哉！〔註18〕

熊人霖在此援用類比聯想的方法，陳述其對外在世界及人際社會規律性的認
知，與此同時，並藉由金、木、水、火、土的五行生剋理論，闡釋五倫之德，
將儒家理想中父子、君臣、夫婦、長幼、朋友的人際倫常關係，納入整體和
諧且秩序井然的概念架構中。如〈地緯繫〉中指稱：

> 五行者，其猶五倫之行與，木火土金水木相生，慈父之道也。春之
> 所陳，夏長生焉，夏之所生，盛夏成焉，盛夏所成，秋斂凝焉，秋
> 之所斂，冬收精焉，冬之所藏，春發陳焉，孝子之事也；相制相奉，
> 君臣之義也；相配成功，夫婦之紀也；春少陽以作，夏老陽以訛，
> 秋少陰以成，冬老陰以易，長幼之序也；將來者進，成功者退，用
> 事者不息，並作者不爭，朋友之志也。君子法之，則爲有行人矣。
>
> 〔註19〕

季節的變化、作物的生成以及倫常的道理息息相應且通體相關，引文中「五

〔註16〕 熊人霖，〈地緯繫〉，頁 187b。
〔註17〕 熊人霖在〈易辰敘〉中也提到類似的見解：「君子因氣以溯先天之天，則知易
之三百八十四爻，人人出入其中矣！……夫陽用莫如日，陰用莫如月，星維
辰無施，而二曜五緯歷之以爲施」。《鶴臺先生熊山文選》，卷4。
〔註18〕 熊人霖，〈地緯繫〉，頁 187b～188a。熊人霖在〈禮記易簡錄敘〉中亦謂：「乾
以易知，坤以簡能，易簡而天下之理得矣！……天上地下，而萬物遂矣！首
天趾地，而萬化行矣！行天德於天下之謂仁」。《鶴臺先生熊山文選》，卷4。
〔註19〕 熊人霖，〈地緯繫〉，頁 188b。

行者，其猶五倫之行與」一句，直接陳述五行與五倫的緊密關聯，而同處於自然界與人倫社會的有德人士，若能效法這種整體和諧的化育關係，「則爲有行人矣」。儒學傳統習慣以君子指稱德行高潔之士，也就是所謂理想人格的典範，對於君子人格上的要求，也蘊涵在中國傳統的德性觀念中。至於德性的具體行爲規範及其價值標準爲何？熊人霖在〈地緯繫〉中也以木、火、土、金、水五行，來比附仁、禮、信、義、知五常：

> 木之副在仁，君子以立喜而作肅；火之副在禮，君子以達樂而作哲；
> 土之副在信，君子以致懼而作聖；金之副在義，君子以餙怒而作乂；
> 水之副在知，君子以立哀而作謀。故曰五行者，五行也，五行之行
> 于天下，猶五行之不可偏廢于人也。〔註20〕

由於天、地、人皆統攝於陰陽五行整體相應的宇宙論與自然觀中，五行之「行」的意涵，除了是自然界五種基本變化過程或特殊性質之外，也可以理解爲身處人際社會的儒者君子，所應具備的五種基本「德行」。因此，「五行之行于天下，猶五行之不可偏廢于人也」。熊人霖在此推闡五行關聯的思維架構，茲列表如下：

表 4-2：熊人霖推闡五行關聯的思維架構

類比 ↓	木	火	土	金	水
	春	夏	盛夏	秋	冬
	陳	生	成	斂	收、藏
	仁	禮	信	義	知

我們知道，五行觀念約興起於商周之際迄戰國晚期，秦漢時期逐漸發展出「五行配五體系」，成爲儒學傳統取象比類的主要觀念及論述說理的基本法則。從五行說包羅上至天文、下至地理、中及人事的系統理論來看，天地萬物的繁衍乃至於時序變遷、五常德性及人體感官各方面，均可在此相應的系統機制中合理地運作著，彼此之間並形成依存制約及生剋循環的有機聯結。〔註21〕如隋代蕭吉在《五行大義》中秉持「自羲皇以來迄於周漢，莫不以五行爲政治之本」

〔註20〕熊人霖，〈地緯繫〉，頁 189a。「五行者，五行也」一段，典出董仲舒，《春秋繁露》，卷 10，〈五行對〉，頁 8a。

〔註21〕胡化凱，〈五行說——中國古代的符號體系〉，頁 48～57；胡化凱，〈試論五行說的科學思想價值〉，頁 31～34；鄢良，《三才大觀：中國象數學源流》，頁 106，230。

的見解，嘗試以五行觀念為中心，推闡之於天象、地物與人倫的源始、變易及其感通關係：

> 夫五行者，蓋造化之根源，人倫之資始。萬品稟其變易，百靈因其感通。本乎陰陽，散乎精像，周竟天地，布極幽明。……故天有五度以垂象，地有五材以資用，人有五常以表德，萬有森羅，以五為度，……實資五氣，均和四序，孕育百品，陶鑄萬物。〔註22〕

如就蕭吉的論述內容，來比對《地緯》中針對五行關聯及其功能屬性的比附方式，可以明顯地看出熊人霖之傳統儒學素養的發揮。

綜上所述，天地人交感、陰陽五行向來與中國傳統文化各層面緊密結合，無處不在，且影響深廣。熊人霖在《地緯》中亦從天地人相互關係的前題出發，藉以類推陰陽化育及五行生剋的關聯。換句話說，熊人霖基本上選擇了傳統觀念，來解釋天地之間普遍性的自然現象與人際關係，構成《地緯》一書中宇宙論及自然觀的基準。在熊人霖看來，五大洲世界各地風俗民情與文化現象的差異，也可以在這樣的基礎上獲得闡釋。

第二節　推闡世界風俗文化的差異

熊人霖援用中國傳統思維建構《地緯》的宇宙論與自然觀，從天地人合一聯結陰陽五行的觀點，解釋自然或人文地理現象，也進而推闡中國與世界各地風土物產及民俗習尚的情形。如〈地緯繫〉中提到：

> 凡天下生麥之地五，生稻之地四，生黍稷菽蔬蓏之地一，生金之山一，生木之山九，中國之州九，寰海之州五，此人類之所生也，飲食衣服之所出也，利害之所起也。聖人因其理而為之紀，萬類安焉，神明出焉。古之得此道以臨天下者，庖犧氏、神農氏、有熊氏、陶唐氏、虞氏。〔註23〕

在他的心目中，古往今來人們生長的自然環境與人文地理世界裡，不論中國本土九州，或是寰海五大洲域，歷代聖人本諸天地人之間整體和諧、秩序井然與利害與共的道理，造就天下萬物各安其所且各居其位的現實。熊人霖在此尤其推崇中國古聖帝王庖犧氏、神農氏、有熊氏（黃帝）、陶唐氏（唐堯）、

〔註22〕蕭吉，《五行大義》，自序，頁 1a～2a。
〔註23〕熊人霖，〈地緯繫〉，頁 189b～190a。

虞氏（虞舜）皆以此正道，治理天下，通變達通，神而化之，故能無往不利。
〔註24〕熊人霖陳述其理想中的中國政治文化規律，從而擴展至以中國爲思考本位的世界地理關係，〈地緯繫〉中強調：「凡地緯，地物之號從中國，天而天之，地而地之，宅其宅，田其田，人其人」。〔註25〕依循著天地人相應一體的學識立場，熊人霖在《地緯》中，也嘗試對世界各地風俗習尚的同異之處，尋求自己認知上合乎情理原則的解釋。如〈地緯繫〉中所言：

> 井巴者，利未亞之戎也；紅毛者，歐邏巴之戎也；羌戎者，中國之
> 戎也。其山川風氣以取之，雖然不知非是，不知思慮，曷不可睢睢
> 于于。野鹿而標枝，其剽悍禍賊者，習也，非天之賦然也。〔註26〕

熊人霖以非洲之井巴、歐洲之紅毛番與鄰近中國之羌戎相類比，說明五大洲各地山川風氣影響及文化俗尚，導致該處人民在習性上的相對特徵。〔註27〕我們知道，中國傳統四裔著述論及邊域與華夏在風俗習性上的差別，往往將其所在的地理環境視爲決定性因素。如明代顧岕《海槎餘錄》中提到海南「其地險惡之勢，以長黎人奔竄逃匿之習，兵吏烏能制之。此外華內夷之判隔，非人自爲之，地勢使之然也」。〔註28〕朱孟震在《西南夷風土記》中也認爲西南「各夷分境而治，風土既殊，氣習頗異，而勇怯情僞，不能無差別焉」。〔註29〕此外，嚴從簡在《殊域周咨錄》中指出，大明各藩屬國中，「東夷」之風土得天獨厚，原因在於「海中諸藩，春先得於陽谷，氣早回於扶桑，其所被帝德光華，比之他國爲獨沃焉」。而歷代「北狄」如匈奴、突厥、契丹、女眞、蒙古等，卻因其地

〔註24〕熊人霖的這段論述，可比對《易傳・繫辭下》中有關庖犧氏、神農氏、黃帝、
　　　 堯、舜氏等事蹟行誼的說明。參閱南懷瑾、徐芹庭註譯，《周易今註今譯》，
　　　 頁414～416。

〔註25〕熊人霖，〈地緯繫〉，頁190a。

〔註26〕熊人霖，〈地緯繫〉，頁192b。

〔註27〕《地緯》第64篇〈井巴〉中記載：「利未亞之南有狄焉，聚眾十餘萬，好勇
　　　 喜鬥，無定居，乘馬及駱駝，隨水草遷徙，所至即殺人。及食鳥獸蟲蛇，必
　　　 生類盡絕，乃轉之他國，是曰井巴之狄」，頁151a。同書第56篇〈紅毛番〉
　　　 中記載：「大西洋之番，其種有紅毛者，志載不經見，或云唐貞觀中所爲赤髮
　　　 綠睛之種，……俗尚嗜好，食飲相類」，頁134a。

〔註28〕顧岕，《海槎餘錄》，頁262。

〔註29〕朱孟震，《西南夷風土記》，作者序，頁2a。明代葉子奇在《草木子》卷2下
　　　 〈鈞玄論〉中，也嘗用風氣、土氣的分別，來解釋華夏邊裔風俗與人體面貌
　　　 上的差異性：「夷狄華夏之人，其俗不同者，由風氣異也；狀貌不同者，由土
　　　 氣異也。土美則人美，土惡則人惡，是謂之風土」（頁758）。

理環境的特性，不斷地構成中國的威脅：「天地嚴凝之氣，聚於玄冥之區，其風剛勁，故虜爲中國患獨強」。〔註30〕這類的說法，其實帶有些許「地理決定論」的色彩。而在熊人霖的意識中，井巴、紅毛、羌戎的「剽悍禍賊」，極可能是自然界發展規律的衍生，配合後天教育和學習的結果，也就是說，此種性格特質主要緣自於地理上相對差異的因素，而非天生絕對性的秉賦使然。如〈地緯繫〉中說明：

> 傳曰：山川爲祐，秀氣爲人，夫秀氣之行于天地也，非得剛牱之氣，以凝斂之，則其秀不聚。故良珠胎蛤，良玉隱璞，聖人生剝，華夏表裔。〔註31〕

中國傳統思維方式中，往往將充塞天地之間的氣與陰陽五行相互關聯，作爲人們解釋天地宇宙中萬事萬物之形體特質或狀態變化的觀念基礎。〔註32〕誠如漢儒董仲舒在《春秋繁露》中所謂：「天地之氣，合而爲一，分爲陰陽，判爲四時，列爲五行」。〔註33〕宋代黎靖德編《朱子語類》中提到：「大率只是一箇氣，陰陽播而爲五行，五行中各有陰陽」；又云：「只是這一箇氣，入毫釐絲忽裏去，也是這陰陽，包羅天地，也是這陰陽」。〔註34〕在氣化論的觀點中，天地萬物皆爲一氣所化，逐漸分化成各種品類。天地萬物的運行，也就是一氣聚散生成的過程；而其氣化的過程中，則牽涉到陰陽五行的關聯，由此衍生出各式各樣的自然現象與人文景觀，並成爲天地人通體感應思想的依托。〔註35〕如熊人霖於〈懸象說〉中指出：「天地之內，純是陰陽；陰陽之間，必有中氣。土爲中，五其成，在地而生之」，「地所以能載物生人，爲皇王聖哲之所經營不盡。而天地之間，上際下蟠，摩盪變化，無非陰陽」。〔註36〕另外，在〈地緯繫〉中，他更以氣化配合陰陽生息消長，推演五行之行、五行之變與五行之用：

> 生陰莫如水，生陽莫如火，吟陰噓陽，以生萬物，莫如土。日者，火之精也；月者，水之精也；辰者，土之精也。水火土之精氣奉於

〔註30〕 嚴從簡，《殊域周咨錄》，卷1，頁7及卷16，頁504。

〔註31〕 熊人霖，〈地緯繫〉，頁192b。

〔註32〕 陳榮捷，《宋明理學之概念與歷史》，頁45～52。

〔註33〕 董仲舒，《春秋繁露》，卷13，〈五行相生〉，頁4b。

〔註34〕 黎靖德編，《朱子語類》，卷1，〈理氣上〉，頁14及卷63，〈中庸二〉，頁760。

〔註35〕 余英時，〈從價值系統看中國文化的現代意義〉，《中國思想傳統的現代詮釋》，頁22～23；胡維佳，〈陰陽、五行、氣觀念的形成及其意義——先秦科學思想體系試探〉，頁16～28。

〔註36〕 熊人霖，〈懸象說〉，《鶴臺先生熊山文選》，卷11。

上，萬物仰焉；施於下，則爲雲雷風雨霜露雪，以澹萬物。故土之
用，茂矣、美矣。水火之所徵兆，厥施大矣。〔註37〕

引文中分別以火、水、土來比附日、月、星辰的特質，以氣居於水火土之上，
上行下施，形成雲雷風雨霜露雪等大氣變化現象，進而化育萬物。此關聯式
思維結構，可示表如下：

表 4-3：熊人霖推演氣化論的思維結構

氣		
陰	吟陰噓陽	陽
水	土	火
月	辰	日
雲 雷 風 雨 霜 露 雪		

（表左側標註：← ↓ 類化 ↓）

　　熊人霖援引氣化的觀念，觸類旁通，在〈地緯敘傳〉中秉持「圜則九重，
渾行無窮，爰有大氣，舉地其中，大閱萬物，儷天代終，離水火氣，澤庫山
崇，根著浮流」的氣化論觀點，將之普遍化爲「億野攸同」的思考。〔註38〕
在〈地緯繫〉中，更運用這類的思考來解釋中西政教文化差異的緣由：

中國之政教，合者也，然以政行教；西國之政教，分者也，然以教
爲政，天爲之乎？人爲之乎？抑地執然也，天因地，人因天。〔註39〕

〔註37〕熊人霖，〈地緯繫〉，頁 188a。

〔註38〕熊人霖，〈地緯敘傳〉，頁 1a。附帶一提的，以上兩段引文概點出土、水、火、
氣與天地自然萬物變化之間的關係，隱約帶有西方四行說的影子。熊人霖在
〈地緯繫〉中針對中國傳統五行、氣論與西方四行說的關係，有如下的一段
敘述：「釋曰：地水火風，西志曰：水火土氣，經世書亦置金木不言，其說曰：
金木不能有磅礴變化之權，固也。然風生於氣，氣本於水火土，春風至則萬
物達，秋風至則萬物堅，非金木之氣之徵乎？蓋陰陽之道，少者不敢明其功，
故仁義之德大，而金木之用藏」（頁 189a-b）。對於熊人霖而言，不論是佛教
經籍中所言地水土風，耶穌會士譯著中所提水火土氣，或是北宋邵雍《皇極
經世書》中所云水火土石，蓋緣於金、木本身不能有磅礴變化的情形，而將
之排除在各自的物質變化理論系統之外。換句話說，如果能克服這個問題，
或許可以在五行、氣論與四行說之間，尋獲一彼此互通的可能。中國五行論
與西方四行說之間，水、火、土是共同的，歧異在於五行的金、木與四行的
氣，爲此，熊人霖技巧性地安排以「風」爲中介，藉由「風生於氣，氣本於
水火土」以及春風、秋風作爲「金木之氣之徵」的比擬，嘗試將四行說納入
傳統陰陽五行、氣論的關聯性式思考架構中。

〔註39〕熊人霖，〈地緯繫〉，頁 193b～194a。

熊人霖強調地理環境對於人類活動的重要影響，認為中國政教合一而西國政
治分離的原因，極可能是根源於「地勢然也」的相對差異。是以「天因地，
人因天」，形成「人→天→地」的系統關係，其間帶有一種「世界地理環境決
定論」的思維色彩。筆者認為，熊人霖這樣的見解，除了表達自身對於地理
知識的思考原型，更呈現出《地緯》的成書緣由及其最高價值，亦即該書作
為地理志書的關鍵基礎。類似的想法，也大致呈現在《地緯》一書的定名：

> 山書曰：地東西為緯，南北為經。獨名緯者何？曰：天之道，經者
> 主緯；地之道，緯者主經，剛柔之義云爾。〔註40〕

引文中所謂「地之道，緯者主經，剛柔之義云爾」，明顯呼應了本節前引〈地
緯繫〉中首提「形地之緯，曰柔與剛。無柔則萬物之生氣不達，無剛則萬物
之埴模不堅」的觀點，以地之剛柔變化來決定萬物的生息消長，強調人地之
間的密切關聯。我們從〈地緯自序〉中的一段話，也可以窺知如此端倪：

> 儒者之學，格物致知，六合之內，奚可存而弗論也。……夫渾四維
> 而幹五緯，天道弘也；振河海而載山川，地道厚也；一情紀而合流
> 貫，人靈茂也。故欲明天經，必繪地緯，風雲雷雨，皆從地出；山
> 河江海，統屬天噓。為物不二，生物不測，又別有可得而言者矣。
> 爾其方國既分，人治自別，好每殊於風雨，質咸鑄於陰陽。〔註41〕

熊人霖在此序言中，除了重申天地人在六合（上下四方）之內變化現象的相
應關聯，也再度強調地理知識在儒學系統中的關鍵地位，「故欲明天經，必繪
地緯」，與〈地緯繫〉開宗明義針對陰陽形塑人文政治秩序的見解，前呼後應。
熊人霖本此前提，推闡世界風俗文化的分歧，以至於「爾其方國既分，人治
自別，好每殊於風雨，質咸鑄於陰陽」。整體而言，他藉由陰陽消長的通體關
係，來界定世界上各國域人文的本質特性。

　　再者，前引序言中熊人霖通論地理知識的出發點，主要緣於其抱持儒者
格致之學的理念，在刻劃《地緯》中的世界地理知識之際，也表現出他有意
透過天地自然現象的理解，來掌握人際社會或國際關係的理想秩序，進而實
踐儒學傳統濟世治人的道理。這樣的理念，在〈地緯繫〉中也有清楚的說明。
〔註42〕學者葉曉青指出，傳統建立在自然與人文相通暨萬物交感觀念的格物

〔註40〕熊人霖，〈地緯繫〉，頁190b。
〔註41〕熊人霖，〈地緯自序〉，頁3a～4a。
〔註42〕熊人霖，〈地緯繫〉，頁196a-b。

致知，對於自然的認知仍是要回歸到人事層面上，此種價值觀終究是取決於對現實人生的關懷。〔註 43〕學者呂理政也認爲，自兩漢以來的中國傳統宇宙觀，始終是爲了解決社會人事而存在，而不是爲了探索宇宙及瞭解自然本身而存在。〔註 44〕

在中國儒學傳統中，有所謂通天、地、人是爲儒者的觀念，〔註 45〕儒者士大夫標榜內聖外王的道理，主張學子經由格物致知以達齊家治國而平天下的境界，誠如明代陳繼儒於〈三才圖會序〉中所揭示「經天、緯地、治人，儒者之能事」的理想。〔註 46〕根據這項儒學傳統的價值標準，返觀熊人霖對於世界地理文化的詮釋，可以清楚觀察到他嘗試將世界地理知識納入傳統思維系統的努力。不過，如此這般的著述理念及書寫方式，與艾儒略在《職方外紀》中將世界地理知識的認知訴諸於天主信仰，刻意去彰顯天地萬物之化育得自於造物主恩澤的論述旨趣，有相當大的落差（參閱本書第六章第三節）。

傳統中國士紳在儒學思想的薰陶下，往往以其所熟悉的價值觀念，去解釋古往今來天地萬物的各種現象，因而構成自身與大眾對於外在世界的認知模式。〔註 47〕「陰陽相摩，剛柔相盪，萬古不可易之氣，即萬古不可易之理」。〔註 48〕置身於晚明知識界的熊人霖，也運用了傳統天地人相互對應的觀念，以及陰陽五行、氣論的類比思維方式，來解說自然與人文地理現象，並對於世界各地風俗習尚的同異進行詮釋。這樣的思維模式，直接反映他自幼濡染的傳統儒學背景，貫徹於《地緯》中統攝地理知識的宇宙論與自然觀。熊志學於〈函宇通敘〉中開宗明義的一段話，頗足以體現熊人霖《地緯》一書整體的觀念取向：

> 夫儒者通天地而參於其中，則必知天之所以天，地之所以地。推本
> 乾元，順承生生之意，而後於三才□無忝也。〔註 49〕

就傳統輿地觀念的延續而言，我們不難理解，熊人霖對待西方地理知識的態

〔註 43〕 葉曉青，〈論科學技術在中國傳統哲學中的地位〉，頁 304。

〔註 44〕 呂理政，《天、人、社會：試論中國傳統的宇宙認知模型》，頁 49。

〔註 45〕 語出揚雄《法言》，引自汪榮寶，《法言義疏》，頁 758。

〔註 46〕 陳繼儒，〈三才圖會序〉，《三才圖會》，頁 10。唐國士在〈三才圖會·地理圖序〉中亦云：「通天地人謂之儒，⋯⋯天文、地理、人物總之，曰《三才圖會》」。同書，頁 99。

〔註 47〕 許進發，〈十九世紀前期中國知識份子的自然知識──以鄭復光爲例〉，頁 1。

〔註 48〕 熊人霖，〈五行說〉，《鶴臺先生熊山文選》，卷 11。

〔註 49〕 熊志學，〈函宇通敘〉，頁 1a。

度，仍依循著傳統易理之學的思維習慣，試圖將地圓、五大洲世界地理知識，
納入傳統中國包羅萬象的宇宙論及自然觀的圖像體系中。熊人霖在《地緯》
中以既有的思維模式認知世界地理知識，經由轉化的過程，從中取得一萬事
合理及萬物和諧的解釋。這種解釋方式，實為「關聯式思考」發揮在地理學
上的具體例證。

　　《地緯》中的宇宙論係基於大地圓體的衍申，加以陰陽五行說的自然化
育論，構成其詮釋天、地、人關係的基礎。類似的思維模式，在熊人霖的學
術生命中頗具有延續性。如其在〈評樵吹〉中解說晉卦：「已明白指點地爲圓
體，人自以所趾爲下，所首爲上」，又其解說明夷卦文中提到：「夷，平也，
天地圓體，人目只及得平半」。〔註50〕在熊人霖的認知中，五大洲世界風俗文
化的差異，也可以在這樣的基礎上獲得理解。《地緯》中針對世界地理現象的
整體解釋系統，頗帶有一種「中學爲體、西學爲用」的意味。

　　另一方面，熊人霖本諸儒學格物致知的初衷，從天地人合一、陰陽五行
等觀念類比人文地理現象，一旦涉及五大洲世界政治文化秩序的安排，連帶
也觸及中國傳統天下意識的問題，甚至於儒者經世理念具體展現在其引介西
學知識的用意上，導致全書與艾儒略《職方外紀》在內容取向上的某些差異。
學者龔勝生指出，淵源於天地人合一、陰陽中和的和諧人治思想與中國傳統
居「天下之中」的概念，當有著直接的關聯。〔註51〕所謂「陰陽之道不同，
至於盛，而皆止於中；其所始起，皆必於中。中者，天地之大極也」。〔註52〕
此外，在五行說的類比推演過程中，也往往預設中國獨居天地中心的應然或
實然。至於秉持傳統宇宙論與自然觀的熊人霖，如何思考及處理中國在地圓
之上、五大洲世界中的定位問題，這就形成了下一章所要探討的主題。

〔註50〕 熊人霖，〈評樵吹〉，《鶴臺先生熊山文選》，卷14。直到順治八年（1651）五
　　　　月，熊人霖在〈文直行書凡例十六則〉中也以陰陽五行觀，評析西學推理的
　　　　侷限性：「蓋西學以象數推，而玄象之成，在二氣五行之先，則有非二五之象
　　　　可推者」。《文直行書》，頁前40a-b。
〔註51〕 龔勝生，〈試論我國「天下之中」的歷史源流〉，頁93～97。
〔註52〕 董仲舒，《春秋繁露》，卷16，〈循天之道〉，頁9b～10a。

第五章　傳統天下意識在《地緯》中的表露

　　本章嘗試從中國傳統天下觀的角度，來考察熊人霖在《地緯》中如何處理中國在地圓和五大洲世界的定位問題。一般而言，中國傳統天下觀念體現歷代帝王和士大夫的意識中，中國與邊裔合乎情理的國際關係。事實上，中國的疆域版圖（幅員）每因時代的轉移而有所變遷，〔註1〕「中國」一詞也常隨著人、事、時、地的交互更迭，呈現出各式各樣的蘊涵。〔註2〕歷來學界有關「中國」詞稱起源及其演變過程的研究指出：歷史上有關「中國」的詮釋，主要著眼於：一、地理上的方位意義，二、文化上的夷夏區別，三、政治上的君臣倫理等三個基本點。〔註3〕假如將焦點集中在傳統「中國即天下（共主）」的意識環節上，那麼，中國知識界普遍對「天下」的內涵——包括在地理上、文化上、政治秩序上的理解與期望，即形成所謂的中國天下觀念。這種觀念反映在許多中國傳統經籍和輿地學作品中，成爲歷代士人形塑中國與週邊國際秩序之神聖化及合理化的依歸。

　　明代中國士人的地理著作，也大抵因襲一貫的華夏與蠻夷戎狄分野的天下觀念，秉持著天朝中心與四夷朝貢的思考基調，揭櫫大明一統的至高權威

〔註1〕 方豪，《中西交通史》，導言，頁1～3。

〔註2〕 王爾敏，〈「中國」名稱的溯源及其近代詮釋〉，頁447～449。

〔註3〕 王爾敏，〈「中國」名稱的溯源及其近代詮釋〉，頁449～452；高明士，〈光被四表——中國文化與東亞世界〉，頁484～486；陳穗錚，〈「中國」詞稱的起源與原義〉，頁3～13；甄國憲，〈中國古地理觀對中國地圖發展史的影響〉，頁134～137。

地位。隨著晚明西方傳教士的東來，中國士紳開始接觸到五大洲洋世界地理知識，自此而後，從基於大地形狀地圓／地方的爭議，逐漸衍生出政治秩序與文化意識之無地非中／華夏中心的衝突。〔註4〕

　　根據本書第二章及第三章的分析，熊人霖《地緯》的主要資料來源及其世界地理知識的書寫，一方面延續或承繼了明代傳統四裔著作的成就及特色，一方面則大量採納艾儒略《職方外紀》的內容。在第四章的討論中，我們可以看到熊人霖透過傳統天地人交合感應與陰陽五行、氣論的思維，類比於地理知識內容所顯示的世界政治秩序與各地風俗間的同異。接下來，本章將進一步探究熊人霖如何思索大地圓體、五大洲世界地理知識與天朝居中、四夷賓服之天下意識的關係。針對《地緯》呈現世界地理知識的風貌及其建構宇宙論與自然觀的緣由，窮根究底，我們有必要從傳統天下觀的結構層面加以理解。

　　本章在節次安排上，首先針對晚明耶穌會士與中國士紳的相關論述，考察雙方對於西方地理知識與中國天下意識之間相互關係的認知，進而探究熊人霖在《地緯》中調適兩者的方式及其歷史意涵。

第一節　天下觀念對耶穌會士的衝擊

　　利瑪竇、艾儒略等人介紹西方地理知識時，往往面臨到習慣於傳統天下意識的中國士人所發出的質疑與駁斥。如何調適二者間的關係以降低傳教的阻力，遂成為一緊要的問題。其間，利瑪竇等人能否在晚明社會順利地傳播西方地理知識，以及中國士人接受與否的關鍵，主要牽涉到彼此對於傳統天下意識內涵的取捨或調整。針對於此，我們可以分別從「大明一統」天下觀的展現，以及耶穌會士對中國天下觀的理解及因應這兩個層面，來加以討論。

一、「大明一統」天下觀的展現

　　西方地理知識進入晚明知識界之前，在一般中國人的心目中，他們理所當然地居住在普天之下的中心地區。據學者邢義田、龔勝生的研究：溯自商周以降，淵源於傳統「天圓地方」、「中央四方」的地理觀配合天地人合一、

〔註4〕　近來相關的研究，可參閱祝平一，〈跨文化知識傳播的個案研究——明末清初關於地圓說的爭議，1600～1800〉，頁589～670。

陰陽中和的人治思想，投射在政治文化上的自尊自大，逐漸凝鑄成以華夏爲中心、蠻夷戎狄散居四方的天下觀念。〔註5〕學者于希賢解說《周禮》首篇〈天官冢宰〉開宗明義規範「惟王建國，辨方正位，體國經野，設官分職，以爲民極」，在國體設計上經由地理方位的辨正，劃定人際社會的職分等級與倫常秩序，〔註6〕整體呈現出地理、政治、文化各層面相連一體的天下觀念。自《周禮·夏官》列職方氏掌管「天下之圖，以掌天下之地，辨其邦國、都鄙、四夷、八蠻、七閩、九貉、五戎、六狄之人民，與其財用、九穀、六畜之數，要周知其利害」，〔註7〕天下意識相應在理想官制的設計及國際關係的建立，不但展現於往後歷代輿地著述的發凡起例上，這種地理中心／天朝自居的觀念，也不時成爲傳統史志的預設立場。

　　明代地學著述除了傳承地理中心／天朝自居的觀念，更因取代元帝國而興的經驗，帝王、士大夫輾轉於理想與現實之間的抉擇，使得「大明一統」的天下觀念，表露出王者無外／四夷朝貢與用夏變夷／夷夏之防的「兩面性」。

　　開國皇帝奠定的功績勳業及建制規模，對形塑該朝天下觀往往具有關鍵性的影響。在明代許多士大夫的心目中，大明版圖及聲教遠紹甚至超越漢唐威儀，此一強調王者無外及華夷一統天下秩序的心態，實緣自太祖至成祖在位期間（1368～1424），先後開創的「豐功偉業」。

　　元末天下動蕩，群雄並起，朱元璋以淮右布衣爲眾所推。在他討平陳友諒、張士誠等東南群雄之後，隨即命大將徐達、常遇春督師北伐中原。〔註8〕北伐前遣使傳諭中原的檄文中，即明顯流露出傳統天下觀的政治文化意涵：

> 自古帝王臨御天下，皆中國居內以制夷狄，夷狄居外以奉中國，未聞以夷狄治天下者也。自宋祚傾移，元以北狄入主中國，四海內外，罔不臣服，此豈人力，實乃天授，然達人志士，尚有冠履倒置之嘆。
> 〔註9〕

該檄文堅持內諸夏而外夷狄的分野，批判「以北狄入主中國」的元朝君臣毀壞綱紀倫常，導致人心叛離、天下紛亂。緊接著義正詞嚴地揭舉「驅逐韃虜，

〔註5〕邢義田，〈天下一家——中國人的天下觀〉，頁435～455；龔勝生，〈試論我國「天下之中」的歷史源流〉，頁93～97。

〔註6〕于希賢，《中國古代地理學史略》，頁18～23。

〔註7〕鄭玄注，賈公彥疏，陸德明音義，《周禮注疏》，卷33，頁601。

〔註8〕高岱著，孫正容、單錦珩點校，《鴻猷錄》，卷5，〈北伐中原〉，頁87～88。

〔註9〕《太祖實錄》，卷26，吳元年冬十月丙寅條，頁402～403。

恢復中華」、「拯生民於塗炭，復漢官之威儀」的民族革命號召，以此順天應人之舉、弔民伐罪之師，誓除各地禍亂、安撫天下人民。另一方面，為能免除元朝遺民的反彈，乃藉由王者無外及天下一家的說辭加以招撫，強調「歸我者，永安於中華；背我者，自竄於塞外。蓋我中國之民，天必命中國之人以安之，夷狄何得而治哉！」檄文最後，更聲明華夷一體、一視同仁的主張：「如蒙古、色目，雖非華夏族類，然同生天地之間，有能知禮義，願為臣民者，與中國之民撫養無異」。〔註10〕在政治文化上將外夷融入中國天朝體制內的作法，成為明太祖一統天下的過程中所實施的有效策略。〔註11〕

基於普天率土、莫非王臣的理念，在許多明代士大夫的認知裡，太祖朱元璋「驅逐胡元，混一寰宇」，〔註12〕大明政權得天下乃名正言順，其國朝聲威敷於四海，實為明代官紳標榜大明一統的至高典型。而承續太祖之後，則有「成祖以武定天下，欲威制萬方，遣使四出招徠」、「又北窮沙漠，南極溟海，東西抵日出沒之處，凡舟車可至者，無所不屆」，〔註13〕致使殊方異域的使節，幅輳闕庭，「稱藩獻琛之國，無慮百餘」。〔註14〕永樂年間鄭和陸續奉使西洋，「耀兵異域，示中國富強」，〔註15〕其宣示大明威盛的政治意涵不言可喻，透過西洋各國接踵而至的進貢程序，從形式上確認明帝國的天朝中心地位。〔註16〕馬歡於永樂十四年（1416）自序《瀛涯勝覽》文中，強調此書「俾屬目者一顧之頃，諸番事實，悉得其要，而尤見夫聖化所及，非前代比第」，更加頌揚大明帝國的空前規模：「俯仰堪輿無有垠，際天極地皆王臣；聖明一統混華夏，曠古于今孰可倫」。〔註17〕《西洋番國誌》（1434）作者鞏珍也認為，永樂盛世騰今邁古，聲教洋溢四海，「輿圖開拓，萬善咸臻，未有至於此也」。〔註18〕大明帝國一統華夏、居天下之中且定四海之民的理想，配合四夷賓服暨萬方朝貢的實際呈現，王者無外的信念不再是一種空泛的想

〔註10〕 同上，頁403～405。
〔註11〕 謝貴安，〈從朱元璋的正統觀看他對元蒙的政策〉，頁88～92。
〔註12〕 魏煥，《皇明九邊考》，卷1，〈鎮戍通考〉，頁27。
〔註13〕 張廷玉等，《明史》，卷332，〈西域傳四〉，頁8625～8626。
〔註14〕 張天復，《皇輿考》，卷12，〈四夷〉，頁1a。
〔註15〕 張廷玉等，《明史》，卷304，〈宦官傳一〉，頁7766。
〔註16〕 張奕善，〈明帝國與南海政略〉，《東南亞史研究論集》，頁1～111；徐玉虎，〈鄭和時代中華文化對西洋番國之影響〉，《明鄭和之研究》，頁525～547。
〔註17〕 馬歡，《瀛涯勝覽》，自序，頁1a～2b。
〔註18〕 鞏珍，《西洋番國誌》，頁205。

法。誠如費信於宣宗正統元年（1436）自序《星槎勝覽》文中開宗明義宣稱：

　　臣聞王者無外，中天下而立，定四海之民，……太祖高皇帝龍飛九

　　五，波澤敷於中外，德威振於萬邦；太宗文皇帝繼統文明之治，格

　　于四表，……天之所覆，地之所載，莫不貢獻臣服。〔註19〕

由於成祖致力開疆拓土，文治武功鼎盛，加上鄭和下西洋及陳誠使西域的功業，
揚威海疆及邊徼，造就四裔萬方「入我聖代，聯數十國翕然而歸拱，可謂盛矣」
的局面。〔註20〕《明史》卷七〈成祖紀三〉中論贊其「雄武之略，同符高祖。
六師屢出，漠北塵清。至其季年，威德遐被，四方賓服，……幅隕之廣，遠邁
漢唐。成功駿烈，卓乎盛矣！」〔註21〕此語正道出了明代歷朝帝王及官紳對於
皇明一統規模「遠邁漢唐」的自詡。「堂堂天朝，揚威海外」，〔註22〕乃天地之
常經、古今之通誼，此種意識也不時地在傳統輿地著作上，獲得增強。茲以明
代中期後最具權威性的鉅著《大明一統志》（1461）為例，在英宗所題〈御製大
明一統志序〉中，明顯地表達了大明一統帝國空前威盛的心態：

　　太祖高皇帝受天明命，混一天下，薄海內外，悉入版圖。蓋自唐虞

　　三代，下及漢唐以來，一統之盛，蔑以加矣！……用昭我朝一統之

　　盛，……相與維持我國家一統之盛於無窮，雖與天地同久長，可也。

　〔註23〕

《大明一統志》所附「大明一統之圖」，也反映出以中國為世界地理中心，蠻、
夷、戎、狄散處四方的分布情景──「東盡遼左，西極流沙，南越海表，北
抵沙漠，四極八荒，靡不來庭」，〔註24〕這正是傳統「地理中心／天朝自居」
之天下觀念的具體象徵。〈大明一統志圖敘〉中提到：「天下總圖，於首披圖
而觀，庶天下疆域廣輪之大」，「而我皇明一統之盛，冠乎古今者，垂之萬世，
有足徵云」。〔註25〕如此既象徵大一統帝國冠乎古今的威望，並顯示出其維持
華夷一統盛世的期待。基本上，明代的國際關係主要是由大一統帝國的心態，
秉持著天朝與四夷封貢的思考基調所衍生而來，因此該書卷八十九、九十列

〔註19〕費信，《星槎勝覽》，自序，頁1a。

〔註20〕黃省曾，《西洋朝貢典錄》，自序，頁2a。

〔註21〕張廷玉等，《明史》，卷7，頁105。

〔註22〕談遷撰，張宗祥標點，《國榷》，卷76，談遷曰條，頁4686。

〔註23〕李賢等，《大明一統志》，〈御製大明一統志序〉，頁1a～3b。

〔註24〕李賢等，《大明一統志》，〈大明一統志圖敘〉，頁2a。

〔註25〕同上，頁2b。

舉〈外夷〉諸邦，其用意可見於〈大明一統志圖敘〉的說辭：

> 自古帝王之御世者，必一統天下，而後為盛。……皇明誕膺天命一
> 統華夷，幅員之廣，……與夫四夷受官封執贄禮者，皆以次具載於
> 志焉。〔註26〕

《大明一統志》所刻劃出的天下秩序，是皇明一統天下思想在地理文獻上最
具代表性的表露。全書的著述精神及實質內容，呈現當時中國知識界對所處
世界的認知，爾後該書的體例結構，成為明代中後期地理專著的參酌準則及
其訴諸的權威範例。〔註27〕影響所及，如嚴從簡《殊域周咨錄》、羅曰耿《咸
賓錄》、慎懋賞《四夷廣記》、楊一葵《裔乘》、茅瑞徵《皇明象胥錄》等四裔
列國志標榜以東、西、南、北分定四夷的凡例（參閱本書第三章第二節），其
內容或注重「諸國曾通朝貢，雖小必書」，〔註28〕或稱揚「明王聖德，四夷咸
賓，無有遠遐」，〔註29〕「凡我行人轍跡曾至者，皆因事備書，以昭國家一統
之盛」。〔註30〕大體上，這些四裔著作偏重中國邊禦海防及關切四夷朝貢關係
史的取向，正是基於頌揚或維護大明一統天下秩序的初衷，也攸關於士大夫
對時局世變和國家安危的認知及考量。

　　除此之外，如對輿地圖經的經世效用頗有認識的陳子龍（1608～1647），在
〈歷代輿地圖序〉中提到地圖可使覽閱者明瞭國家盛衰強弱的緣故，便能撫內
安外資於時局世用。陳子龍不但延續傳統對於地圖有功於政軍利害關係的見
解，同時也情不自禁地流露出皇明一統天下意識的情結：「我國家聲教之遠，際
天極地，日月所照，罔不臣妾，漢唐之盛，不能及也」。〔註31〕《四夷考》作者
福建福唐人葉向高（1559～1627）基於王者無外的天下觀念，甚至認為原居地
「去中國已九萬里，自上古未嘗通」的耶穌會士，至今「慕義遠來」進獻西方
輿地圖籍，比起「越裳之重譯獻雉，不啻過之」。在他的理解中，傳教士的作法，
具有彰顯大明一統聲教的積極作用：「夫安知此後如《外紀》所臚列，不有聞泰
西之風接踵而至者乎！是愈可以昭聖治而暢聲教也」。〔註32〕

〔註26〕同上，頁 2a-b。
〔註27〕羅洪先增纂，《廣輿圖》，胡松識、徐九皋序，頁 9～17；王圻，《三才圖會》，
　　　　地理卷，頁 104～105。
〔註28〕茅瑞徵，《皇明象胥考》，〈凡例〉，頁 1b。
〔註29〕薛俊，《日本考略》，〈貢物略〉，頁 11a。
〔註30〕嚴從簡，《殊域周咨錄》，卷 1，頁 48。
〔註31〕陳子龍，〈歷代輿地圖序〉，收入《安雅堂稿》，引自《陳子龍文集》，頁 56～57。
〔註32〕葉向高，〈職方外紀序〉，《蒼霞餘草》，卷 5，頁 24b～25a。

天下觀念的落實，即天下秩序的維持，有賴於朝貢制度的進行。明帝國秉持「自有天地以來，即有君臣上下之分，且有中國四夷之禮，自古皆然」的觀念，〔註33〕採取「厚往薄來，柔遠常經」以及「四裔來朝，並加恩待」的作法，〔註34〕幾乎是歷朝處理對外關係的基本原則。然而，這樣的原則往往可視國勢強弱或四夷叛服等非常變數，隨機予以調整。尤其明中葉以後，此種現象更是明顯可見。如穆宗隆慶五年（1571）三月，以北裔俺答請封貢通市，在皇帝的敕語中，首先清楚地昭示了王者無外及天下一家的意識，而在曉以彼此的利害關係之餘，猶諄諄告誡「倘爾部眾或背初心，擾我邊境，是乃自乖大義，輕棄盟言，天地鬼神，實共鑒臨，爾其體悉朕意，尚欽承之」。〔註35〕擬似這種既欲納之、又深防之的典型心態，也正涉及了大明一統天下觀的另一面向。

元明易統的歷史教訓，促使明自開國起，各朝帝王將相屢爲猜忌且極力防患邊裔潛在的可能威脅。〔註36〕南宋滅亡，殷鑑不遠，中原曾盡淪入胡元統治的事實，以及嘯聚北疆之蒙元勢力的持續威脅，〔註37〕明代統治者爲求鞏固漢民族對於中國長久有效的統治權，不得不謹愼思考正本清源的解決之道。因此，他們除了在學術文化方面刻意塑造漢族政權傳承統緒的正統觀之外，〔註38〕並嘗試以天朝文明教化四夷的理想方式，推本諸《孟子‧滕文公上》所謂「吾聞用夏變夷者，未聞變於夷者也」的理念，以文教興太平，融外夷於中國的文化體系，作爲固邦安民的根本措施，期能造就「四海內外，翕然同風」的盛況，〔註39〕並達到「八表同風，以明一統」的境界。〔註40〕洪武二十二年（1389），劉三吾序火原傑《華夷譯語》時提到：

〔註33〕《太祖實錄》，卷254，洪武三十年八月丙午條，頁3671。

〔註34〕談遷，《國榷》，卷30，頁1900。

〔註35〕談遷，《國榷》，卷67，頁4159。

〔註36〕祝允明《野記》中記載：「皇明一統後，每高秋嚴冬，分命諸王師兵巡邊，遠涉不毛，校獵而還，謂之肅靖沙漠，歲爲常」，頁8b。並參閱嚴從簡，《殊域周咨錄》，卷16，〈北狄〉，頁504～506。

〔註37〕朱健，《古今治平略》，卷32，〈國朝馭夷〉，頁1a-b。

〔註38〕如元成宗大德七年（1307）編成的《大元大一統志》，由於明太祖爲了否定胡元入主華夏的歷史事實，官府拒不收管。自明初《大明志書》（1370）、《大明清類天文分野》（1384）、《寰宇通衢》（1394）至中期《寰宇通志》（1456）、《大明一統志》之修，其確立學術正統觀的用意，昭然若揭。王成祖，《中國地理學史（先秦至明代）》，頁55～56。

〔註39〕胡廣等，《性理大全》，〈進書表〉，頁3。

〔註40〕吳光義，〈皇明象胥錄序〉，《皇明象胥錄》，頁1b。

> 欽惟皇上，受天明命，君主華夷，邇來四海一家，胡人悉附。思乎
> 天生兆民，立之君師，有教無類。教之者必始於通言語。……則用
> 夏變夷之道，端在是矣！〔註41〕

與用夏變夷的懷柔辦法並進的措施，便試以遣使招降，導之與明帝國通好封貢，「修文德以來之，遣信使以諭之」，〔註42〕來保持邊疆長久的和平。或者是訴諸具體的軍事討伐，貫徹政治上天朝與四夷的君臣名分。若討伐無力，外交無功，便設限以防，「出則禁而禦之，去則備而守之，此制馭蠻夷之常法也」。〔註43〕學者尹章義研究明太祖的海禁政策及東南海防體系的建立，即是對日本倭患採取「修防自固」、「以守為攻」的警備措施。〔註44〕而成祖時期陸續設置北疆遼東、薊州、宣府、大同、三關、榆林、寧夏、甘肅、固原九鎮並修築邊牆（長城），配合數次親征朔漠，以攻為守，防微杜漸，達成宣威及防衛的雙重效果，〔註45〕共同維繫以大明帝國為天下中心，內外整體撫綏控馭與柔遠防禦的常態關係。

用夏變夷、招徠四裔的見解，實際已預先設定了華夷在政治文化上的差別，比諸蠻夷，「雖少窺上國之圖書，豈能似中華之教化！」〔註46〕隨著明中葉國勢與邊夷關係的變化，用夏變夷的策略面臨了不同以往的挑戰。值得注意的是，在宣宗宣德三年（1428）二月所制帝訓的馭夷篇中，強調華夷分野的客觀事實與謹防外患的實質必要，提供了我們掌握大明帝國對外政策轉變的歷史訊息：

> 四夷非可以中國概論，天地為之區別，夷狄固自為類矣！夷狄非有
> 詩書之教，禮義之習；好則人，怒則獸，其氣習素然，故聖人亦不
> 以中國治之。……彼知慕義而來王，斯為善矣！然非我族類，故其
> 心叛服不常，防閑之道，不可不謹。〔註47〕

換句話說，王者無外的包容度，其實是帶有特定條件的選擇性。尤其當明中葉以後國勢頓挫且四夷叛起之際，積極性用夏變夷的作法既是成果未彰，朝

〔註41〕火原潔，《華夷譯語》，劉三吾序言，頁 1b～2b。
〔註42〕《太祖實錄》，卷 148，洪武十五年九月癸亥條，頁 2332。
〔註43〕譚希恩，《四川土夷考》，頁 463。
〔註44〕尹章義，〈湯和與明初東南海防〉，頁 93～134。
〔註45〕羅洪先增纂，《廣輿圖》，卷 2，〈九邊輿圖總論〉，頁 217～223；張天復，《皇輿考》，卷 11，〈九邊〉，頁 1a-b；谷應泰，《明史紀事本末》，卷 21，〈親征漠北〉，頁 234～242。
〔註46〕嚴從簡，《殊域周咨錄》，卷 6，〈安南〉，頁 239。
〔註47〕《宣宗實錄》，卷 38，宣德三年二月條，頁 951～952。

野官紳顧及社稷安危，是以消極性夷夏之防的聲浪應運而生。正統十四年
（1449）八月，英宗在王振的慫恿下率軍親征瓦剌，結果慘敗於土木堡（今
察哈爾懷來縣西），堂堂大明皇帝被俘，淪為「北虜」階下囚，實為向來自居
天朝並「威震四夷」的明帝國前所未有的天大恥辱。〔註48〕鑑於土木堡之恥，
士大夫或沉重地指責「自古夷狄之禍，未有甚于土木之難者」；〔註49〕或極力
強調華夷分界，批評大明帝國往昔厚往薄來、懷柔四夷的過失。此呼則彼應，
朝政一時之間洋溢著「匪我族類，其心必異」、「徙戎狄以安中國，平寇賊以
靖邊疆」之類的言論。〔註50〕

　　嗣後大明屬國流離不斷，叛服無常之例，此起彼落。王者無外、四夷賓
服的主觀意願，一再遭受客觀現實的打擊。憂心忡忡的士大夫，屢屢揭示夷
夏之防的意識形態作為對抗。萬曆二十年（1592）八月，明帝國與豐臣秀吉
當政的日本僵持於朝鮮。同年九月，以寧夏哱酋為亂，亦迴響起徙戎於外以
嚴「夷夏之防」和「非我族類，其心必異」的聲調。〔註51〕其中如于慎行（1545
～1607）認為，朝廷應防患四裔使臣藉朝貢的機會進出中國，以免其圖謀不
軌，密探大明帝國的表裏山川：「中國表裏，不可使外夷知之，彼以納貢為名，
往反出入，或有密圖山川，潛窺虛實。即平時賞夷猶不可不備，況當倭虜內
訌，兵出境上，而容其諜使入都，使之偵探，可謂愚矣」。〔註52〕此種基於帝
國整體安全考量的思維，適足以反映當時對外關係的緊張不安狀態，也顯示
了大明天朝的國際政治地位，已日趨動搖甚至沒落的事實。〔註53〕

　　萬曆四十四年（1616），南京禮部侍郎沈㴶揭櫫驅逐傳教士的言論裡，強調
「所謂國脈之本計也，以太祖高皇帝長駕遠馭，九流率職，四夷來王，而猶諄
諄于夷夏之防，載諸《祖訓》及《會典》等書」，堅持「彼疆我理，截然各止其
所」的分際。〔註54〕崇禎十一年（1638），李維垣上〈攘夷報國公揭〉時，也申
張華夷界限的必要性及迫切性：「竊思華夷界限甚嚴，邪正勢不兩立。胡有天主

〔註48〕谷應泰，《明史紀事本末》，卷32，〈土木之變〉，頁331～336。
〔註49〕談遷，《國榷》，卷27，廖道南曰條，頁1778。
〔註50〕談遷，《國榷》，卷28，頁1810～1812及卷34，頁2172。
〔註51〕談遷，《國榷》，卷76，頁4684～4686。
〔註52〕談遷，《國榷》，卷76，頁4741。
〔註53〕在這段期間，利瑪竇觀察到：「人們簡直難以置信，他們對於派來向皇上致敬
　　　　或納貢或辦理別項事務的鄰國使節或使臣，懷著多麼大的疑懼了」。《利瑪竇
　　　　中國札記》，頁95。
〔註54〕沈㴶，〈參遠夷疏〉，引自徐昌治輯，《聖朝破邪集》，卷1，頁5b～6a。

之夷，群入內地，上欺聖主，中結朝士，下惑愚民」。〔註55〕在天朝內憂外患且情勢頹危的時候，這類呼應現實局勢的選擇性思維，也就不足為奇了。

十五、十六世紀歐洲人發現世界新航路之後，葡萄牙與西班牙為了從事東方轉販貿易、傳教事業暨尋求海外殖民地，兩國船隊陸續出現在中國的東南海面上。在當時許多中國人的眼裡，他們多被視為「前代不通中國」、「掠食小兒，殘暴慘虐」且「爭利而哄」的佛郎機國，不時引起縉紳士大夫們的警戒。〔註56〕十六、十七世紀之交，當來自「大西」的利瑪竇讚嘆「大明」中國在管理及政治秩序各方面，「的確超過世界其他民族」，〔註57〕並且傳進地圓、五大洲世界地理知識的同時，耶穌會士更必須面對從「大明一統」天下意識所衍生出的種種糾紛及其適應問題。

二、耶穌會士對中國天下觀的理解及因應

耶穌會士對於中國天下觀的理解及因應，緣起於傳教過程中累積的切身經驗與反省。義大利籍利瑪竇「從幼出鄉，廣游天下」，〔註58〕於萬曆十年（1582）八月抵達澳門後，即感受到當時大明中國「閉關自守」的氣氛，外國人士不易獲准進入內地定居的情況相當明顯。〔註59〕爾後在廣東肇慶、韶州等地開展與士人間的交遊時，經瞿汝夔（太素，1549～1612）等友人的指點，考慮到以外國人的身份定駐北京或臨海省份，極容易引起一般中國人民的猜疑，對於整體的傳教事業相當不利。〔註60〕利瑪竇為了避免節外生枝，一度將傳教據點北移到內陸江西南昌府，以適合耶穌會士的傳教目的。〔註61〕

〔註55〕 徐昌治輯，《聖朝破邪集》，卷6，頁10a。

〔註56〕 嚴從簡，《殊域周咨錄》，卷9，〈佛郎機〉，頁320～325；蔡汝賢，《東夷圖說》，〈佛朗機〉，頁428～429；張燮，《東西洋考》，卷5，〈呂宋〉，頁57～60。另參閱張維華，《明史佛郎機呂宋和蘭意大里亞四傳注釋》，頁2～106；邱炫煜，《明帝國與南海諸蕃國關係的演變》，頁354～362。

〔註57〕 〈致摩德納巴西奧乃伊神父書〉，1597年9月9日撰於南昌，《利瑪竇書信集》，頁243。

〔註58〕 利瑪竇，〈天主實義引〉，《天學初函》，第1冊，頁867。

〔註59〕 〈致巴都阿德·富爾納里神父書〉，1583年2月13日撰於澳門，《利瑪竇書信集》，頁31～32；〈致西班牙稅務司司長羅曼先生書〉，1584年9月13日撰於肇慶，同前書，頁56。

〔註60〕 〈致澳門孟三德神父書〉，1595年8月29日撰於南昌，同上書，頁154；〈致羅馬富利卡提神父書〉，1596年10月12日撰於南昌，同上書，頁219。

〔註61〕 〈致羅馬總會長阿桂委瓦神父書〉，1595年11月4日撰於南昌，同上書，頁

　　利瑪竇在南昌活動時，正值萬曆二十年（1592）中日朝鮮之役方歇，同時，至東方進行貿易經商的葡萄牙船隊亦出沒於中國沿海地區，耶穌會士「因同是白種人，因此相連的也遭到猜忌」。利瑪竇讚譽中國幅員廣大且政治制度井然有序之餘，也不免感慨中國人「自起初迄今對外國人懷有仇視的心理，認為外國人皆為野蠻化外之人，而中國人才堪稱世界的領袖」，而且「他們恐懼洋人，對任何西洋事物都懷有猜忌之心」。〔註62〕他深切體會到中國人對外國人相當的敏感，「好像所有外國人皆能強佔他們的領土似的」。〔註63〕中國人不信任外國政權，也不喜歡外國人，「百姓怕洋人，皇帝更畏懼外國人」，因此閉關自守，貶抑異邦人士。〔註64〕利瑪竇認為，此種心態當是根源自中國人對於世界的懵懂，所產生的誤解：「在所有大國中，中國人的貿易最小；確實不妨說，他們跟外國實際上沒有任何接觸，結果他們對整個世界是什麼樣子一無所知」。〔註65〕在耶穌會士的看法中，中國人對整個世界認知淺薄，既妄自尊大卻又封閉自限，這種情結具體表現在中國人地理視野的狹隘而不自知：

> 他們確乎也有與這幅〔西方世界圖〕相類似的地圖，據說是表示整個世界，但他們的世界僅限於他們的十五個省，在它四週所繪出的海中，他們放置上幾座小島，……所有這些島嶼都加在一起還不如一個最小的中國省大。〔註66〕

相較於西方地理大發現後所演進而成的五大洲洋世界圖，中國歷代所繪製的「一統圖」、「廣輿圖」、「輿地總圖」、「海內華夷圖」之類的地圖，大多是以中國為全圖中心且佔有版面的主體，零星點綴著一些散處於陸海邊區的蠻夷諸邦。明初雖有鄭和下西洋的壯舉，拓展人們的海外地理知識，然而，在「鄭和航海圖」（「自寶船廠開船從龍江關出水直抵外國諸番圖」）中所顯示沿岸航行及針路導航的情形，〔註67〕嚴格說起來，仍是大一統天下觀的延申，其所關心的焦點無非是與西洋屬國的交通關係，至於地圓與否的事實並非其考慮

194。

〔註62〕〈致高斯塔神父書〉，1596年10月15日撰於南昌，同上書，頁237。

〔註63〕〈致羅馬富利卡提神父書〉，1596年10月12日撰於南昌，同上書，頁219。

〔註64〕〈致高斯塔神父書〉，1599年8月14日撰於南京，同上書，頁256～257；〈致德・法比神父書〉，1608年8月23日撰於北京，同上書，頁401。

〔註65〕《利瑪竇中國札記》，頁179。

〔註66〕《利瑪竇中國札記》，頁179。

〔註67〕樊洪業，《耶穌會士與中國科學》，頁13。

的要件。〔註68〕由於這樣的學識背景，當萬曆年間利瑪竇首次向中國人士展示一具有南北極、經緯線和赤道位置的歐洲版世界地圖時，傳教士直接感受到「一些無學識的人譏笑它，拿它開心」，令他們頗爲難堪：

> 因爲知識有限，所以他們把自己的國家誇耀成整個世界，並把它叫做天下，意思是天底下的一切，……當他們聽說中國僅僅是大東方的一部份時，他們以爲這種想法和他們的大不一樣，簡直是不可能的，……因爲他們不知道地球的大小而又夜郎自大，所以中國人認爲所有各國中只有中國值得稱羨。就國家的偉大、政治制度和學術的名氣而論，他們不僅把所有別的民族都看成是野蠻人，而且看成是沒有理性的動物。〔註69〕

這段論述刻劃出某些秉持傳統天下意識的中國人士，對待西方地理知識的鄙夷態度。除了執著於地理中央及疆域廣袤的觀念外，利瑪竇也指陳了傳統天下意識中的其它層面：在文化上，中國人往往把外國人「看作沒有學識的野蠻人」，而且「用這樣的字眼來稱呼他們」；〔註70〕不會說中國語言及通達中國風俗信仰的，將被視爲未濡染聖明教化的化外之人。〔註71〕就某些中國人的眼光看來，「世上沒有其他地方的國王、朝代或者文化是值得誇耀的」。〔註72〕在國際政治秩序上，所有的藩屬附庸國理論上都得對中國朝廷進貢，即使中國接納屬國朝貢的收益與厚往薄來的結果，實際上是一種得不償失且有名無實的假象。照利瑪竇的看法：中國人奉承皇帝的辦法，就是盡可能讓他相信世界各地「都在向中國朝貢」，但事實上，卻是中國「在向其他國家朝貢」。〔註73〕然而，對於中國皇帝而言，當他「一看到中國的人民眾多、物產豐富，覺得眞是偉大」，就「以爲中國就是整個世界了，或至少中國佔有世界之大部分，並爲首要之地了」。〔註74〕中國人總是認爲世界上

〔註68〕 世傳「鄭和航海圖」可見於天啓元年刻竣的茅元儀，《武備志》，卷240，〈航海〉，頁10385～10431。有關該圖的考釋，可參閱徐玉虎，《明代鄭和航海圖之研究》，頁1～67。
〔註69〕 《利瑪竇中國札記》，頁179～181。
〔註70〕 《利瑪竇中國札記》，頁94。
〔註71〕 〈致其弟安東·利啓書〉，1608年8月24日撰於北京，《利瑪竇書信集》，頁405。
〔註72〕 《利瑪竇中國札記》，頁181。
〔註73〕 《利瑪竇中國札記》，頁560～561。
〔註74〕 〈致西班牙稅務司司長羅曼先生書〉，1584年9月13日撰於肇慶，《利瑪竇書

沒有任何國家可與中國相比擬，而統治整個中國的皇帝，也順理成章地自居普天之下獨一無二的君主，自稱爲「天子」。〔註75〕

　　對於具備異邦人士身份的傳教士而言，大明一統天下意識籠罩下的學術氣氛與社會現實，先天上多少構成其傳教活動的某些障礙。如何能在西方地理新知與中國傳統學識之間尋獲一彼此認同的溝通管道，便是傳教士們必需大費周章的重要問題。耶穌會士既然形諸世界圖說，聲明「大地圓體，無處非中」，「上下四旁，皆有人居」，並宣稱天下有五大洲，同時也一再強調歐洲文明教化及風俗物產的安康富庶，〔註76〕由此可以想見，如果這個問題得不到適當或緩和的處理，極可能引起某些抱持天朝意識之中國士紳的詰難，造成傳教過程的滯礙難行。在爭取中國帝王暨士大夫皈依天主教爲首要前提的情況下，勢必衡量輕重緩急，在西方地理知識與中國天下意識之間妥作調整，避免傳教活動不必要的阻力。利瑪竇有鑑於此，在繪製以中文標注的世界地圖時，「不得不改變他的設計」，〔註77〕特意安排使中國稍居全圖的中央位置，以迎合晚明士大夫由「天圓地方」觀念所導致的「中央大國」、「大明天下」的心理，設法減輕他們的迷惑。《利瑪竇中國札記》中提到：

> 因爲中國人認爲天圓地方，而中國則位於這塊平原的中央。……所以當他們第一次看到我們的地圖時，發現他們的帝國並不在地圖的中央而在最東的邊緣，不禁有點迷惑不解。利瑪竇神父替他們繪製一幅世界地圖並以中國字加以標注時，他尊重他們的看法，便安排得使中國帝國多少佔據著中央的地位。〔註78〕

顯而易見的，利瑪竇對於中國傳統天下意識有相當深刻的理解。〔註79〕萬曆

信集》，頁55。

〔註75〕　〈致羅馬前初學院院長德‧法比神父書〉，1592年11月12日撰於韶州，同上書，頁110；〈致富利卡提神父書〉，1585年11月24日撰於肇慶，同上書，頁83。

〔註76〕　利瑪竇，《坤輿萬國全圖》。另參閱艾儒略，《職方外紀》，卷2，〈歐邏巴總說〉，頁1a～5b；陽瑪諾，《天問略》，《天學初函》，第5冊，頁2668。

〔註77〕　《利瑪竇中國札記》，頁180。

〔註78〕　《利瑪竇中國札記》，頁6。

〔註79〕　利瑪竇所採取的調整方式，據學者林東陽及曹婉如等人的研究指出：他將原本置於歐洲傳統世界圖中央的福島本初子午線左移170度，使得原比利時籍地圖學者奧代理版世界圖（*Typvs Orbis Terrarvm*）極東的大明版圖，轉而定位在利瑪竇世界圖的中央區域。林東陽，〈利瑪竇的世界地圖及其對明末士人社會的影響〉，頁332～333；曹婉如等，〈中國與歐洲地圖交流的開始〉，頁124～133。

三十年，經李之藻協助完成的北京版「坤輿萬國全圖」裡，在中國的位置上標明「大明一統」的字樣，廣東省的右下方註稱「大明聲名文物之盛，自十五度至四十二度皆是，其餘四海朝貢之國甚多」，〔註80〕引以作爲皇明一統天下意識的具體表露。此外，他爲了滿足中國人四夷賓服、萬方朝貢的理想，於萬曆二十八年（1601）十二月二十四日進呈包括萬國輿圖等禮物的奏疏中，嘗試以遠臣慕義、朝貢天朝的姿態，博得大明皇帝的青睞：

> 大西洋陪臣利瑪竇謹奏：爲貢獻土物事，……逖聞天朝聲教文物，竊語霑被其餘，……用是辭離本國，航海而來，時歷三年，路經八萬餘里，……伏念堂堂天朝，方且招徠四夷，遂奮志徑趨闕廷，……臣益感皇恩浩蕩，靡所不容，而於遠臣慕義之忱，亦稍申於萬一耳。
>
> 〔註81〕

平素與士人的交往論談，也往往謙稱「竇西陬鄙人，棄家學道，汎海八萬里而觀光上國」、「出萬死而致之闕下」，〔註82〕甚至強調其「比至中華，獲瞻仁義禮樂聲明文物之盛，如復撥雲霧見青天焉」、〔註83〕「仰大明天子之文德，古先王之遺教」，〔註84〕透過這類的說辭，來減少對方的懷疑，加深彼此的親近。諸如此類的作法，也著實獲得某些明末士人的稱許。他們根據華夷一家、王者無外的見解，並且標榜大明帝國接納殊域慕化來款的正統性，贊揚耶穌會士們行事舉止的適當性。〔註85〕

除此之外，利瑪竇向晚明士紳介紹西方地理新知的時候，幾乎未提葡萄牙及西班牙渡海遠征亞、美二洲的歷史過程，〔註86〕言行舉止上儘量與當時出沒於中國東南沿海的「佛郎機人」劃清界限，此舉大致是考慮到「中國人吃過葡萄牙人和日本人的虧，所以很怕他們。因此我們不敢和葡人或日人有公開的關聯，以免引起中國人的猜疑，處事必須謹慎小心」。〔註87〕另據學者

〔註80〕利瑪竇，《坤輿萬國全圖》。
〔註81〕《利瑪竇書信集》，頁551。
〔註82〕利瑪竇，《辯學遺牘》，《天學初函》，第2冊，頁641～642。
〔註83〕徐光啓，〈跋二十五言〉，《天學初函》，第1冊，頁328。
〔註84〕利瑪竇，《交友論》，《天學初函》，第1冊，頁299。
〔註85〕馮應京，〈刻交友論序〉，《天學初函》，第1冊，頁291～293；瞿汝夔，〈大西域利公友論序〉，同書，頁295～297；瞿式穀，〈職方外紀小言〉，同書，第3冊，頁1299～1301。
〔註86〕林東陽，〈利瑪竇的世界地圖及其對明末士人社會的影響〉，頁341。
〔註87〕〈致羅馬總會長阿桂委瓦神父書〉，1608年8月22日撰於北京，《利瑪竇書信

林東陽的研究指稱：利瑪竇在世界圖解說中刻劃中國與歐洲之間的距離時，從原先在南昌城的「東西相距六萬里之說」，到其後南、北京時期的「歐邏巴去中國八萬里之遙」，數據上的增加大概是爲了消減「中國人對歐洲人近在東南海隅」的恐懼。實質上的空間距離轉化成象徵性的有利數字，來換取對方心態上的安全感。〔註88〕

　　艾儒略繼利瑪竇之後，銳意在晚明知識界推闡西方地理知識。《職方外紀》卷首所附「萬國全圖」一幅呈現各洲域諸國的地理位置，並承繼利瑪竇在「坤輿萬國全圖」中移動福島本初子午線的方式，使得中國佔據全圖中央偏右的位置（見明崇禎年間《天學初函》本、清道光年間《守山閣叢書本》）。該書卷一總說「人類肇生之地，聖賢首出之鄉」的亞細亞洲時，雖然提到「中國則居其東南」，非處於亞洲地理的正中位置，瞬即筆鋒一轉，試著從政治文化與風俗物產富庶和美的焦點，盛讚「中國自古帝王立極，聖哲遞興，聲名、文物、禮樂、衣冠之美，與夫山川、土俗、物產、人民之富庶，遠近所共宗仰」，因此「耶穌會中諸士幸復遍歷觀光，益習中華風土」，以迎合晚明士紳的虛榮心。而在行文中也將利瑪竇「坤輿萬國全圖」上所慣用的歐洲去中國八萬里的數據，提昇爲「其距大西洋路幾九萬」。〔註89〕此里數復可見於卷五〈海道〉的內文中：「儒略輩從歐邏巴各國起程，遠近不一，水陸各異。……某輩皆從西而來，不由東道；西來之路經九萬里也」。〔註90〕類似的論述，在其同年初刻的《西學凡》中亦可窺曉。艾儒略在書中條分縷析地向晚明士紳介紹歐洲大學的課程概況，〔註91〕他首先訴說耶穌會士們的來歷，作爲開場白：「極西諸國總名歐邏巴者，隔於中華九萬里，文字、語言、經傳、書集，自有本國聖賢所紀」。〔註92〕該書最後開誠佈公地聲明其梯航九萬里入華的動機，總結以仰承聖明、觀光上國俾求融通中西學識的想法：

　　……旅人九萬里遠來，願將以前諸論與同志繙以華言，……始之以
　　不空疏之見，繼加循序遞進之功，洞澈本原，闡發自廣，漸使東海、
　　西海群聖之學，一脈融通。此眞聖明御宇千載之一時，梯航跋涉，

集》，頁383。

〔註88〕林東陽，〈利瑪竇的世界地圖及其對明末士人社會的影響〉，頁350～351，358。

〔註89〕艾儒略，《職方外紀》，卷1，〈亞細亞總說〉，頁1a-b。

〔註90〕艾儒略，《職方外紀》，卷5，頁8a-b。

〔註91〕徐宗澤，《明清間耶穌會士譯著提要》，頁289～290。

〔註92〕艾儒略，《西學凡》，《天學初函》，第1冊，頁27。

抱此耿衷而來，知有當于芻採否也。〔註93〕

其中，東西相距九萬里之遠的說法，逐漸成爲明末清初知識界「約定俗成」的共識。崇禎十年（1637），艾儒略復於福建晉江刊刻《西方答問》二卷，全書採取通俗性的問答方式，答覆中國士人對於西國風土習俗的疑問，期能「聊備採風者觀覽」。〔註94〕艾儒略在內文中聲明歐洲與中國的相對位置：「敝邦總名爲歐邏巴，在中國最西，故謂之太西；遠西、極西，以海而名，則又謂之大西洋，距中國計程九萬里云」。〔註95〕書中再度強調《職方外紀》所論地圓、五帶及五大洲世界地理知識的同時，也有幾段針對福建士紳對於中國位居世界地圖中央與否的質疑，所作出的回答。如卷上〈國土〉中提到：

> 問：或謂中國爲天下正中，不知然否？曰：凡物有邊始有其中，無邊則從何取中耶？大地原屬圓體，無處非中，且八面各有人居，皆自以本地爲中，而四旁爲外也。若論普天下正中，則在赤道之下，南北二極俱無出入於地面者爲是，其餘二極出地差等不同，或在赤道北，或在赤道南，皆不可謂天下正中。按之地圖，略自明矣！〔註96〕

艾儒略首先以西方自然地理的觀念，重申大地圓體「無處非中」的事實，嘗試轉換中國人士根深柢固的「天下正中」情結，隨即就地圖上所呈現的世界地理分佈景觀，進一步釐清說明：

> 問：余看地圖，敝邦果在東西之中，故謂之中國，宜也。曰：地既圓形，隨處可以爲中，而各分爲東西、爲南北也。故刻在敝邦原圖，則敝邦當中，而貴邦爲其最東；今在貴邦所刻，則稍展移，而以貴邦爲中，敝邦爲之最西耳。〔註97〕

艾儒略強調，既然大地爲圓體，因此隨處皆可作爲中央。世界地圖上的景象，僅是就刊刻地點在中國或者歐洲，相對調整及展移各國所在地圖位置的結果。在客觀事實上，並不存在那一個國家獨居世界絕對地理中心的情形。除了地理位置中央與否的疑點外，艾儒略也面臨到中國士人在政治文化問題上的質疑，而有如下的一段問答：

> 問：敝邦舊謂中華，其說何居？曰：中華之說，謂寰區錯雜，多是

〔註93〕艾儒略，《西學凡》，頁59。
〔註94〕艾儒略，《西方答問》，卷首，頁1a。
〔註95〕艾儒略，《西方答問》，卷上，〈國土〉，頁1b。
〔註96〕艾儒略，《西方答問》，卷上，〈國土〉，頁2b～3a。
〔註97〕艾儒略，《西方答問》，卷下，〈地圖〉，頁5a。

小國。禮樂文物，誠不能如貴邦之盛，是以謂之中華爾。〔註98〕
由此可見，艾儒略申明地圓、五大洲世界地理知識之際，特意聲稱中華禮樂
文物之盛，將自然地理位置的分佈問題，技巧性地轉移到政治文化的優劣層
面上，藉以滿足某些中國士紳的地域文化自尊與深入人心的民族優越感。除
此之外，艾儒略並極力向中國士人表明耶穌會士「間關九萬里東來」的目的，
主要在於仰慕中華文化，〔註99〕進而以「敝會先友利瑪竇等，攜天主經典而
來，學習此中語言文字，齎方物見朝神宗皇帝，柔遠甚厚」、「於是二三道友
接踵而至止焉」等謙遜恭維的姿態，〔註100〕來博取中國士人的認可，此舉不
外是顧慮到西方地理知識與中國天下觀念互有矛盾時，妥加應變的權宜措施。

　　耶穌會士洞悉中國傳統天下觀念與西方地理知識之間，存在著地理、文
化及政治意識層面上的糾結，促使他們在輿圖表象及圖解說明上，不得不採
取變通的方式以因應傳教活動的現實需要。然而，他們的調整作法，似乎也
未能盡如人意。利瑪竇曾經表明，即使採用了中文加以註釋的世界全圖，仍
不易說服那些習慣於皇明一統天下意識的士大夫，「放棄他們在地理方面的成
見」——「因為他們發現我繪的地圖，中國尚不佔地球面積的十分之一。而
他們的地圖所繪所解釋的是中國佔世界面積的四分之三」。〔註101〕這段敘述提
示我們，從質疑或反對者的心態言論裡，更益突顯出問題的癥結所在。其中
尤以蘊涵於大地圓體與傳統天圓地方中心觀的歧異，所引發文化及政治秩序
之無地非中／華夏中心的論爭，最是顯著。

第二節　無地非中／華夏中心的矛盾

　　自萬曆十二年（1584）利瑪竇肇慶版世界地圖問世以降，西方地圓、五
大洲洋等觀念逐漸流傳於晚明知識界。萬曆三十八年（1610）四月，利瑪竇
逝世於北京前後，根源於華夏中心與大明一統天下意識所導致的質疑或批
駁，時或伴隨著不滿及抵制西學與西教人士的政治迫害活動趁勢而起。〔註102〕

〔註98〕艾儒略，《西方答問》，卷上，〈國土〉，頁3a。
〔註99〕艾儒略，《西方答問》，卷首，頁1a。
〔註100〕艾儒略，《西方答問》，卷上，〈國土〉，頁3b。
〔註101〕〈致羅馬前初學院院長德·法比神父書〉，1592年11月12日撰於韶州，《利
　　　　瑪竇書信集》，頁110。
〔註102〕全漢昇，〈明末清初反對西洋文化的言論〉，收入包遵彭等編，《中國近代史論
　　　　叢—中西文化交流》，頁227～235；呂實強，〈由明清之際中國知識份子反教

我們若能掌握傳統地理中心／天朝自居的意識形態，乃至大明一統天下觀之王者無外／夷夏之防的兩面性，也就可以理解這些爭議爲何會產生。

萬曆四十四年（1616），南京禮部郎中徐如珂（1562～1626）以定居在南京的耶穌會士王豐肅（Alfonso Vagnoni, 1566～1640）、陽瑪諾等人專藉天主教公然惑眾，又「自誇風土人物遠勝中華」，遂與禮部侍郎沈㴶、給事中晏文輝等人聯合上疏斥其「邪說」。他們並且懷疑耶穌會士爲佛郎機人所假託，因此呈報上級防患未然，急行將之驅逐。隨即於十二月間「發遠夷王豐肅等于廣東，聽歸本國，俱利瑪竇後人，以在京生事也」，〔註103〕造成「南京教案」事件，重創耶穌會士在中國境內的傳教活動。〔註104〕是年五月，沈㴶上〈參遠夷疏〉，抨擊耶穌會士違背大明帝國暨萬曆皇帝的至尊權威：

> 突有狡夷自遠而至，……自稱其國曰大西洋，自名其教曰天主教。
>
> 夫普天之下，薄海内外，惟皇上爲覆載照臨之主，是以國號曰大明，
>
> 何彼夷亦曰大西？且既稱歸化，豈可爲兩大之辭以相抗乎？〔註105〕

沈㴶揭舉皇明一統天下意識的大蠹，本著「大一統，人心風俗之關係者」的前提，批判「大西洋」、「大西」的地理名稱僭越「大明」國號。他同時強調：中國自「三代之隆也，臨諸侯曰天王，君天下曰天子。本朝稽古定制，每詔誥之下，皆曰奉天」，「天無二日，亦象天下之奉一君也」，而耶穌會士竟然敢「詭稱天主，暗傷王化」，實乃「愚民眩惑」，大逆不道，直接侵犯了大明帝國至高無上且正統神聖的天下共主地位。〔註106〕

爲了加重耶穌會士「左道惑眾」及「冒越關津」的罪名，沈㴶更蔑稱他們實爲寇掠東南沿海的佛郎機人：「細詢閩海士民，識彼原籍者，云的係佛狼機人。其王豐肅原名巴里狼當，先年同黨類詐稱行天主教，欺呂宋國主而奪其地，改號大西洋」，進而推翻利瑪竇先前所謂中歐地理相距遙遠的說辭：「然則閩粵相近一狡夷爾，有何八萬里之遙？」〔註107〕沈㴶藉由這類的舉證，來引起中國士大夫們的反感和警惕。同年七月，禮科給事中余懋孳上疏闢異端

言論看中西文化交流（1583～1723）〉，頁411～430。
〔註103〕張廷玉等，《明史》，卷326，〈外國傳七〉，頁8460。另參閱沈德符，《萬曆野獲編》，〈大西洋〉，頁2065～2069。
〔註104〕張維華，〈南京教案始末〉，頁493～519。
〔註105〕徐昌治輯，《聖朝破邪集》，卷1，頁6a-b。
〔註106〕徐昌治輯，《聖朝破邪集》，卷1，頁6b～8a。
〔註107〕沈㴶，〈參遠夷三疏〉，《聖朝破邪集》，卷1，頁16a-b。

邪教時，理直氣狀地陳述：

> 自西洋利瑪竇入貢，而中國復有天主之教。不意留都王豐肅、陽瑪
> 諾等煽惑百姓不下萬人，朔望朝拜，動以千計。夫通夷有禁，左道
> 有禁，使其處南中者夜聚曉散，效白蓮、無為之尤，則左道之誅，
> 何可貸也？〔註108〕

這段文字直接指責耶穌會士傳教活動的非法性，也間接反映了明代帝王及士
大夫的刻板印象中，歷史上以白蓮教為首的秘密教派從創生到起事的特殊性
格。我們知道，明初自太祖詔禁白蓮等「邪神妖道」，申令「凡師巫、假降邪
神」、「及妄稱彌勒佛、白蓮社、明尊教、白雲宗等會，一應左道亂正之術；
或隱藏圖像、燒香集眾、夜聚曉散、佯修善事、扇惑人民，為首者絞，為從
者各杖一百，流三千里」，〔註109〕長時期採取拘捕或屠殺的手段，壓制白蓮教
眾的擴散。然而，蘊生於民間通俗化的白蓮、彌勒信仰結構，逐漸輾轉分化
為各秘密宗教的組織形式。教主們動輒稱帝居王，終明之世，前仆後繼、叛
亂不絕；其間也屢遭查禁，難見容於各朝統治者。〔註110〕茲以萬曆四十三年
（1615）六月禮部「請禁左道以正人心」一事為例，奏文中宣稱：近來帝國
內部多處僧道聚眾談經，「如紅封教、羅教、悟明教、大成無為教等皆諱白蓮
之名，實演白蓮之教」，若不儘速嚴屬禁止，恐「禍將今日」。〔註111〕由此可
以想見，余懋孳在此強調天主教士仿效白蓮、無為等異端左道「夜聚曉散」
的不詭行為，影射其違反一統秩序中的君臣絕對倫理，也是對於帝國內部有
效統治的潛在威脅，隨時具有顛覆社會正常運作的可能性。此說對於耶穌會
士在中國的傳教活動，極具殺傷力。

　　南京教案前後，堅持春秋大義、用夏變夷與夷夏之防的反教聲浪，以及避
免「淪中國以夷狄之風」的呼聲，〔註112〕林林總總、此起彼落。沈潅、余懋孳
等人的參夷論述及反教宣言，一再被反教人士奉為圭臬。到了萬曆四十八年
（1620）陳懿典序沈潅《南宮署牘》時，也大肆附和這樣的看法：

〔註108〕《神宗實錄》，卷547，萬曆四十四年七月戊子條，頁10369。

〔註109〕高舉等，《大明律集解附例》，卷11，〈禁止師巫邪術〉，頁934。此律文如與
　　　　反教人士的論述相互比對，自可明白其指涉蘊涵。

〔註110〕戴玄之，〈明清時代的白蓮教亂〉，《中國秘密宗教與秘密會社》，頁188～190；
　　　　王爾敏，〈秘密宗教與秘密會社之生態環境及社會功能〉，頁33～59。

〔註111〕《神宗實錄》，卷533，萬曆四十三年六月庚子條，頁10094～10095。

〔註112〕徐從治，〈會審鍾鳴仁等犯案〉，《聖朝破邪集》，卷2，頁17a。

> 毋如西洋夷人一事，夫天下之患，其來有端，其成有漸，……夷人
> 王豐蕭等，據律參奏，盡法驅逐，意正在此。或云……一統無外，
> 何所不包荒？又云夷人窺天之器殊巧，適當修正曆法之際，或可參
> 用。……彼夷妄稱大西洋，且不奉其主箋表，潛跡闖入兩都，與重
> 譯來王不同。〔註113〕

陳懿典基於國家安全與社會安定的考量，以傳教士妄稱大西洋且潛跡南、北
兩京爲辭，將他們摒除在一統無外、重譯來王的天下秩序思維之外。他提醒
眾人留意「方今宇內多故，疆事叵測，皆坐于見端不早，積漸不防，以養無
窮之禍」。〔註114〕陳懿典極力宣揚嚴華夷之防以衛國安民的必須性，正體現了
前述大明一統天下意識的兩面性。

在一片抨擊西學和西教的氣氛中，西方地理知識的內容與其性質也遭致
波及。利瑪竇雖曾針對此個中環節而有所因應，仍不免受到某些堅持正統天
下觀念的士大夫強烈的責難。〔註115〕萬曆年間，建寧松溪人魏濬所撰〈利說
之荒唐惑世〉一文，頗足以表達這些反對西方地理知識者的認知和心態。該
文開宗明義指責「近利瑪竇以其學說惑眾，士大夫翕然信之」，緊接著關駁利
著中文版世界地圖的內容：

> ……所著輿地全圖，及洸洋宵渺，直欺人以其目之所不能見，足之所
> 不能至，無可按驗耳，眞可謂畫工之畫鬼魅也。毋論其他，且如中國
> 於全圖之中，居稍偏西而近于北，……中國當居正中，而圖置稍西，
> 全屬無謂，……焉得謂中國如此蕞薾，而居於圖之近北？〔註116〕

魏濬顯然秉持華夏獨居世界地理中心的天下觀，批評利瑪竇世界圖的內容直
似「畫工之畫鬼魅」般的無可考稽。爲了強化中國當居世界中心且幅員遼闊
的論點，魏濬更舉出古往今來有關天文地理測驗成果的例證：一、如試著在
夜分時仰觀天象，可以看到北極樞星位在子分，從這個觀察結果可以推論，
中國自當位居天下正中；二、自古以來認定陽城處於天地之中，因此通地與
海的中心應該就在陽城；三、金幼孜《北征錄》記載永樂時期他從駕親征蒙

〔註113〕陳懿典，〈南宮署牘序〉，《聖朝破邪集》，卷1，頁2a～3a。
〔註114〕陳懿典，〈南宮署牘序〉，頁4a。
〔註115〕我們可以說，這是種「普朗克（Max Planck）效應」——要說服反對者，是
　　　　相當困難的。轉見於 Thomas S. Kuhn, *The Structure of Scientific Revolutions*, p.
　　　　151.
〔註116〕魏濬，〈利說荒唐惑世〉，《聖朝破邪集》，卷3，頁37a～38b。

古，三月八日抵達鳴鑾一帶，戌夜時目睹北斗星正直頭頂；〔註 117〕四、春秋二分日躔行至黃赤道的交點，正好位居南北的中心；五、交趾以南北方門戶可以望見太陽，所以稱作日南。元代至元間陳孚出使交趾，二月初三日傍晚看見新月在天頂中心；六、從陽城仰觀北極出地三十六度，南極入地三十六度，北至朔方出入度數五十，南至交廣出入度數二十，由此可見，南北地域相距甚遠。〔註 118〕根據這幾項論證，魏濬最終譴責利瑪竇：「其肆談無忌若此，信之者乃謂其國人好遠遊，斯非遠遊者耶？談天衍謂中國居天下八分之一，分爲九州，而中國爲赤縣神州，此其誕妄，又甚於衍矣！」〔註 119〕

　　魏濬文中所舉鄒衍談天的典故，係出自司馬遷《史記》卷七十四〈孟子荀卿列傳〉記載戰國時齊人鄒衍「以爲儒者所謂中國者，於天下乃八十一分居其一耳。中國名曰赤縣神州，赤縣神州內自有九州，禹之序九州是也，不得爲州數。中國外如赤縣神州者九，乃所謂九州也」的說辭。〔註 120〕後世窮究大九州說的源頭，多引據《史記》的記載以爲嚆矢。從司馬遷評「其語閎大不經」以降，歷代知識份子或質疑鄒衍的說法流於虛妄夸誕、迂怪荒謬。尤其相對於《尙書・禹貢》記夏禹分天下爲九州說法的「天經地義」，大九州說不免具有「離經叛道」的嫌疑。〔註 121〕歙縣人吳中明爲利瑪竇輿地全圖題序時，曾提到類似的看法：「鄒子稱中國外如中國者九，裨海環之，其語似閎大不經」。〔註 122〕而京山人李維禎（1547～1626）序程百二《方輿勝略》時援依《大明一統志》的體例安排，衡量「化外之人」利瑪竇分天下爲五大洲的主張，以至於世界圖上產生狹小中國版圖的現象，直似大九州說般的荒誕弔詭。李維禎與前述魏濬批判西方地理觀念的見解，如出一轍：

〔註 117〕原文見金幼孜，《金文靖公北征錄》，卷上，頁 8b～9a。
〔註 118〕魏濬，〈利說荒唐惑世〉，頁 37a～38b。在前舉的這些條目內容中，夏都陽城（洛陽）是中國古代觀測天象暨測量日影的所在地，傳統上曾被認定爲天下中心。如瞿式穀在〈職方外紀小言〉中所謂：「嵩高河洛，古所謂天下之中耳；自嵩高河洛而外，皆四夷也」。《天學初函》，第 3 冊，頁 1299。根據學者金祖孟的研究，陽城爲天地之中的說法，主要脫胎自渾天說系統中的直覺假定。金祖孟，〈渾天說的興起與衰落〉，頁 164～175；金祖孟，〈三談《周髀算經》中的蓋天說〉，頁 112～113。
〔註 119〕魏濬，〈利說荒唐惑世〉，頁 38b。
〔註 120〕司馬遷，《史記》，卷 74，頁 2344。
〔註 121〕桓寬著，王利器校注，《鹽鐵論校注》，卷 9，〈論鄒〉，頁 551～552；王充撰，黃暉校釋，《論衡校釋》，卷 11，〈談天〉，頁 469～484。
〔註 122〕利瑪竇，《坤輿萬國全圖》。

> 抑余嘗觀司馬騂驩衍作迂怪之談，列中國名山大川、廣谷禽獸，水
> 土所殖、物類所珍，因而推之及海外，人所不睹。謂中國於天下八
> 十一分之一耳，王公大人奇其言而尊事之。頃有化外人利西泰爲山
> 海圖，狹小中國，略與衍同。〔註123〕

《國榷》作者浙江海寧人談遷（1594～1657）則懷疑利瑪竇等人的來龍去脈，以及他們的言論活動對於大明中國所可能造成的威脅。除了呼應沈淮的批評之外，談遷也抱持著存疑的態度看待西方地理知識，駁斥其相較於「鄒衍談天」之誕，更不足以徵信：

> 利瑪竇謂航西海二年達廣南，今其徒不絕，抑皆自歐邏巴而至者乎！
> 地果遠、海果廣，雖發未即至，至未即源源而來。沈文定所謂佛郎
> 機人，理或有之。……鄒衍談天，在中國已誕其說，況域外恢奇之
> 士乎！安盡徵信哉！〔註124〕

魏濬等人的批評，大致反映出中國天下意識與耶穌會士西方地理知識之間衝突的關鍵所在，其間不乏帶有訴諸「人身攻擊」的意味。他們反對世界圖上中國地理位置的偏差，恰好呼應了利瑪竇的觀察：「他們認爲天是圓的，但地是平而方的，他們深信他們的國家就在它的中央，他們不喜歡我們把中國推到東方一角上的地理概念」。〔註125〕整體而言，晚明士紳質疑地圓、五大洲世界地理的種種論述，恰如萬曆三十六年（1608）八月二十二日利瑪竇撰於北京的〈致羅馬總會長阿桂委瓦神父書〉中，極度憂心中國士人目睹世界圖時，所可能產生的觀念矛盾：「正如有些知識淺薄的人，認爲把中國繪的太小了，只佔世界的一角，中國至少應佔地球的一半，因爲他們沒有地理觀念」。〔註126〕利瑪竇的預言，不啻一語成讖。

　　西方地理知識與中國天下觀念的矛盾及糾紛，隨著明帝國內外與日俱增的不安情勢，導致連鎖反應，愈演愈烈。崇禎九年（1636），皇太極立國號爲大清，建元崇德；十二月，張獻忠部隊攻陷應城。翌年，張獻忠復率軍進擊安慶；十月，李自成軍攻入四川。〔註127〕這一年（1637）前後，艾儒略在福建地區擴大展開傳教工作，不料引起地方官紳的強烈反彈，當地佛教徒也與

〔註123〕李維楨，《大泌山房集》，卷15，〈方輿勝略序〉，頁1b。
〔註124〕談遷，《國榷》，卷81，頁5021。
〔註125〕《利瑪竇中國札記》，頁180。
〔註126〕《利瑪竇書信集》，頁389。
〔註127〕計六奇，《明季北略》，卷12、13，頁192～193，197，209，213～215。

士大夫撻伐天主教的行徑相互呼應，極力主張將傳教士驅逐出一統帝國的版圖之外，最終釀成崇禎十至十二年間（1637～1639）的「福建教案」。〔註128〕

　　始作俑者，可溯自崇禎九年（1636）漳州霞漳人黃貞（天香）藉《破邪集》一書發難（後收入《聖朝破邪集》卷三）。他以維持「天下萬世人心」暨「儒家聖學道統」自期，大舉攻擊以艾儒略爲首的西洋傳教士在福建的活動及其教義。黃貞在〈破邪集自敘〉中鄭重宣稱：「歷窺彼夷亂華機局，眞能使智者愚，賢者不肖，士庶同迷，貴賤共惑。五胡之禍，未堪匹比」。〔註129〕這段論述，似乎也透露出當時明帝國北防警危、境內流寇肆虐的境況，藉此作爲堅守中華正統以嚴夷夏之防的精神武裝。在此之後，浙江海鹽人徐昌治遵照其師費隱禪師（1593～1661）的指示，於崇禎十二年纂輯《聖朝破邪集》八卷，例言中伸張「破邪之急於拯焚溺」，痛斥天主教「以似亂眞，貶佛毀道，且援儒攻儒，有不昭其罪、洞其奸，彰灼其中禍于人、流害於世，胥天下而膺之、懲之不已者」。〔註130〕這部書集結了萬曆至崇禎時期的各路反教訊息，並迅速於次年刊刻流布。

　　此前未久，因天啓二年（1622）五月起有山東白蓮教主徐鴻儒僞稱「中興福烈帝」，率眾倡亂，連陷諸縣，〔註131〕導致福建教案前後，士大夫及佛教徒將天主教視爲其倍於白蓮、無爲妖邪亂行的觀點，屢見不鮮。天啓六年（1626）後，原以呂宋爲據點的西班牙人陸續進據臺灣北部雞籠、淡水一帶，反教人士鑑於東南海防堪虞，更激起敵愾同仇的情緒，以至於聲揚各種嚴夷夏之防的論點。〔註132〕以張廣湉〈闢邪摘要略議〉爲例，其文一本「我太祖掃清邪氛，混一寰宇，開大明於中天，四方莫不賓服，威令行於天下」的正統觀念，抨擊傳教士入室操戈的不軌行徑，指稱：「近有外夷自稱天主教者，言從歐邏巴來，已非向所臣屬之國。然其不奉召而至，潛入我國中，公然欲以彼國之邪教，移我華夏之民風，是敢以夷變夏者也」，〔註133〕庶幾道出了當時質疑及反對者的普遍心態。

〔註128〕潘鳳娟，〈西來孔子──明末入華耶穌會士艾儒略〉，頁39～44。
〔註129〕黃貞，〈破邪集自敘〉，《聖朝破邪集》，卷3，頁22a。
〔註130〕徐昌治，〈闢邪題詞〉，《聖朝破邪集》，頁2a～3b。
〔註131〕《熹宗實錄》，卷22，天啓二年五月丙午條，頁1098；卷38，天啓三年九月庚子條，頁1953～1954；谷應泰，《明史紀事本末》，卷70，〈平徐鴻儒〉，頁784～787。
〔註132〕見《聖朝破邪集》卷3至卷8各篇。
〔註133〕引自《聖朝破邪集》，卷5，頁28a。

　　山陰人王朝式則遠紹沈㴶的驅夷先見，近推黃貞的破邪言論，強烈呼籲：若不根絕天主教的傳播，則「我國家廟社之憂不可言耳」。如果放任其「日蔓月延、潛伏爲患」，以至於用夷變夏，毀壞傳統的倫常分際，後果將不堪設想，「不舉我中國君師兩大權，盡歸之耶穌會裡；大明一統之天下，盡化爲妖狐一窟穴不止也，岦乎殆哉！……則視我君父大倫，爲邪說所破壞；中國大聖人事天享帝之文，爲么麼所竊侮」。〔註 134〕崇禎十一年，泉州溫陵人黃廷師在〈驅夷直言〉中，將利瑪竇、艾儒略與「邪說邪術」、「誘惑鄰國」的佛郎機等同而視，最後強調「孟子曰：吾聞用夏變夷，未聞變於夷者也，謹揭之以防猾夏之漸」。〔註 135〕同年，霞漳人蘇及宇於〈邪毒實據〉中抨擊「艾儒略等，夷人也，自萬曆間入我中國，有識者窺其立心詭異，行事變詐」。他感嘆當今天下芸芸眾生莫能詳察其奸，於是一一揭舉教士們的「邪毒惡行」，以資聲討：

> ……此夷詐言九萬里，夫詐遠者，令人信其無異志，而不虞彼之我吞耳。不知此番機深謀巧，到一國必壞一國，皆即其國以攻其國，歷吞已有三十餘，遠者難稽其蹤。〔註 136〕

欲加之罪，何患無辭。遠道而來的利瑪竇、艾儒略向中國士人介紹西方地理知識之際，逐次將中國相去歐洲距離提升的作法，〔註 137〕反倒成了反教人士抨擊的口實。《聖朝破邪集》中基於華夏中心／夷夏之防的意識形態批駁西方地理知識的文字，舉要如卷四收錄浙江德清縣人許大受的〈聖朝佐闢〉，文中作者質疑耶穌會士們的來歷：

> 夫堂堂中國，豈讓四夷！……彼詭言有大西洋國，彼從彼來，涉九萬里而後達此。按漢張騫使西域，或傳窮河源抵月宮，況是人間有不到者。《山海經》、《搜神記》、《咸賓錄》、《西域志》、《太平廣記》等書，何無一字紀及彼國者？……萬萬無大西等說，豈待智者而後知哉！〔註 138〕

許大受撫今追昔、引經據典，憑藉中國歷代輿地外紀的記載，僅因各書內容無一字記載該國且無大西等說，便一筆抹煞世界地理中大西洋國存在的可能。他堅持中國學術本位的立場，認爲傳教士所謂大地圓體與其浮海東來、

〔註 134〕王朝式，〈罪言〉，《聖朝破邪集》，卷 3，頁 25a～27b。
〔註 135〕黃廷師，〈驅夷直言〉，《聖朝破邪集》，卷 3，頁 29a～31b。
〔註 136〕蘇及宇，〈邪毒實據〉，《聖朝破邪集》，卷 3，頁 33a。
〔註 137〕參閱前揭林東陽〈利瑪竇的世界地圖及其對明末士人社會的影響〉的論點。
〔註 138〕許大受，〈聖朝佐闢〉，《聖朝破邪集》，卷 4，頁 1b～3b。

周遭地輪的說法，皆子虛烏有、無從考據：

> ……夷技不足尚、夷貨不足貪、夷占不足信。……而謂某處與某處
> 足踵相對。今其書所列，其可知者，不過吾儒已陳之詮；其不可知
> 者，皆一無考據者耳。……又言人民所居之土，浮於水面，更屬最
> 小；……又謂渠從日邊來，幾乎灼死。〔註139〕

許大受因人廢言，在這幾項前提下，對於耶穌會士們所宣傳的西方世界地理
知識，整體評語爲：「其言無稽且無理，其爲幻妄天地也，又豈僅如譚理之佛
書哉！」換句話說，耶穌會士的說法在他的理解中，不過是一些牽強附會式
的夸誕之談。爲了深化反教論述的威力，許大受更緣引五行說中西方屬金的
類推依據，指責傳教士僭稱「大西」國人，乃隱含殺氣，圖謀不詭，進而借
題發揮，將天主教士的行事對比往昔五胡亂華的禍患，批斥其擾損大明正統，
有過之而無不及：

> ……有著闢佛書者，中有一則云佛說西方。西是金位，金是殺氣，
> 所以有五胡之擾。余曰：易傳曰乾爲天、爲金、爲寒、爲冰，則乾
> 亦殺氣耶！今彼夷因我大明，而僭號大西；大西者，獨非大殺乎！
> 竊謂五胡殺亂主，而彼直殺聖師及古聖帝。五胡偶亂華，而彼直舉
> 從來之中華，以永遜於彼夷之下，其所殺有何窮矣！〔註140〕

「大西者，獨非大殺乎」，一語驚人，怎不教中國人士深自警惕傳教士的居心！
這正是許大受「內華外夷」論述的終極用意。《聖朝破邪集》卷六另載〈誅夷
論略〉一文，作者武安人林啓陸亦不滿利瑪竇中文版世界圖中的圖解說明，
詆喻爲徒托空言般的「謬理」：

> ……不知此輩之論天文地理，……謂地形如雞旦黃精，上下四旁，
> 人可居住；足踵相對，人可旋轉而走，遂以本天親上，本地親下。
> 此二語，謬會其理以欺愚頑，……又云彼嘗從日邊來，利瑪竇嘗旋
> 轉一週，……〔註141〕

林啓陸指責地圓觀念及耶穌會士航海經歷的妄誕不倫，斥稱「乃利瑪竇何物，
直外國之一狡夷耳，詐稱大西洋航海而來，間關八萬里。自萬曆年間，因奸
細引入我大明，倡天主之教，欺誑君民，毀裂學術」，抑且憎惡「此輩奸佞之

〔註139〕許大受，〈聖朝佐闢〉，頁36a～38a。
〔註140〕許大受，〈聖朝佐闢〉，頁31b～32a。
〔註141〕《聖朝破邪集》，卷6，頁4b。

甚，實亂人國。來王者彼反而王我，變夷者我反變于夷矣」。〔註142〕林啓陸的「誅夷」論述，正是無地非中／華夏中心相互衝突的典型。類似此種典型的觀念矛盾和意識衝突，復可見於西甌李王庭〈誅邪顯據錄〉一文。作者除了宣稱「我太祖高皇帝定鼎胡元，從古得天下之正，未有匹之者也，故建號大明，名稱實也」，同樣引據五行生剋消長之大義，推闡大明天下秩序的倫常分際，強烈批評傳教士的無端僭越：

> 何物么麼輒命名大西！抑思域中有兩大否？此以下犯上，罪坐不
> 赦。旋于大字下，以西字續之，隱寄西爲金方兵戈之象，則其思逞
> 不軌潛謀之素矣！抱忠君愛國之心者，可不寒心哉！〔註143〕

李王庭以衛道者的姿態，以古鑑今，諄諄告誡中國人士「用夏變夷」的正統性：「堂堂大明堪令小醜亂華乎！願我輩思古之至人高致妙用，如殷箕子陳範而居朝鮮，吳泰伯端委而行周禮于荊蠻。所謂用夏蠻夷，實在吾徒，甚勿爲異端所惑」。〔註144〕李王庭的聲明，具體呈顯晚明士紳面臨西學東漸的現實局勢，所連帶衍生出的危機意識。除此之外，如釋費隱在〈揭邪見不循本分以三魂惑世〉中根據君臣絕對倫理的天下觀念，批評「利瑪竇迷于本心，失于本性，理必悖常逆倫，致君爲愚，使臣不忠，而上下不和，凡天下之事悉皆倒置，必自利瑪竇輩，向外多事不循本分之故也」。〔註145〕智旭（俗名鍾始聲，1599～1655）則於崇禎十五年撰成的〈天學再徵〉中，基於佛教徒的立場，逐一針對耶穌會士的闢佛之論、西方地理觀念及其遠來歷程，提出辯駁和質疑：

> 若謂佛出西域，此間無人見聞，便稱爲謬；則汝出大西，此間尤無
> 人見，不尤謬乎？佛書從天竺來，汝則以爲誤取；汝謂九萬里來，
> 誰知其非說謊乎？汝既孤身至此，去家已遠，歷年已久，何緣與汝
> 交者，猶有本國異物贈之？〔註146〕

從以上的論證顯示，「無地非中」的西方地圓、五大洲洋觀念在晚明知識界的傳播過程中，往往牽動了包括大明帝國政治秩序及文化意識的的糾紛。其間的矛盾所在，如據法國漢學家謝和耐（Jacques Gernet）的說法，此不特揭示

〔註142〕《聖朝破邪集》，卷6，頁1b，6a。
〔註143〕鍾始聲輯，《闢邪集》，卷下，頁18a。
〔註144〕鍾始聲輯，《闢邪集》，卷下，頁19a。
〔註145〕鍾始聲輯，《闢邪集》，卷下，頁12a。
〔註146〕鍾始聲，〈天學再徵〉，《闢邪集》，卷上，頁13b～14a。

了天主教士與天朝士人「兩種觀念體系的基本差異」。〔註147〕返觀熊人霖在
《地緯》中處理世界地理知識與傳統天下意識之間相互關係的方式，也可以
由此層面，理解其在明清之際西方地理知識東漸史上的特殊性。

第三節　熊人霖的認知及其調整方式

　　西方地理新知與中國天下意識之間的相互糾葛，主要牽涉到中國在地
圓、五大洲世界的定位問題。本節嘗試從觀念涵化（acculturation）的角度，
分析熊人霖如何在《地緯》的世界地理書寫中，技巧性地調整全書整體的思
維結構，以化解西學知識與傳統觀念之間的矛盾所在。其步驟主要涵括：一、
建構大明一統的至高權威形象，二、地圓之上／五大洲中／皇明一統的調適。

一、中國在地圓、五大洲世界的定位問題

　　中國在地圓、五大洲世界的定位問題，主要來自於傳統深具政治化與倫
理性色彩的地理觀念與大一統的理想相互強化的結果，形成一種幾近神聖化
的意識形態。這類的意識形態，展現出自古中國人對於世界秩序的基本認
知，並因而傾向於抗拒外來新知對於固有價值體系的改變。〔註148〕堅持大
明一統天下意識的晚明士紳，對於西方地理知識的內涵每難以釋懷，其關鍵
便在於域外新知與天朝立國於世界中心的至高權威觀念，相為牴觸。〔註149〕
傳統上被認為天經地義、不證自明的天下觀念，與耶穌會士訴諸學理配合實
測經驗的世界地理論證，適成一鮮明的對比。尤其令某些士大夫難以接受的
是，「托言從大西來」〔註150〕的利瑪竇、艾儒略輩，「所自述彼國風土、物
情、政教，反有非中華所及者」。〔註151〕據學者陳衛平的分析：耶穌會士所
傳入的西方世界地理概念，在思想觀念上撼動了中國相沿成習的夷夏傳統，
具體表現在如下的三個面向，頗值得我們參考：
　　一、地球為圓形的學說衝擊了「中國獨居天下之中，東西南北皆夷狄」

〔註147〕Jacques Gernet, *China and the Christian Impact: A Conflict of Culture*, p. 5.

〔註148〕甄國憲，〈中國古地理觀對中國地圖發展史的影響〉，頁 134。

〔註149〕郭永芳，〈西方地圓說在中國〉，頁 155～156；洪健榮，〈明末西方地理新知
　　　　與中國天下觀念的矛盾〉，頁 213～256。

〔註150〕釋大朗，〈刻闢邪集序〉，《闢邪集》，卷上，頁 1a。

〔註151〕乾隆十二年敕撰，《皇朝文獻通考》，卷 298，〈四裔考六〉，頁 713。

的偏見。

二、關於五大洲的知識衝擊了「中國即天下」的狹隘觀念。

三、對於西方典章制度、文化教育的介紹衝擊了「夷夏之別，在於文野」的陳舊界限。〔註152〕

陳衛平的論述，主要是針對西方地理新知對於傳統觀念的衝擊層面而言。然而，若是基於晚明中國士紳的立場加以反省，我們可以看出，他們質疑或批駁西方地理知識的緣由，大多是基於傳統天下觀念的三個基本點所作的發揮：

一、地理上的方位意義：中國位置應在天下中心，版圖當為世界之最，不該只是地圓之上、五大洲中偏處於一隅的一小部份。

二、文化上的夷夏區別：中國文教自是聲威遠播、獨領萬國，朝貢屬國和化外之地無可比倫，絕非歐邏巴諸域所能並駕齊驅。而傳教士藉行天主教，妖言惑眾，此用夷變夏的舉動，直接威脅到天朝教化四裔（用夏變夷）的文化價值觀。

三、政治上的君臣倫理：大西諸國自立為君，久未臣服於大明天朝秩序，朝貢無實，來歷可疑，不乏勾結「佛郎機」人的嫌疑（或者本身就是佛郎機人），以下亂上，有悖君臣倫理。

質言之，這些論述的焦點，係執著於大明帝國在地圓、五大洲洋世界的定位問題——包括地理、文化及政治上相連一體、此呼彼應的糾葛，也就是說，他們共同關注的根本在於：中國在哪裡！？

在中西方兩種不同歷史文化背景的知識社群裡，觀念移植或滲透的順利與否，牽涉到傳播者與接觸者雙方面在各自價值系統上的調整。〔註153〕《地緯》作為一部整體介紹世界地理知識的作品，作者熊人霖如何面對天下意識所可能引發的糾葛，並考慮中國在地圓、五大洲世界的定位問題？本書第三章探討《地緯》中世界地理知識的呈現時曾指出，書中的世界地理知識內涵實際包括了明代傳統輿地著述對於域外、海外知識的見聞，以及耶穌會士傳入中國的西方地圓、五大洲地理知識，《地緯》兼備兩者，然而，這兩者之間顯然存在著某些政治立論或文化預設上的歧異，分別表露出各自理想中的世界權威。《地緯》以中國為世界政治文化的最高權威，《職方外紀》則以歐洲天主教世界為先進，這兩種地理知識體系如何同置一書之中，卻能化解彼此間的隔閡甚至衝突？我們在

〔註152〕陳衛平，《第一頁與胚胎——明清之際的中西文化比較》，頁81～84。

〔註153〕葉曉青，〈西學輸入和中國傳統文化〉，頁7～24。

第四章論述《地緯》的宇宙論時，曾探討該書基於大地圓體的衍申，配合傳統陰陽五行說的自然化育論，構成其整體詮釋五大洲世界之天、地、人關係的基礎。在傳統思維與地理新知的關聯取捨之間，似乎透露出，熊人霖有其自我的思維調整，此一調整，反映在他如何在《地緯》中將大明中國納入新的世界格局，解除其間可能存在的矛盾問題上。歸根究底，熊人霖主要是採取大明一統天下秩序的觀念，來統攝地圓和五大洲世界地理的事實。

二、建構大明一統的至高權威形象

　　熊人霖《地緯》的內容承襲了《職方外紀》介紹西方地理新知的取向，然而，在《地緯》全書的思維架構中，對於幼受儒學薰陶，「十一即尋究《性理》、《皇極經世》諸書」，[註154] 而且「識力宏遠」的他而言，[註155] 則有基於中國傳統地理觀念及儒學本位立場的體認及感觸，對於西方地理知識與中國天下意識之間的關係另有安排。

　　熊人霖在〈地緯敘傳〉中，曾追溯中國輿地經典的傳統，包括《尚書‧禹貢》、《詩經‧國風》、《山海經》、《周禮》的脈絡，一路鋪陳至明代相關海外地理傳述的盛況，最終呈顯《地緯》一書的源流及其特殊性：

> 緯形禹貢，俗著國風，嗟若海外，縣隔不通，山經放云，訓方靡容。
> 天子明聖，化暨無窮，重譯慕義，自西徂東，獻其圖經，象擁理瑩，
> 具論于篇，以備採風，述地緯。[註156]

熊人霖自謂在「以備採風」的動機驅策下，著述《地緯》以介紹五大洲世界地理知識，而晚明入華耶穌會士的世界圖解著述，在熊人霖的心目中，無非是「自西徂東，獻其圖經」。如就中國傳統地理觀念而言，一國的圖經具有代表領土主權的作用，或可說是國家或地區政權的具體象徵。因此，四裔朝貢併獻圖經，往往蘊涵著獻地稱服以為藩屬的意義。[註157] 例如，《戰國策》中記載燕太子丹為除秦國「盡天下之地，臣海內之王者」的野心，遂遣荊軻「獻燕之督亢之地圖」以接近秦王而至「圖窮匕見」，[註158] 此一流頌千古而膾炙人口的故事，

〔註154〕轟當世、謝興成等，《進賢縣志》，卷15，〈人物志‧良臣〉，頁1268。
〔註155〕胡維霖，〈笙南草小引〉，《南榮集‧詩稿原序》，頁4b。
〔註156〕熊人霖，〈地緯敘傳〉，頁1a-b。
〔註157〕曹婉如，〈中外地圖交流史初探〉，頁289；王成祖，《中國地理學史（先秦至明代）》，頁73。
〔註158〕劉向集錄，《戰國策》，卷31，〈燕太子丹質於秦亡歸〉，頁1131～1142。

正透露出獻圖經的行爲在地理觀念上的政治意涵。換句話說，熊人霖認爲，由於明季耶穌會士梯航來華呈獻五大洲世界地理圖經，令西方政情爲大明帝國所掌握，彌補了往昔中國傳統地理著述「嗟若海外，縣隔不通，山經放云，訓方靡容」的缺憾，〔註159〕使得明聖的大明天子，得有發揮「化暨無窮」的契機。前述熊人霖的想法，無非是傳統王者無外／四夷朝貢信念的具體展現。

熊人霖由此觀點出發，認爲西方世界地理知識的呈現，足可拓展明代政治文化的勢力範圍。由於大明帝國聲威廣被天下，世界諸國慕義而來，造就西士獻圖的局面。類似的觀念亦反映在〈地緯繫〉中的敘述：

> 千古幅員之大，其惟我明乎！荊揚當九州之半，而禹貢裔土視之。三代要服荒服，來去靡常。漢取閩越朱崖，不能用其民，至舉江淮之民實閩越，而終棄朱崖。張騫之奉使絕域，亦卒不能外盡地界。隋唐號稱強盛，然朱寬有不譯之都，顏師古有未圖之國。宋微甚。元雖統一，而倭奴諸國，終元世不貢，且冠帶之民，淪矣。我明太祖不階尺土，乃克復燕雲于日月，闢越裳以西南，東漸于海，履及河源。〔註160〕

從這段文字中，我們更可體會其承續皇明一統天下意識的鮮明色彩。在熊人霖的心目中，中國自三代以降，歷經漢、隋、唐、宋各朝的經營，疆域擴張依舊有限。即使號稱一統的大元帝國政權，其聲威仍未廣被天下，如「倭奴諸國，終元世不貢」，更何況「冠帶之民」淪於入主中原的異族統治，皆難以媲美千古幅員至大，驅逐元代異族及興復華夏正統的大明帝國。熊人霖進而稱頌明太祖朱元璋開疆拓土之功，「三代以後，道統在下也，則我太祖之功之德，巍巍乎其幾無間然矣」，造就了大明帝國的空前盛世，〔註161〕並且認爲明代中國文化政教興盛，不特爲天下萬方之宗。如《地緯》第二篇〈大瞻納總志〉中提到：

> 天地所合，四時所交，聖哲迭興，道法大盛，東西盡冠蓋之民，南北極寒暑之和，地勝物豐，實萬方之宗也。〔註162〕

有鑑於斯，《地緯》所呈現的五大洲世界地理知識內容，仍多以明代中國爲至高的權衡基準，該書援用蠻、夷、戎、狄的傳統觀念，描述邊裔相對於中國的地理位置，以及彼此間政教文化上的差距。這些差距之所以存在，其關鍵

〔註159〕「訓方」典出《周禮‧夏官》中記「訓方氏，掌道四方之政事，與其上下之志」。鄭玄注，賈公彥疏、陸德明音義，《周禮注疏》，卷33，頁610。

〔註160〕熊人霖，〈地緯繫〉，頁194b～195a。

〔註161〕熊人霖，〈地緯繫〉，頁194a。

〔註162〕熊人霖，《地緯》，頁10b。

在於中國道法大盛、地勝物豐且冠蓋雲集。因此，四裔殊方異國的俗尚物產，及其對明代中國「來朝闕下」的朝貢臣服與軍事交通關係，自然也就成為《地緯》通篇所關心的重點（參閱本書第三章第二節）。

自往古迄明代，大一統天下秩序往往是帝王將相的主觀願望中，應然的理想局面，不盡為實然的現狀反映。針對意識的層面而言，如果說傳統天下觀的最終理想是為了「合天下為一家」、「進世界於大同」的話，〔註163〕那麼，四裔與中國的關係雖存在著文化上的落差及地理上的隔閡，亦即傳統上「春秋內其國而外諸夏，內諸夏而外夷狄」的觀念，然而，這樣的界域在「王者無外」的大一統思維裡，卻非絕對性的劃分。當熊人霖推崇耶穌會士的言行學識（參閱本書第二章第二節），並採納其西方地理知識的同時，也延續了孔門儒學傳統中「戎狄而中國，斯中國之矣」的理念。熊人霖於〈地緯繫〉中指稱：

> 內其國而外諸夏，內諸夏而外四裔，其春秋之義哉！春秋之事也，記事則詳內而略外，若云義也，王者無外。古者五服為王臣，四裔為王守，島夷流沙，瀘人濮人，尚書所載，豈有外哉！戎狄而中國，斯孔子中國之矣。〔註164〕

既是王者無外，五服四裔只要臣服中國，共同維繫中國傳統天下秩序，政治文化上的分野，自可消弭於華夏一體的理想境界。熊人霖在此表達了一種諸夏與四裔之間互助互通的包容性，也摒除了狹隘的夷夏之防的觀念。大明作為一世界性的帝國，廣納四裔歸化來朝的作為，適足以體現其在政治文化及國際關係上的核心地位。熊人霖認為，由於明初自永樂五年（1407）後陸續設置四夷館事，持續進行朝貢貿易制度，因此造就了海外慕義甚至萬國謳歌的空前盛況：

> 明興置十三館，以處貢夷，厚往薄來，海外慕義，且令各邊修守戰之備，崇勿追之訓，而香山市舶，貫利同于遐方，豈不亦八荒為門閫，萬國謳歌者乎！〔註165〕

熊人霖稱頌大明帝國厚往薄來的作法，其思維重心依舊放在邊裔四海慕義來朝的意涵上。值得注意的是，在他建構大明一統至高權威形象之際，也連帶將地圓所展現的五大洲世界地理知識，納入中國傳統天下觀的思考架構中，因而轉化成為一種地圓之上／五大洲中／皇明一統的結構關係。

〔註163〕邢義田，〈天下一家——中國人的天下觀〉，頁 455～456。
〔註164〕熊人霖，〈地緯繫〉，頁 191b～192a。
〔註165〕熊人霖，〈地緯繫〉，頁 196a-b。

三、地圓之上／五大洲中／皇明一統的調適

　　熊人霖將世界地理新知，納入皇明大一統政治秩序的意識下，既闡明了立基於地圓之上的五大洲地理知識，也符合了中國傳統以天朝自居的天下觀，進而宣揚大明帝國的威盛。有所不同的是，如果說傳統中國天下意識係指基於天圓地方和中央四方所衍生的政治秩序觀念，那麼，熊人霖所詮釋的天下內涵，則已轉而接納大地圓體的概念。熊人霖在〈地緯繫〉中如是說：

　　　洪武、永樂以來，梯高山，航大海，朝貢者無慮數百國。而歐邏巴
　　　人絕九萬里來闕下，大地圓體，始入版圖，於都盛哉！夫幅員者，
　　　盡地之圓以爲幅也，非今日而孰能當此大名者哉！〔註166〕

在這段引文中，「來闕下」乃傳統朝貢制度的見解，而「大地圓體，始入版圖」之中「版圖」的涵義，係代表國家整體的統治疆域。〔註167〕如洪武五年（1372）五月太祖以天下一統而雲南尚未臣服，於是派遣翰林侍制王禕出使雲南，諭以「皇上聰明神聖，若亟奉版圖，歸職方，可保高爵厚祿，聲名俱全。奈何欲以一隅之地，與中國抗？」〔註168〕由此可以想見，熊人霖藉由版圖一詞的運用，來定位歐洲耶穌會士間關「九萬里」入華朝貢的行爲，此舉象徵著先前在中國職貢之外，同位於地圓之上的五大洲域各國，終究納入明代中國的管轄範圍內。緊接著，他以「盡地之圓以爲幅也」的詮釋，賦予「幅員」（廣狹爲幅，周圍稱員，疆域有廣狹與四至，故名）嶄新的內涵，意即大明帝國的統治疆域，自此不再僅限於地平五方，而是大地圓體。

　　此外，在前引文中「非今日而孰能當此大名者哉」的一句話，道出了身爲明代知識份子的熊人霖內心中的喜悅及嘆服。如此這般的雀躍之情，追根究底，實得自於他因緣際會地接觸到艾儒略《職方外紀》的機遇。就此層面而言，我們可以更加理解熊人霖在〈地緯自序〉中將《職方外紀》喻之爲「異哉所聞，考之不謬」，且迫不及待地著述《地緯》的心境和想法。

　　從《地緯》之〈形方總論〉揭示地圓之說開始，到五大洲、海洋分說各篇志的敘述，參諸〈地緯繫〉中的說法，熊人霖採納中西方地理知識合於一書的初衷，嘗試在世界地理知識內涵所呈現的政治情勢與文化氣氛中，尋得一共同

〔註166〕熊人霖，〈地緯繫〉，頁195a-b。

〔註167〕王成祖，《中國地理學史（先秦至明代）》，頁71～72；胡欣、江小群，《中國地理學史》，頁30。

〔註168〕高岱，《鴻猷錄》，卷6，〈廓清滇南〉，頁117。張燮《東西洋考》卷7〈餉稅考〉中有「然麟介窺我版圖」一語（頁103），同具此涵義。

秩序的歸趨點。也就是說，熊人霖不僅認為西方地理知識與中國天下意識未相違背，耶穌會士不遠數萬里東來「獻其圖經」，介紹地圓、五大洲諸國各地的情況，不但助長中國人士認識所處的大千世界，更具有拓展大明帝國勢力範圍的實質意義。五大洲世界各國的地理分佈及其政經發展，最終還是統整於大明一統的天下秩序中。中國至此不僅為「大瞻納」的宗主，更是五大洲世界的共主。

　　中國傳統天下觀念主要包涵地理上的方位意義、文化上的夷夏區別與政治上的君臣倫理等三個層面。熊人霖認為，明代中國即使面對的是地圓、五大洲的嶄新世界，但依舊維持著世界政治的至高權威地位，仍然是世界文化的中心。地理上「無處非中」的事實，莫可動搖大明天朝「華夏中心」、「華夷一統」的國際地位。外在現實的地理環境縱然有所改變，主觀意識中的天下秩序仍為常態關係。「大地圓體，始入版圖」，實可理解其延續傳統「大明當天，窮荒極壤，咸在照臨」、〔註169〕「際天極地，罔不臣服」的天下意識，進而展現在世界地理新知的內涵上。此種吸納並轉化西方地理知識的思辯過程，試以圖示如下：〔註170〕

圖 5-1：熊人霖《地緯》中天下意識之剖析圖

〔註170〕圖 5-1 的繪製構想，主要得自於甄國憲〈中國古地理觀對中國地圖發展史的影響〉所附中國傳統地理觀與天下文化政治觀耦合圖（頁134），茲摘錄於下，作為參考。筆者認為，若將此圖中「封閉的地理環境」調整為「相對封閉的地理環境」，將「狹小地理觀」改為「中央地理觀」，或許更為恰當。

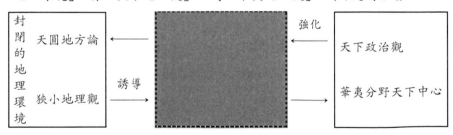

　　熊人霖摒除地理上絕對中央的方位意義，強調文化上華夷一統、天下一家，以及頌揚政治上王者無外、四夷賓服暨萬方朝貢的理想與實際。〔註171〕在《地緯》中，他妥善地調整傳統天下意識與西方地理知識之間的關係，折衷其間，因而呈現出地圓之上／五大洲中／皇明一統的結果。

　　回顧本書第三章所提到過的，《地緯》的體例架構並不存在傳統以夷戎蠻狄搭配東西南北的刻板格局。全書第二篇〈大瞻納總志〉中敘述中國在亞洲的位置，乃依《職方外紀》卷一〈亞細亞總說〉所云，「中國則居其東南」。〔註172〕另如第八十三篇摩刊的「輿地全圖」中，中國在全圖之東南方而非在中央（在全圖中央的是大西洋），其圖解說明中也提到「天地無處非中也」。〔註173〕如今，大地圓體既納入皇明版圖，五大洲天下已然成為「中國一體化」、「華夏秩序化」，中國在不在世界圖的中心，或是中國本土在世界圖中的面積大小，似乎也就無關緊要了。換句話說，中國不在「輿地全圖」的中央，〈大瞻納總志〉敘述中國位居亞洲東南疆域，此一為傳統士紳大加撻伐的主題，對《地緯》的書寫，似乎不構成強烈的意識糾結。熊人霖運用「大地圓體，始入版圖」的見解，消納了這個「異例」（anomaly），其主觀意識中的中國天下秩序，不再是「天圓地方的天下」，而是「地圓、五大洲的天下」，也因此化解了地圓、五大洲知識與傳統輿地觀念同置一書、並列而論之際，所可能產生的「危機」（crisis）。筆者在此借鏡西方科學哲學家孔恩（Thomas S. Kuhn）在《科學革命的結構》中所提「典範」（paradigm）的理論觀點：如果我們將地理中心／天朝自居的天下意識，視為傳統輿地學所具備的典範之「世界觀」（Weltanschauung）的形上意涵，那麼，熊人霖消納異例、化解可能危機的方式，在於他摒除傳統地理中心方位的前提，將天下意識集中在政治文化皇明一統的觀念裡，秉持傳統的政治意識形態，作為《地緯》中整體呈現世界地理知識的方法論基礎，透過技巧性的調整及選擇性的認知，維繫傳統地理著述的典範世界觀，並收化危機為轉機之效——在意識上，反而擴大了大明版圖及其政治文化勢力。〔註174〕

〔註171〕這樣的心態，頗似熊明遇於〈表度說序〉中的見解：「古未有歐邏巴通中夏，通中夏，自今上御曆始」；他認為傳教士星槎絕海東來的目的，係為「抱圖史以觀光」。《天學初函》，第5冊，頁2530。
〔註172〕熊人霖，《地緯》，頁10b。可比照《職方外紀》，卷1，頁1a。
〔註173〕熊人霖，《地緯》，頁186a。
〔註174〕Thomas S. Kuhn, *The Structure of Scientific Revolutions.* 有關孔恩典範論的論

這樣的思路，在崇禎十一年（1638）熊人霖初刻《地緯》自序的幾段敘述中，也可窺此端倪。全文開宗明義宣稱：

> 夫畫野分州，倜於黃帝；方敷下土，載自夏王，然且詳於北而略於南，寧必疏乎內以包乎外。是以越裳不登禹貢，郯子且列夷官，鄒衍之譚，詎能括地，章亥之步，豈合蓋天，何也？虛以實名，性爲形域，目窮於我，耳窮於人，又惡足以睹厥大全，彙茲曠覽者乎？〔註175〕

熊人霖首先提出中國地理疆域的源流，歸宗於傳統地理志書中標榜黃帝與夏禹分州定域的起始，本諸《尚書・禹貢》中記載「禹敷土，隨山刊木，奠高山大川」，〔註176〕以及《漢書・地理志》中記載「昔在黃帝，……方制萬里，畫野分州」的基礎。〔註177〕然而，熊人霖認爲，其間由於時代環境及歷史發展的因素，不免存在著「詳於北而略於南」的遺憾，至於鄒衍之譚或章亥之步，也不足以詳盡古往今來人們對於天地萬有的客觀知識。〔註178〕同時，這也牽涉到身處天地之間的芸芸眾生，先天上認知外在事物能力的主觀限制，目窮於我，耳窮於人，交互形成了傳統地理知識內涵的侷限。有鑑於此，熊人霖不免發出「惡足以睹厥大全，彙茲曠覽」的感慨。

筆者認爲，熊人霖基於對中國地理知識演進史的反省，嘗試援引《尚書・禹貢》、《詩經・國風》、《山經》、《周禮・訓方》等經典，追溯中國傳統地理知識的源流脈絡，其用意在於將他所接觸到的西方地理知識內容，置於中國傳統地理觀念中加以理解。類似的宗旨，可再次參諸〈地緯繫〉中定名《地緯》一書的說法：「山書曰：地東西爲緯，南北爲經。獨名緯者何？曰：天之道，經者主緯；地之道，緯者主經，剛柔之義云爾」。〔註179〕這一段敘述，頗

述，除根據前揭書的內容論證外，並可參閱郭正昭，〈孔恩及其科學革命結構論〉，頁4～17。

〔註175〕熊人霖，〈地緯自序〉，頁1a-b。

〔註176〕孔安國傳，孔穎達疏、陸德明音義，《尚書注疏》，卷5，頁114。

〔註177〕班固等，《漢書》，卷28上，頁1523。

〔註178〕太章、豎亥步測天地相去距離的典故，如《山海經》卷9〈海外東經〉中記載：「帝命豎亥，步自東極，至於西極，……一曰禹令豎亥」，頁61；《淮南子》卷4〈墜形訓〉中記載：「禹乃使太章，步自東極，至于西極，……；使豎亥步自北極，至于南極」，頁40～41。另參閱阮元等，《疇人傳》，卷1，〈大章豎亥〉，《疇人傳彙編》，頁3。

〔註179〕熊人霖，〈地緯繫〉，頁190b。

有傳承《山經》等中國傳統輿地學的知識系統，特意加以補充其說的自許。
置身於西學東漸的學術環境中，熊人霖對於地理事實層面的「天下」有了嶄
新的認知，然此種認知，終究還是立足在儒學傳統的意識層面上。在〈地緯
自序〉中，他不忘強調大明一統天下秩序的想法：

> 時天子方懷方柔遠，欽若治時，……疇人之官，四夷其守。……心
> 悟圓則之九重，地正象天，王者無外，遠彼梯楫，盡入聖代版圖，
> 紀厥風謠。咸暨明時聲教，斯固張騫之所未遍，而師古之所弗圖者
> 也。〔註180〕

從西學新知與儒學舊識相互關係的角度來考量此段論述，大致透露出如下的
訊息：

一、熊人霖在「心悟圓則之九重」的天體結構與「王者無外」的政治意
義上，持有一種兩者互可關聯的態度，是以「地正象天」，天地之間
皆處在一定規律且相應的自然人文秩序中，這也是前一章所論《地
緯》宇宙觀及自然觀的另一種發揮。

二、熊人霖宣稱其「紀厥風謠」的關鍵，主要緣起於大明天子懷方柔遠的
措施。由於皇明聲教的流風所及，造就了「遠彼梯楫，盡入聖代版圖」
的空前局勢，使得他得以擁有寫作《地緯》這類專書的背景條件，稽
古納新，博採中西，具體呈現在全書綜論地圓、五大洲世界地理知識
的風貌上。「波臣重譯達中華」、「萬里咸賓正朔地」，〔註181〕大明一統
之王者無外／四夷朝貢的天下意識在此，對他實具有如孔恩所謂「典
範」中形上學及方法論層面的導引作用。〔註182〕

大體上，人們習慣以既有的文化環境所形成的概念架構，自覺或不自覺
地去看待所處的世界，選擇性地吸納從外界接觸到的訊息，在轉化的過程中
提出合乎自我或普遍認同的詮釋。換言之，人們傾向於接受原已願意認知的
事物，排拒與自身價值系統相容度不高的存在和觀念。因此，個體的觀察與
判斷大部分受制於也反映出各別的世界觀。〔註183〕法國漢學家謝和耐指出：

〔註180〕熊人霖，〈地緯自序〉，頁2a-b。
〔註181〕熊人霖，〈聞遣使冊封琉球〉，《南榮集》，詩卷11，頁46b。
〔註182〕有關「典範」指導研究工作的形上學及方法論規則的闡述，參閱林正弘，〈卡
爾·波柏與當代科學哲學的蛻變〉，頁92～93。
〔註183〕此段根據 Thomas S. Kuhn, *The Structure of Scientific Revolutions* 以及 Paul
Feyerabend, *Against Method* 的相關論述。

明清之際的傳教士們「面對的是一種基本上與他們自己不同的世界觀念及思維方式，而這些思維方式又與中國人的倫理、宗教態度、社會暨政治秩序息息相關」。〔註184〕耶穌會士如此，明末接觸西學的若干士人，同樣也面臨到固有傳統與外來新知之間的選擇或調適問題。彼此間所形成的互動關係，也呈現在《地緯》中形塑其宇宙論、自然觀以及天下觀的思辯結果。

就《地緯》的整體寫作脈絡而言，熊人霖在表達全書著述宗旨之所繫的〈地緯繫〉中，將西方地理新知與中國天下意識交融於「地圓之上／五大洲中／皇明一統」的格局，頗足以緩和無地非中的地圓、五大洲知識與天圓地方、華夏中心之間相互衝突的可能性，得以自圓其說，調適二者並列於全書之中。因此，《地緯》中較屬於自然地理的內容（如地圓與其相應的座標劃分），亞洲之外其餘各洲諸國所在的地理位置，多直接採納艾儒略《職方外紀》的說法。若是涉及有關五大洲各國政治人文的分說，熊人霖則自有安排，內容上或增補刪削，將之統攝於傳統思維下中國共主與四裔朝貢的合理關係。除此之外，從「形方總論」、「大瞻納」名稱的選定（見本書第三章第一、二節），到天地人合一、陰陽五行宇宙論及自然觀的建構，其間的緣由，如參照該書中天下意識的基本結構，也就更加豁然開朗了。

另一方面，熊人霖的書寫取向和論證方式，同時也蘊涵其對時局與世變的體認。如果我們掌握他身處的時代背景及學術思潮，當不難理解，他積極地藉由世界地理的刻劃和引介，來呈顯大明帝國的威盛，此舉正表達其秉持儒者經世致用的懷抱，寫作並刊行《地緯》的終極目的。我們可以看出，《地緯》中天下意識的展現，涉及了熊人霖的儒學觀和其對時代變局的認知，與他的經世理念互為表裡且相連一氣，該書與艾儒略《職方外紀》在著述旨趣上的差異，形成了儒學經世致用與西學傳教本意的分歧。

〔註184〕Jacques Gernet, *China and the Christian Impact: A Conflict of Culture*, p. 202.

第六章 儒者經世理念在《地緯》中的展現

　　本章嘗試以儒者經世理念在地理學上的展現為主軸，來理解《地緯》中建構世界地理知識的終極標的。當我們考慮學術發展的背景因素對於熊人霖著述旨趣的影響，其間則涉及到晚明西學與實學關係的探討。歷來學界有關這段學術史的研究，如學者徐宗澤認為，萬曆年間歐洲耶穌會士利瑪竇等人陸續進入大明帝國，積極向當時士紳傳播天主信仰與西方學術，於是在中國傳統文化的延續裡注入一新穎的成份：

> 明清之際，西洋科學輸入我國，我國學術界頓呈一異彩焉。⋯⋯此
> 種學問，不特當時發生極大影響，⋯⋯其所以致此者，蓋當時儒士
> 所談者，僅一種空疏之論，而於實用之學，盲然未知；今西士忽輸
> 進利國利民之實學，士大夫之思想，能不為之一新。〔註1〕

徐宗澤的觀點，主要強調當時西士的「實用之學」乃截然相對於儒士的「空疏之論」，而受到西學影響或者「啟蒙」的士大夫，思想得以煥然一新，整體的學術風氣因此從明心見性的理學轉趨經世致用的實學。〔註2〕此種論述大致偏重在西學對於中國士人單向衝擊（Impact）的影響及其結果。然而，近來某些學者的研究指出，明清之際西學傳入中國之前，承續儒學脈統的士子們，自明中葉後已自覺地醞釀出一股重視經世致用之學的呼聲，有識之士逐漸將陽明心學導向實學方面的發展。〔註3〕或者認為，王學本身所具有的衝破傳統

〔註1〕 徐宗澤，《明清間耶穌會士譯著提要》，頁1。
〔註2〕 徐宗澤，《明清間耶穌會士譯著提要》，緒言，頁5～9。
〔註3〕 陳鼓應、辛冠潔、葛榮晉主編，《明清實學思潮史》，上卷，明代中後期之部。

觀念束縛及解放思想權威的效應，形成了晚明士紳接受外來新知的動力，與當時講求經世致用的實學「相反相成」地擔當起西學傳播的觸媒。〔註4〕再者，晚明士紳對於西方的科學觀念與技術內涵，不盡然是莫名其妙，甚至前所未曉，某些時候反倒有種「似曾相識」的感受。也就是說，耶穌會士所面對的晚明知識界，並非全然地處在渾沌懵然的「思想真空」狀態。〔註5〕

真空則無以傳音，總需透過空氣作為介質加以傳達，文化傳播的過程往往也存在著類似的現象。在此，學者鐘鳴旦（Nicolas Standaert）、裴德生（W. J. Peterson）等人的觀點，頗值得我們參考：

> 當一種外來文化因素進入其他一個文化時，如果外來因素比較容易被人接受，大部份起因於此文化本身已有一種內部運動，促使人們接受此新成分。……中國人之所以接納耶穌會士帶來的西方科學，是因為明末中國學者重新強調「實學」。〔註6〕

換句話說，傳統儒學中早已存在著「道問學」的智識傳統與經世實用的學術理念，〔註7〕可能給予「蓄髮稱儒，觀光上國」〔註8〕的利瑪竇，運用科技知識傳播天主信仰的靈感，並提供原本習於西方天文地理知識的他有所發揮的空間。如果是在一個輕視或忽略智識的學術生態中，利瑪竇的知識傳教策略將無從施展開來。

由於傳統學識與西方新知在晚明知識界的接觸，使得彼此的交流互動成為可能，其間的主從去取或異同對比，即操之於中國士人與耶穌會士的選擇性認知或自主性需求，進而開啟一股學術風氣。借鏡古希臘哲學家阿基米德（Archimedes, ca. 287～212 B.C.）的名言：「給我一個立足點，我將可以移動整個宇宙」。晚明士紳對外在政治社會變動因素的體認，昇華至倡議實學以經世濟民的反省，促成他們「以其學易天下」的領悟，此一基礎同時也成為近代歐洲史上素以注重知識陶冶而服務於宗教事業著稱的耶穌會士，進入中國

〔註4〕 陳衛平，《第一頁與胚胎——明清之際的中西文化比較》，頁59～75；沈定平，《明清之際中西文化交流史——明代：調適與會通》，頁542～557。

〔註5〕 Jacques Gernet, *China and the Christian Impact: A Conflict of Culture*, pp. 22～24, 251～252；葉曉青，〈西學輸入和中國傳統文化〉，頁7～24。

〔註6〕 鐘鳴旦，〈「格物窮理」：十七世紀西方耶穌會士與中國學者間的討論〉，頁604。類似的論點以及研究方法論的反省，可見於鐘鳴旦著，劉賢譯，〈文化相遇的方法論：以十七世紀中歐文化相遇為例〉，頁31～80。

〔註7〕 余英時，〈從宋明理學的發展論清代思想史〉，《歷史與思想》，頁87～119。

〔註8〕 李之藻，〈讀景教碑書後〉，《天學初函》，第1冊，頁85。

社會之後得藉西學以傳西教的「立足點」。另一方面，對於當時留意及研究西學的士大夫而言，西學的內涵，或具有喚起或呼應過去儒學傳統中經世致用理念的助力，從溯古稽往中汲新求變，於是形成了雙向性的互動反應（interaction）。

　　筆者認爲，只有當我們理解傳統地理學中的經世實用蘊涵，以及利瑪竇知識傳教的要義及其運用在地理學上的風貌，才能適切地掌握熊人霖著述及刊行《地緯》的時代意義。本章的節次安排將循前述的問題意識，首先從考察傳統輿地學中的經世實用蘊涵出發，其次探究耶穌會士知識傳教策略在地理學上的發揮，再次則旁徵晚明西學與實學思潮匯流的時代背景與學術脈動中，中國士紳吸納和轉化西方地理知識的可能與方式，進而推究熊人霖基於儒者意識的自覺，落實在其寫作及刊刻《地緯》的終極標的，此一努力，也正是儒者經世致用理念在地理學上具體展現的結果。

第一節　傳統輿地學中的經世實用蘊涵

　　中國傳統地理學發展史上，源於地理知識的實用特性，其中可供經綸世務者觀風察俗的方志以及具備國防戰略功能的地圖，一直是地理學的主流。爲增添圖文內容的詳實，相應的製圖技術之提昇，也成爲當政者與知識份子共同關心的重點。〔註9〕利瑪竇於萬曆後期進入中國境內後，最初也曾試著透過世界地圖的流傳，以達成其宣揚天主教的目的。有鑑於此，本節焦點主要集中在歷代作爲鞏固政權與掌控民情的地圖學傳承，藉以探究傳統輿地學中的經世實用蘊涵。

　　溯自先秦時期的文獻記載顯示，地理圖籍在國家財務經濟、行政管理、都城選建特別是軍事戰爭的應用方面，已逐漸具有不容忽視的地位。戰國時期，《管子·地圖》中開宗明義強調「凡兵主者，必先審知地圖」，進而解說地圖與戰事的密切關係，透過地圖掌握地理因素和理解地形利害，足以提昇整體的軍事戰力。〔註10〕《周禮》以理想的官職條陳國家各種典章制度，該書夏官篇中陳述「職方氏，掌天下之圖，以掌天下之地，辨其邦國、都鄙、四夷、八蠻、七閩、九貉、五戎、六狄之人民，與其財用、九穀、六畜之數

〔註9〕　胡欣、江小群，《中國地理學史》，頁297～309。
〔註10〕　鈕仲勳，〈我國古代地圖的發展及其成就〉，頁70～76。

要，周知其利害」，由於地圖在國家管理上的多重功能，乃明定將地圖的收管和運用，統籌於政府官員的權責範圍內，從中體察各地風俗與物產分佈的情形，以便謀取行政措施的落實與民生經濟的完善。類似的安排成了往後各朝代依歸的範例，堪爲一統帝國提供有效的治理藍圖。〔註11〕自兩漢帝國以降，統治者鑑於地圖足可作爲國家政權的表徵，乃由政府設置專責掌管和造送的機構，將各行政區域圖籍藏諸宮廷秘府，以致相沿成習。〔註12〕地圖的內容包羅萬象，兼具自然與人文知識的特性，富有政治化、軍事化和社會化的經世實用傾向，因此深受當政者的注目，也普獲士大夫的重視，廣爲歷代各部類典籍所載錄。〔註13〕兩宋時期，由於北疆遼、金政權的先後入主，朝野每懷收復失地、廓清中原的意圖，於是相當注重地圖的繪製及呈收。〔註14〕

　　明興以來，開國皇帝即留心地圖在政治及軍事上的意義和功能。洪武元年（1368）九月，朱元璋於平定元朝大都後立刻詔告天下，舉凡攸關治世之用如地理圖書等典籍，應儘速由官方收羅，作爲將來施政的參考：「秘書監、國子監、太史院典籍、太常法服、祭器、儀衛及天文儀象、地理、戶口版籍、應用典故文字，已令總兵官收集，其或迷失散在軍民之間者，許赴官送納」，〔註15〕此舉頗得漢代蕭何入咸陽收秦圖籍的遺意。洪武十四年（1381）九月，朱元璋以雲南尚未歸附大明帝國，而且「執明朝信使，納明朝逋逃」，遂命傅友德爲征南將軍，率師三十萬前往征討。大軍出發之際，朱元璋告諭臣下：

> 雲南僻在遐荒，行師之際，當知其山川險易，以規進取。朕博覽輿
> 圖，咨詢有眾，得其阨塞。……審察形勢，出奇取勝，正在於此。
> 〔註16〕

明太祖深刻理解輿圖在軍事地理上的作用，反映出地圖對於大一統帝國掌握邊疆情勢的重要性。清儒顧祖禹（1631～1692）在〈讀史方輿紀要凡例〉中，

〔註11〕劉克明等，〈《周禮》在科學史上的價值〉，頁58～65。

〔註12〕Joseph Needham, *Science and Civilisation in China*, vol. 3, pp. 535～537；曹婉如，〈中外地圖交流史初探〉，頁288～289。

〔註13〕楊文衡，〈試論中國古代地學與自然和社會環境的關係〉，頁3～4；汪前進，〈地圖在中國古籍中的分布及其社會功能〉，頁1～20；余定國著，姜道章譯，《中國地圖學史》，第2章，〈政治文化中的中國地圖〉，頁47～88。

〔註14〕中國科學院自然科學史研究所地學史組主編，《中國古代地理學史》，頁24～25，302～310。

〔註15〕《太祖實錄》，卷35，洪武元年九月戊寅條，頁634。

〔註16〕高岱著，孫正容、單錦珩點校，《鴻猷錄》，卷6，〈廓清滇南〉，頁118。

提到朱元璋「初有天下，即編列天下地理形勢爲書，藏之太府；既又詔天下各獻圖籍，以求山川險易之實」，〔註17〕可爲明證。由於地圖在帝國進行有效統治時具有舉足輕重的地位，自明太祖以降，歷朝皇帝相當重視全國地圖的掌控與收集，曾多次詔令各地官員於期限內造報圖冊版籍。如洪武二十六年（1393），詔定凡天下要衝及險阻去處各畫圖本成造送部；憲宗成化元年（1465），規定各地圖本限三年一次造報；孝宗弘治元年（1488），更明文規定全國各地圖本、戶口等文冊每年的造報期限。〔註18〕這些例證，概顯示出中央政府每藉地方圖表的呈報，作爲深入瞭解國計民生暨掌控要衝險易、阨塞形勝的具體辦法，由此展現大一統帝國的實權象徵。

　　明初由於宣揚國威與拓展國力等政經因素，特別是永樂年間鄭和下西洋、陳誠使西域的推波助瀾，加上明中葉後北疆外患與東南海防的實際需要，助長朝野關注邊裔情勢的動機。歷朝官紳緣於經世思想的驅策與致治理念的導引，或期能「有益於國家，有補於生民，有關於世道」，〔註19〕因此造就了爲數不少的域外及海外四裔著作刊行問世，蔚爲風潮（參閱本書第二章第一節）。例如嘉靖四十年（1561），鄭若曾參覈薛俊《日本考略》與宋文復持示的《南嶴倭商秘圖》，稽考載籍並且綴所聞說，彙編成《日本圖纂》一卷。其目的在廣示四方知兵人士，得按考圖文而知山川夷險、風俗強弱、技術巧拙、部道驛戶與通貢入寇等要領。〔註20〕萬曆二十六年（1598），譚希恩於《四川土夷考》中詳載蜀地山川形勢險隘圖誌，特別注重沿邊城堡守禦名目，也是基於類似的考量。〔註21〕由於邊防鎮戍的防備需求，更需仰賴地圖以提供備禦外夷的有效訊息，誠如茅坤（1512～1601）於嘉靖四十一年（1562）序鄭若曾《籌海圖編》時指陳：「一切扼塞形勝，虛實向背，世有圖牒以詮次其事，往者有睹，來者可鏡也。故士大夫起枹鼓，稍稍陳得失，形利害以從事」。〔註22〕嘉靖二十一年（1542），兵部職方清吏司主事魏煥於《皇明九邊考》中刊載北疆遼東、薊州、宣府、大同、三關、榆林、寧夏、

〔註17〕顧祖禹，《讀史方輿紀要》，頁25。
〔註18〕申時行等修，《明會典》，卷133，〈鎮戍八・圖本〉，頁679。
〔註19〕張環，〈皇明九邊考跋〉，魏煥，《皇明九邊考》，頁1b。
〔註20〕鄭若曾，《鄭開陽雜著》，卷4，〈日本圖纂序〉，頁273～275。另參閱錢曾，《讀書敏求記》，卷2，〈日本圖纂一卷〉，頁51b。
〔註21〕譚希恩，《四川土夷考》，頁484。
〔註22〕茅坤，〈刻籌海圖編序〉，引自張大芝、張夢新校點，《茅坤集》，頁427。

甘肅、固原九邊圖以備披閱，取諸各邊圖誌詳述疆域沿革，務使朝廷官員與
邊區將士有所防備。〔註 23〕隆慶三年（1569），兵部所編呈的《九邊圖說》
中，開具各邊鎮圖示山川險易與兵馬多寡等，以備審時應變。〔註 24〕另據萬
曆朝重修《明會典》卷一三三〈鎮戍八‧圖本〉中的記載：「天下險隘要衝，
在職方皆有圖本，今不能盡載，而邊事特重，故載鎮戍總圖一，九邊圖九，
其沿海及腹裏地方，夷蠻猺獞之屬。所宜備禦者，咸著于總圖焉」。〔註 25〕
至崇禎元年（1628）五、六月間，朝野士大夫懲於四方寇起、諸邊積弊，或
建議郡國各舉耆儒，將郡邑、山川、形勝、戶口、人物、畜產、田畝編輯成
帙，申達禮部學臣，「爲纂修天下圖經張本，章下所司」，以求更張吏治，力
挽頹勢。〔註 26〕

　　除了四裔著述與邊鎮圖籍的編纂之外，方志圖經的傳統也直接反映了經
世實用的需求。在經世理念的主導下，中國傳統地理學自《漢書‧地理志》
以降，形成以疆域沿革爲主流，並發展出爲數可觀的方志及圖經傳統，講求
鑑往知來以興利除弊的道理。〔註 27〕有明一代，太祖曾先後於洪武三年（1370）
十二月詔修《大明志書》、十七年（1384）閏十月詔修《大明清類天文分野》、
二十七年（1394）九月詔修《寰宇通衢》，〔註 28〕首開明代纂修全國總志的風
氣。至成祖永樂十六年（1418），詔纂天下郡縣志。景帝景泰七年（1456）五
月，陳循等奉詔纂修《寰宇通志》一一九卷，俾「成盛代一統之書，宜有資
軍國」。〔註 29〕上有所好，下必甚焉，至明中葉以後全國各郡縣志書多已修成。
〔註 30〕志書圖經編纂的功能，不僅可以提供統治者施政的參考，也務使主政
者能夠對古今地理沿革瞭若指掌，藉以治理國事、經世濟民。以英宗天順二
年（1458）八月起命閣臣李賢等人纂修、至天順五年（1461）四月問世的《大
明一統志》九十卷爲例，其編著宗旨詳於〈御製大明一統志序〉中所論：

　　　　顧惟覆載之內，古今已然之跡，精粗巨細，皆所當知。……是書之

〔註 23〕魏煥，《皇明九邊考》，頁 13a～26a。

〔註 24〕兵部編，《九邊圖說》，頁 1a～2b。

〔註 25〕申時行等修，《明會典》，卷 133，頁 679。

〔註 26〕談遷，《國榷》，卷 89，頁 5440～5442。

〔註 27〕胡欣、江小群，《中國地理學史》，頁 83～98。

〔註 28〕《太祖實錄》，卷 59，洪武三年十二月辛酉條，頁 1149；卷 167，洪武十七年
　　　　閏十月條，頁 2563；卷 234，洪武二十七年九月庚申條，頁 3423。

〔註 29〕鄭曉，《吾學編》，〈皇明地理述〉，卷上，頁 576。

〔註 30〕陳正祥，《中國歷史文化地理》，頁 72。

傳也，不獨使我子孫世世相承者，知祖宗開創之功，……而凡天下
之士亦因得以考求古今，故實增其聞見，廣其知識，有所感發興起，
出爲世用。〔註31〕

全書編刊的最終目的，自是期望能「相與維持我國家一統之盛於無窮」。〔註32〕
書中並刊載天下總圖，據〈大明一統志圖敘〉中的說法：「天下總圖，於首披圖
而觀，庶天下疆域廣輪之大，了然在目，如視諸掌」，〔註33〕進而將此種對於地
理形勢的認知，落實在一統帝國的行政措施上，展現出傳統輿地學的經世實用
蘊涵。明代士紳繪製地圖時，也不時地標榜這樣的理念。如武宗正德七、八年
（1512～1513）間的〈楊子器跋輿地圖〉中宣稱：「敷時繹思，維祖求定，此輿
地圖所以有補於政體也。間常參考大一統志及官制，而布爲是圖，……遠近險
易，一覽可視，願治者常目在焉，則於用人行政，諒能留意」。〔註34〕嘉靖中期，
羅洪先（1504～1564）根據元代朱思本（1273～1333）的圖本增訂爲《廣輿圖》
二卷，各於內附輿圖之後概敘該區建置、沿革、兵備與地理環境、風土民情，
解析主政者可行的應對措施。浙江布政使胡松、芝南山人徐九皋、山東戶部右
侍郎霍冀、山東監察御史韓君恩等人在該圖志的序言中，大體皆以《一統志》
承先啓後的規模來襯托《廣輿圖》繼往開來的成就，推崇其有裨於國計民生與
邊區防務的貢獻。〔註35〕萬曆年間，陸應陽援依《大明一統志》的體例另徵考
列郡史乘，撰著《廣輿記》二十四卷，全書採取圖文並茂的方式，呈現大明帝
國各地建置沿革、形勝、山川、物產、古蹟、祠廟、人物概況與外國屬邦的歷
史沿革、風俗特色，以使懷抱經世濟民理想的士大夫有所憑藉。〔註36〕潘光祖
在崇禎六年（1633）初刊的《輿圖備考全書》中，大舉採錄《大明一統志》、《大
明會典》、《周禮·職方》、《山海經》、《廣輿記》等輿圖典籍，該書凡例中揭舉
「凡有風化民生物用者，悉裁載之，而無及者，不與焉」的選材原則，明顯是
爲了強化全書的經世實用性。〔註37〕

　　崇禎八年（1635），兵部職方司主事陳組綬在〈皇明職方地圖大序〉中，

〔註31〕李賢等，《大明一統志》，頁 1a～3b。
〔註32〕李賢等，《大明一統志》，〈御製大明一統志序〉，頁 3b。
〔註33〕李賢等，《大明一統志》，〈大明一統志圖敘〉，頁 2b。
〔註34〕轉引自中國科學院自然科學史研究所地學史組主編，《中國古代地理學史》，
　　　　頁 316。
〔註35〕羅洪先增纂，《廣輿圖》，頁 5～28。
〔註36〕陸應陽，《廣輿記》，頁 1～54。
〔註37〕潘光祖，《輿圖備考全書》，頁 4a～5a。

提到地圖具備經世實用的深刻蘊涵，此一見解落實在全圖志體例內容的安排上，「本之周官職方氏掌天下圖地，辨其邦國，都鄙夷蠻戎狄之人民，而一以禹貢高山大川爲準」，序中緊接著逐次檢討元人朱思本與明代羅洪先、桂萼、李默、許論、鄭若曾等人所製輿圖的利弊得失，作爲增刪改進的參考範例，爰修天下大一統圖二、兩直隸十三布政司圖十五、新舊九邊圖七暨鎮圖十有五、山川圖四、河漕海運圖二與海防圖一、太僕總轄圖一，以分收便全覽、知官守、嚴大防、察地勢、別水道、知馬政的實質效用。最後并附上朝鮮、朔漠、安南、西域、島夷諸圖，以彰顯大明一統帝國的威盛。〔註 38〕陳組綬所繪地圖，不僅在內容上是中國傳統輿圖規範的衍伸，製作用意上也延續了歷代對於地輿之學具備正統性意涵的理解。

明季人士重視輿圖的實用性，往往從儒學傳統格物致知的觀念，闡釋如何明地圖以知天地自然、歷史沿革的治世宗旨，藉此完備儒家知識份子應有的學術修養。如萬曆三十七年（1609）周孔教序王圻《三才圖會》時說明：「且儒者不云乎致知在格物，按圖而索，而上天下地、往古今來靡不若列眉指掌，是亦格物之一端」。〔註39〕而陳繼儒、顧秉謙在該書的序文中，也多秉持儒者通天、緯地、治人的觀點，讚譽《三才圖會》上自天文、下至地理、中及人事的成就。〔註 40〕又如崇禎六年（1633）宗敦一在潘光祖《輿圖備考全書》的序文中，標榜「一事不知，儒者之恥」、「不出戶知天下」的觀念，推崇該書「凡古今變置之重輕，山川道里之險易，貢賦物產之饒乏，民風土習之醇澆，名丘勝蹟之興廢，瞭然若指諸掌」的實質貢獻。〔註 41〕另有學者主張透過圖志的覽閱，拓展地理人文秩序的視野，俾求撫內安外，資於時局世用。如京山人李維禎（1547～1626）序萬曆三十八年（1610）安徽新安人程百二的《方輿勝略》時，稱揚該書能在《大明一統志》的基礎上，「易蕪爲雅，以新續故」，呈現於整體的內容，「可以觀風問俗，可以體國經野，可以裨吏治，可以飭武備，可以副圖史、通古今」。〔註 42〕此外，《皇明經世文編》的首要編輯陳子龍（1608～1647）以揭櫫實學經世的情操，於崇禎十六年（1643）的〈歷代輿地圖序〉中指稱：

〔註38〕陳組綬，《皇明職方地圖》，卷上，頁 12a～13a。
〔註39〕王圻，《三才圖會》，頁 4。
〔註40〕王圻，《三才圖會》，頁 8～14。
〔註41〕潘光祖，《輿圖備考全書》，宗敦一序，頁 11b～12a。
〔註42〕李維禎，《大泌山房集》，卷 15，頁 1a-b。

　　圖之爲用，尚矣，而輿地尤要。……蓋將以測夷險、察利害、撫諸
　　夏而控四裔焉。……夫莫大於地形，莫急於兵事，未嘗廢圖。……
　　是以指古者險要之區、戰爭之地，雖博洽之士，不研典籍考志傳，
　　以故號而合今名，孰能瞭若指掌哉！〔註43〕

陳子龍強調地圖的效用，可使觀覽者明白歷代盛衰強弱的緣故，察古識今，
鑑往知來，「見幅員廣大、風俗錯雜，治之各有其方，以謀綏靖，則修政；見
山川阻塞、經界跨限，恐爲奸雄所睥睨、夷狄所薦食，則修備」，〔註44〕如此
的體會，延續了傳統一貫以來肯定地圖有功於國家政軍利害關係的觀念。

　　整體而言，傳統輿地學中的經世實用蘊涵，具體反映在作爲知己知彼、
掌握民情的輿圖學上，表現於「凡有志於用世者，河渠、邊防、食貨、兵制，
皆其所有事也，然而莫重於輿圖」之類的反省，〔註45〕並深植於中國學術文
化的歷史傳承中。這樣的學識背景，實際提供了利瑪竇採取西方地理知識作
爲傳教媒介的條件。利瑪竇不僅稽取明代傳統輿圖地志的資料繪製世界地
圖，〔註46〕也認識到儒者經世實用理念在傳統輿地學上的展現，更將此轉化
爲知識傳教策略的發揮。

第二節　知識傳教策略在地學上的發揮

　　明末西學東漸由耶穌會士羅明堅（Michele Ruggieri, 1543～1607）首肇其
端，〔註47〕利瑪竇紹承其緒，推至極致。近世學者或推崇其爲「明季溝通中
西文化之第一人」、〔註48〕「西學東漸第一師」，〔註49〕著眼點即在於：利瑪
竇建立知識（學術）傳教的策略並加以妥善地運用，促使明清之際中西學術
文化的交流成爲可能。

　　利瑪竇曾於萬曆二十四年（1596）十月十三日在南昌撰〈致羅馬總會長阿

〔註43〕陳子龍，《安雅堂稿》，收入《陳子龍文集》，頁 56～57。
〔註44〕陳子龍，《安雅堂稿》，頁 57。
〔註45〕吳興祚，〈讀史方輿紀要序〉，顧祖禹，《讀史方輿紀要》，頁 3。
〔註46〕林東陽，〈利瑪竇的世界地圖及其對明末士人社會的影響〉，頁 321～336；曹
　　　　婉如、薄樹人等，〈中國現存利瑪竇世界地圖的研究〉，頁 69～70。
〔註47〕〈羅明堅致總會長阿桂委瓦神父書〉，收入《利瑪竇書信集》，頁 445～461；《利
　　　　瑪竇中國札記》，頁 143～147。
〔註48〕方豪，《中西交通史》，下冊，頁 692。
〔註49〕樊洪業，〈西學東漸第一師——利瑪竇〉，頁 48～60。

桂委瓦神父書〉中，就耶穌會士們如何在中國進行傳教事業，提到了兩種辦法：
一種是先獲得皇帝批准其自由傳教，那麼短期內會有許多人皈依天主；另一種
是罔顧皇帝、官員的准許而公然宣教，如此一來，將會失去目前已經領洗的少
數教友。〔註50〕利瑪竇考慮到具有異邦身份的傳教士在中國社會易受猜忌，爲
求在大明帝國內獲得理想的宣教成果，他堅持漸進式之知識傳教方式的適當
性。〔註51〕利瑪竇是知識（學術）傳教策略的首要確立者，也是最爲顯著的推
動者與實踐者，從萬曆三十七年（1609）二月十五日撰於北京的〈致遠東副省
會長巴範濟神父書〉中，可將其步驟要點大致歸納爲：第一、獲得中國皇帝自
由傳教的批准，以消除傳教過程的後顧之憂；第二、使中國士人皈依爲教友，
既可藉此向皇帝上奏，也可避免一般人對傳教士的誤會；第三、由於士大夫傾
心於科技與哲理等學問，可以利用一些便於流傳的書籍來傳教；第四、對士紳
階層傳授科學知識，易使他們接受天主教。一旦士大夫們信教，其他人就更容
易皈依。〔註52〕知識傳教的基本理論及其具體施行的辦法，由此可見一斑。

　　利瑪竇知識傳教策略的建立，淵源於他進入中國社會後所累積的親身體
認，而這樣的宣教方式，也不時地運用和實踐在他的傳教過程中。萬曆十年
（1582）八月，利瑪竇初至澳門時，立即學習中國語文，〔註53〕他認爲「在中
國誰識字越多便是最有學問的人，只有這些人才能擔任官職，在社會中才有地
位。這就是爲什麼科學在中國不發達的原因」。〔註54〕耶穌會士在廣東肇慶宣教
期間，爲了使天主教的出現不致引起一般群眾的疑慮，在公開場合中極少談論
宗教信仰之類的事，而將大部分時間專注於學習中國語言文字與瞭解民間風俗
習慣，入境隨俗，隨機應變，以換取人們的好感爲第一要務。〔註55〕利瑪竇在
書信中曾不勝雀躍地提到：「我已能讀中國書和寫中國字了，雖然他們有好幾萬
字，我要一人讀好多書，假如有人幫忙，還要讀所有的書」。〔註56〕他並且感覺
到，自己已逐漸「變成中國人了，衣服、禮節以及外表我們已和中國人差不多

〔註50〕《利瑪竇書信集》，頁 230。
〔註51〕《利瑪竇書信集》，頁 231。
〔註52〕《利瑪竇書信集》，頁 407～413。
〔註53〕〈致巴都阿德・富爾納里神父書〉，1583 年 2 月 13 日撰於澳門，同上書，頁
　　　　31。
〔註54〕《利瑪竇書信集》，頁 32～33。
〔註55〕《利瑪竇中國札記》，頁 167～168。
〔註56〕〈致拿坡里馬塞利神父書〉，1585 年 11 月 10 日撰於肇慶，《利瑪竇書信集》，
　　　　頁 77。

一樣」。〔註57〕爾後在韶州、南昌以及南京時期，利瑪竇更堅定這種作法對於耶穌會士傳教事業的重要性。累積多年的經驗，爲求辦事有成，經江蘇常熟人瞿汝夔（太素，1549～1612）等友人的建議下，他轉變先前在肇慶時數度遭受官紳們輕視的僧侶外觀，〔註58〕改採中國文人的姿態，蓄鬚留髮，儒冠儒服，「這樣打扮可以自由和官吏顯貴們交往，這是僧人所沒有的機會」。〔註59〕

在江西南昌時，他曾靠著驚人的記憶力，過目不忘且倒背如流，使得他聲名大噪，深受眾多士大夫的尊敬，以至於前來探訪者絡繹不絕。利瑪竇認爲首要的原因在於：他是一位遠從歐洲而來的外國人，是當時士大夫前所未見的，尤其對於中國的語文學術、風俗習慣具有相當程度的認識。〔註60〕他深切地體會到，穿戴儒者衣冠，透過士人社群的讚揚與宣傳，提升社會地位，避免廣聚群眾的宣教與佈道，比較可以順利達成其「傳揚聖教」的使命。〔註61〕每當他與晚明士紳談論學問時，往往引用中國傳統經書互爲印證，以爭取他們的景仰，同時也趁機宣傳天主信仰。〔註62〕

利瑪竇以兼通儒學經籍與天文算學的形象，逐漸地深入晚明的士人社會；另一方面，也積極地藉由科技知識和文化素養，來吸引儒者或官員們的注意。〔註63〕萬曆二十三年（1595）十一月四日，利瑪竇撰於南昌的〈致羅馬總會長阿桂委瓦神父書〉中，提到他觀察到某些士大夫對於西方科技學術的訝異和難解：

> 在我們會院所看見的，爲他們產生了難以明白的問題，他們好像有些矛盾，爲什麼我們不是從中國書籍中得到這些學問？……我還帶來其它科學儀器，如地球儀、渾天儀、世界地圖等……不勝枚舉，這一切都是他們以往不曾看見過的，是中國所沒有的。〔註64〕

〔註57〕〈致富利卡提神父書〉，1585 年 11 月 24 日撰於肇慶，同上書，頁 84。

〔註58〕〈致耶穌會某神父書〉，1595 年 10 月 28 日寫於南昌，同上書，頁 176～177。

〔註59〕〈致羅馬富利卡提神父書〉，1596 年 10 月 12 日撰於南昌，同上書，頁 218。

〔註60〕〈致高斯塔神父書〉，1595 年 10 月 28 日撰於南昌，同上書，頁 188；〈致羅馬總會長阿桂委瓦神父書〉，1595 年 11 月 4 日撰於南昌，同書，頁 208。

〔註61〕〈致澳門孟三德神父書〉，1595 年 8 月 29 日撰於南昌，同上書，頁 153～163。

〔註62〕〈致羅馬總會長阿桂委瓦神父書〉，1595 年 11 月 4 日撰於南昌，同上書，頁 209。

〔註63〕相關的例證，可參閱李贄，《續焚書》，收入張業整理，《李贄文集》，卷 1，〈與友人書〉，頁 378；顧起元著，譚棣華、陳稼禾點校，《客座贅語》，卷 6，〈利瑪竇〉，頁 193～194；張爾岐，《蒿庵閒話》，卷 1，頁 9a-b。

〔註64〕《利瑪竇書信集》，頁 210。

隨著交遊人脈的擴展與宣教腳步的北進，利瑪竇不斷向晚明士紳介紹內容相對新奇且推理頗爲縝密的歐洲科學知識，獲得一些知識份子對他個人才學識見的仰慕：

> 他們對我推理的精細讚佩不已，對我們的數學、哲學與信仰等，無不表示景仰，以爲我是一位萬能博士……是歐洲絕頂聰慧之人，這不免叫我好笑，他們也太抬舉我了。〔註65〕

基於現實環境的考量，他努力藉由科技學識收攬人心，進而使中國士人皈依天主。萬曆三十六年（1608）三月六日撰於北京的〈致羅馬高斯塔神父書〉中，利瑪竇追敘他於前一年與徐光啓（1562～1633）合作將歐幾里德《幾何原本》前六卷譯出，其中「介紹了許多中國人前所未聞的知識」，他強調「此舉不但把科學介紹給大明帝國，提供中國人一種有用的工具，而且也因此使中國人更敬重我們的宗教」。〔註66〕科學知識在此，不啻提供耶穌會士作爲傳教的首要媒介。利瑪竇認爲，由於中國士人嗜讀一些內容新穎的書籍，天主教義可以有效地透過文字出版的形式，獲得普遍的傳播。有鑑於此，他積極向總會要求「印刷許可權」，運用便捷的中國印刷術，迅速刊行包括世界地圖在內的有關書籍，〔註67〕以廣爲宣揚西方科技來迎合中國士人對於新奇事物的興致，因應其經世實用的需求，連帶傳播天主教的信仰。萬曆三十六年（1608）三月八日撰於北京的〈致羅馬總會長阿桂委瓦神父書〉中，他描述當時耶穌會士的著述受到中國人士歡迎的盛況：

> ……人們爭相拉攏我們，有的刻印我們的作品，有的重刻我們的書籍，有的撰述歐洲風土人情的書，有的在自己的著作中引用我們的意見。對我們的教會、倫理、哲學與數學無不欽佩；至論「世界地圖」每年都有出版，或單獨印刷，或附在討論地理的書籍之中。我們所謂的「敵人」實不能抵抗大眾對我們的推舉景仰；……尤其我們還受到當地人士的尊敬。〔註68〕

整體而言，科學技術、地理知識乃作爲傳教的手段而廣爲傳播，「再沒有更好的例子可以說明上天在運用科學來使中國的學者歸信」，〔註69〕「我們有關科學知

〔註65〕《利瑪竇書信集》，頁210。
〔註66〕《利瑪竇書信集》，頁356。
〔註67〕〈致羅馬總會長阿桂委瓦神父書〉，1606年8月15日撰於北京，同上書，頁324。
〔註68〕《利瑪竇書信集》，頁369。
〔註69〕《利瑪竇中國札記》，頁594。

識的敘述，都成為未來豐收的種子，也成為中國新生教會的基礎」。〔註70〕利瑪竇知識傳教策略在地理學上的發揮，即是透過世界地圖及其圖解說明的方式，作為其傳播天主教福音的途徑。

萬曆前期利瑪竇初至澳門不久，即察覺到大明帝國早已存在著分佈廣且數量多的地理圖籍，尤其全國各城鎮、邊塞皆有這類的地圖，顯示政府官員的重視，同時也發現中國傳統圖冊載錄內容的特點，大多帶有政經實務的色彩。萬曆十一年（1583）二月十三日撰於澳門的〈致巴都阿德‧富爾納里神父書〉中指出：「中國人處事十分精明，他們也有刻印的地圖，且訂為一冊，內載有主要的出產、人口與名勝等；每一重鎮皆有這類的地圖可以翻閱」。〔註71〕翌年九月十三日撰於肇慶的〈致西班牙稅務司司長羅曼先生書〉中，也提到類似的情景：

> 中國地圖是畫在平版上的，……每省各有地圖，……各處都有記載，
> 並可看到各省和其中的城市，非常美觀閱目。〔註72〕

凡此皆說明了中國社會普遍注重地圖的文化現象，此一背景因素，也成為他立意藉西方地理知識吸引晚明士紳的有利條件。在廣東肇慶時，利瑪竇曾將附有西方地圖之類的書籍給來訪的中國人士觀看，期能改變他們先天上對於外國人士的文化歧視：

> 看來使他們逐漸對歐洲形成一個總的好印象。他們發覺，我們的科
> 學從根本上比他們的更堅實，而且總的說來中國人，尤其是有知識
> 的階層，直到當時對外國人始終懷有一種錯誤的看法，把外國人都
> 歸入一類並且都稱之為蠻夷。這樣他們終於開始明白國與國之間所
> 存在的真正區別。〔註73〕

利瑪竇嘗試藉由西方地理知識的展現，轉換中國人素來對「蠻夷」之邦的刻板印象。另一方面，當他親見士大夫目睹歐洲文字版世界圖的反應時，也激起他繪製中文版世界圖的動機：「在教堂接待室的牆上，掛著一幅用歐洲文字標注的世界全圖。有學識的中國人嘖嘖稱羨它；當他們得知它是整個世界的全圖和說明時，他們很願意看到一幅用中文標注的同樣的圖」。〔註74〕隨即經

〔註70〕　《利瑪竇中國札記》，頁356。
〔註71〕　《利瑪竇書信集》，頁34。
〔註72〕　《利瑪竇書信集》，頁47。另參閱曾德昭（Alvaro Semedo）著，何高濟譯，《大中國志》，頁63。
〔註73〕　《利瑪竇中國札記》，頁216。
〔註74〕　《利瑪竇中國札記》，頁179。

當時駐肇慶嶺西按察司副使王泮等人「請圖所過諸國，以垂不朽」的推動下，
〔註75〕以中文註解的「山海輿地全圖」於萬曆十二年（1584）正式刻版問世。
同年十一月三十日，利瑪竇在廣州撰〈致羅馬總會長阿桂委瓦神父書〉中表
示，這張地圖「在中國是多麼受到重視」，他並且「把它當作重禮，贈送給中
國有地位的人」。〔註76〕從此以後，利瑪竇即藉由中文版世界地圖的贈予與地
球知識的介紹，開始擴大他在晚明士人社會的交遊，以提升自我學術聲譽的
方式，爭取士紳階層對於西方耶穌會士的信任以及對歐洲風俗文化的好感，
俾能順利宣揚天主信仰。韶州傳教時期，他曾「做了不少天球儀與地球儀，
全部用中文敘述，並把地圖贈送一些中國人物」。〔註77〕萬曆二十四年（1596）
十月，身在南昌的利瑪竇致書羅馬富利卡提神父（P. Fuligatti），請其轉達耶穌
會總會長或羅馬省會長，寄予他一些歐洲建築與古代地圖之類的出版品，藉
此提供天主信仰傳播時的助力。〔註78〕

　　南昌至南京傳教時期，由於當地士人對其科技學識的推崇，利瑪竇自稱
成了「托勒密第二（Tolomeo altro）」，並蒙受明王室樂安王和建安王的熱誠招
待。利瑪竇為引導建安王領洗入教，曾替他製作世界地圖和天文儀器。〔註79〕
此外，當南京禮部尚書王忠銘看到中文註解的「山海輿地全圖」時，「使他感
到驚訝的是他能看到在這樣一個小小的表面上雕刻出廣闊的世界，包括那麼
多新國家的名稱和它們的習俗一覽。他願意非常仔細地反覆觀看它，力求記
住這個世界的新概念」。〔註80〕王忠銘的驚奇，也許反映了某些士大夫初見五
大洲世界地圖的觀感，這樣的回應，也正符合了利瑪竇繪製中文版世界圖的
心意。由於西方地理知識相對的新奇性或優越性，獲得一些明末知識份子的
信服；而其實踐過程的有效性，更強化了利瑪竇透過世界地圖傳播天主福音
的理念。

　　萬曆二十八年（1601）陰曆十二月二十四日，利瑪竇如願以償地向北京
大明皇帝呈奉奏疏，其列舉贈物的清單中包括「萬國輿圖一冊」。〔註81〕嗣後

〔註75〕 利瑪竇，《坤輿萬國全圖》，自序。
〔註76〕 《利瑪竇書信集》，頁 60。
〔註77〕 〈致羅馬前初學院院長德・法比神父書〉，1592 年 11 月 12 日撰於韶州，同上
　　　　書，頁 110。
〔註78〕 《利瑪竇書信集》，頁 221。
〔註79〕 〈致耶穌會某神父書〉，1595 年 10 月 28 日寫於南昌，同上書，頁 178～180。
〔註80〕 《利瑪竇中國札記》，頁 320。
〔註81〕 《利瑪竇書信集》，頁 551。

萬曆皇帝「嘉其遠來，假館授粲，給賜優厚。公卿以下重其人，咸與晉接，瑪竇安之，遂留居不去」。〔註82〕在北京宣教時期，利瑪竇經李之藻（1565～1630）的協助重繪「坤輿萬國全圖」，此圖於萬曆三十年（1602）刊刻後，數年間「學者與顯貴無不爭相傳閱，著文稱讚或加以翻印」，〔註83〕「很多人希望佔有一張，爭相購置」。〔註84〕利瑪竇欣慰地指出，世界圖的流傳造成「許多中國文人在文中談到我們，因為他們以往只知有中國，而不知尚有其它許許多多國家」。〔註85〕該圖不僅獲得一些晚明士紳的稱羨，更助長彼此之間的認識和親近：「中國很多書中提到我們及歐洲的事物，非常尊重我們，因此很多人都知道我們；但更多的人是為要我們所編譯的書而來，而後在他們的省區重印，尤其『世界地圖』為甚」。〔註86〕利瑪竇認為，世界地圖受到當時中國知識界的矚目，對於耶穌會士的傳教工作有極大的幫助：

> 世界地圖……在中國已傳遍各地，甚受他們的重視。在許多出版的新書中，常涉及到我們與歐洲的風土，稱讚不已。……凡拜訪的人無不認為書籍與我們的科學的介紹，對教會產生豐碩的成果。〔註87〕

利瑪竇繪製的世界地圖除了呈現地圓、五大洲自然地理的分佈之外，據學者林東陽的研究指出：為能因應晚明士紳得隴望蜀的期盼，自萬曆十二年肇慶版「山海輿地全圖」到萬曆三十一年（1603）北京版「兩儀玄覽圖」之間的多次增訂，其「內容的豐富與多變化性乃為適合中國士人的需要」。〔註88〕地圖上註解天文地體知識與各地風俗文化之餘，利瑪竇也往往將天主教信仰及其教義滲透到世界地圖的內容，以便於傳教的需要。在肇慶版「山海輿地全圖」的註解文字中，即曾加入有關天主教神跡與世界各國宗教儀式的敘述。〔註89〕萬曆二十四年（1596）十月十三日，利瑪竇撰於南昌的〈致羅馬總會長阿桂委瓦神父書〉中提到，他正繪製一上面附有中文註解的世界地圖，「許多智慧高的人前來觀看，無不殷望趕快印刷出來」，更重要的是，「藉這些工作及其它類似的科學工作，

〔註82〕 張廷玉等，《明史》，卷 326，〈意大里亞〉，頁 8460。
〔註83〕 〈致羅馬朱利奧和熱羅拉莫‧阿拉列奧尼昆仲神父書〉，1605 年 7 月 26 日撰於北京，《利瑪竇書信集》，頁 315。
〔註84〕 〈致高斯塔神父書〉，1605 年 5 月 10 日撰於北京，同上書，頁 292。
〔註85〕 〈致父書〉，1605 年 5 月 10 日撰於北京，同上書，頁 285。
〔註86〕 〈致德‧法比神父書〉，1608 年 8 月 23 日撰於北京，同上書，頁 399。
〔註87〕 〈致羅馬馬塞利神父書〉，1605 年 2 月撰於北京，同上書，頁 268～269。
〔註88〕 林東陽，〈利瑪竇的世界地圖及其對明末士人社會的影響〉，頁 333。
〔註89〕 《利瑪竇中國札記》，頁 180。

我們獲得中國人的信任與尊重，希望天主盡快爲我們打開一條出路，能從事更重要的工作，就是在這些科學的工作上，我們也盡量把天主的要理與教會的規律滲入其中」。〔註90〕爾後在李之藻刻版的「坤輿萬國全圖」中，也曾附上一些對於天主教義的解說，以及有關天主教國度之風俗制度的概述。〔註91〕萬曆三十六年（1608）年初，利瑪竇將世界地圖呈獻給萬曆皇帝，博得皇帝的喜愛，隨即在一些殿堂上掛起了他所繪製的世界圖。利瑪竇認爲，此舉對於耶穌會士的傳教事業，相當有利。同年八月二十二日撰於北京的〈致羅馬總會長阿桂委瓦神父書〉中提到：

> 因爲在此地圖中有不少耶穌之名，皇帝也知道很清楚，還有本會的徽章，上爲耶穌聖名的簡字。不少大儒寫有序言，盛讚我們與我們所有的一切，……希望皇帝或皇子看到我們刻印在上面的有關教會的道理，我歐洲的風土人情。巴不得皇帝有一天想見我們，追問我們教會的事才好。全體教友與朋友無不因此爲我們高興，也希望能獲得預期的成果。〔註92〕

利瑪竇將天主耶穌信仰挾帶於世界圖的圖解說明文字裡，其所謂「預期的成果」，自是針對傳教事業能順利獲取皇帝和達官顯宦的認同而言。這種帶有「明修棧道，暗渡陳倉」意味的作法之所以可行，如就中國傳統地理學的演進脈絡來看，由於歷來對地圖實用性及其具備政治、經濟、軍事意涵的理解，地圖的製作與繪圖技術的改進，一向爲當政者與知識份子所關切；另一方面，地圓、五大洲世界地理風俗的介紹，也可以滿足一些中國人士對於域外、海外知識的好奇，與明代傳統四裔著述的風貌頗相契合。〔註93〕於是，明代晚期以利瑪竇爲首的耶穌會士即趁勢而起，投合中國士人的需求，充份運用西方相對新穎且進步的地理學識，開展其「知識傳教」的工作。利瑪竇衷心的目標也由此可見：

> 我們的著作中，使中國人感覺興趣的首推世界地圖與數學之類的書籍。以及其它介紹新奇事物的書籍。……對我們十分佩服；對地球的知識尤爲他們所驚奇，……中國的傳教情況，不能以皈教友多寡

〔註90〕《利瑪竇書信集》，頁 232。
〔註91〕《利瑪竇中國札記》，頁 432。
〔註92〕《利瑪竇書信集》，頁 389。
〔註93〕陳觀勝，〈利瑪竇對中國地理學之貢獻及其影響〉，頁 58～61；曹婉如，〈中國古代地理學史的幾個問題〉，頁 242～250。

> 論成敗，我們所做的是偉大事業的奠基工作。……希望這基礎爲宣
> 揚天主有大作用。〔註94〕

總而言之，利瑪竇的知識傳教策略曾「利用世界地圖、鐘錶、地球儀和其它著作，教導中國人，被他們視爲世界上最偉大的數學家」，〔註95〕以換得中國知識份子的尊重，「進而對我們的聖教也認爲是正派的宗教」。〔註96〕由於知識傳教策略的進行——即前引文中利瑪竇所謂「偉大事業的奠基工作」，不僅喚起明末關心西學的儒家學者，審愼衡量中西方學術文化之間互補互證的可能及其方式，其對於明清之際實學思潮的興起，直接或間接也具有推波助瀾的功效。而《地緯》的作者熊人霖，正置身在這充滿著許多可能性的學術環境中，因而成就了一部傳承古今又兼採中西的地理著作。

第三節　熊人霖儒者意識的自覺與落實

從《地緯》中對於世界地理知識的呈現，傳統宇宙論與自然觀的推闡，到大明一統天下意識的展露，配合熊人霖自敘其著述用意所透露的訊息中，筆者認爲，晚明西學與實學思潮匯流的學術背景，特別能夠提供我們從思想史的角度來理解該書的時代意義。本節首先以此背景作爲討論的出發點，尤其針對當時關心西學的知識份子如何探介及研究西方地理知識的傾向，藉以凸顯熊人霖援引西學資訊以書寫世界地理現象的一般性或特殊性。其次，以《職方外紀》中經由世界地理知識推闡天主信仰的論述作爲參照點，探討熊人霖基於儒者經世致用的理念，作爲其寫作及刊刻《地緯》的終極標的。此一方面涉及熊人霖的儒學觀及其對時代變局的體認，另一方面，也顯示了熊人霖《地緯》與艾儒略《職方外紀》之間著述旨趣的差異，呈現出天主信仰／經世理念的分歧。

一、明末西學與實學思潮匯流中的熊人霖

熊人霖成長的年代正值明末萬曆至崇禎年間，自幼年起從其父熊明遇長期接受《四書》、《五經》，以及明代科舉範本《性理大全》等傳統儒學教育的

〔註94〕《利瑪竇書信集》，頁 392～393。
〔註95〕〈致羅馬阿耳瓦烈茲神父書〉，1605 年 5 月 12 日撰於北京，同上書，頁 302。
〔註96〕〈致父書〉，1605 年 5 月 10 日撰於北京，同上書，頁 285。

薰陶，後來獲科舉功名並有仕宦事蹟，深具中國傳統儒士的學養背景。從天啓三年接觸《職方外紀》到翌年完成《地緯》前後，中國學術界與政治界正面臨著鉅大的變動。

從西學與實學匯流的整體脈絡來看，萬曆年間，由於「利瑪竇兼通中西之文，故所著書皆華字華語，不煩譯釋」，〔註97〕加上「其所著書多華人所未道，故一時好異者咸尚之。而士大夫如徐光啓、李之藻輩，首好其說，且為潤色其文詞」。〔註98〕耶穌會士研習儒家經籍，尊重中國風俗習慣與倫理道德，介紹歐洲相對新穎的科技，開展其知識傳教的事務，曾獲得當時不少士大夫的肯定與認同。影響所及，也成為鼓動明季「崇實絀虛」學風、「經世致用」思潮蓬勃興起的一大因素。〔註99〕

徐光啓、李之藻為當時研究西學的首要先驅，也是開啓晚明經世實用思潮的代表人物。以徐光啓為例，徐光啓於萬曆三十二年（1604）題撰《二十五言》的跋言中，提到他原先透過趙可懷、吳中明所刊世界輿圖的因緣，初識利瑪竇，深有好感。在他對於西方學術有更深一層的理解之後，乃建議利瑪竇大舉翻譯所攜圖書，「以裨益民用」。〔註100〕爾後，徐光啓在北京向利瑪竇學習西方邏輯學、幾何學以及天主教義，經常催促其著書立言以推廣西學的影響。〔註101〕徐光啓於萬曆四十年（1612）序熊三拔《泰西水法》時，稱讚西方傳教士「實心、實行、實學，誠信于士大夫也」，他認為「其教必可以補儒易佛，而其緒餘更有一種格物窮理之學」。〔註102〕萬曆四十四年（1616），徐光啓以南京禮部郎中徐如珂、禮部侍郎沈㴶等人聯合控告王豐肅、陽瑪諾等耶穌會士妖言惑眾且圖謀不軌一事，於七月間上〈辨學章疏〉為其辯解，疏中強調傳教士的種種言論「與儒家相合」，「真可以補益王化，左右儒術，救正佛法者也」，並且建請萬曆皇帝「盡召疏中有名陪臣，使至京師，乃擇內外臣僚數人，同譯西來經傳。凡事天愛人之說、格物窮理之論、治國平天下之術，下及曆算、醫藥、農田、水利等興利除害之事，一一成書，欽命廷臣

〔註97〕 紀昀等，《欽定四庫全書總目》，卷106，〈乾坤體義二卷〉，頁285。

〔註98〕 張廷玉等，《明史》，卷326，〈意大里亞傳〉，頁8461。

〔註99〕 呂實強，〈由明清之際中國知識份子反教言論看中西文化交流（1583～1723）〉，頁411～412；陳鼓應等編，《明清實學思潮史》，中卷，明清之際之部。

〔註100〕《天學初函》，第1冊，頁325～328。

〔註101〕〈致高斯塔神父書〉，1605年5月10日撰於北京，《利瑪竇書信集》，頁290～291。

〔註102〕 徐光啓，〈泰西水法序〉，《天學初函》，第3冊，頁1505～1506。

共定其是非」。〔註103〕

　　徐光啓秉持儒者意識的胸懷，極力推崇耶穌會士的言行學問有益世道人心且有助經國濟民，與儒學傳統講求內聖外王、術德兼備的道理，並行不悖，「國家致盛治、保太平之策，無以過此」。〔註104〕基於類似的理念，徐光啓在〈題萬國二圜圖序〉中引證了包括中國渾、蓋舊說的論據，來支持利瑪竇所宣揚的西方地圓說：「西泰子之言天地圓體也，猶二五之爲十也」；〔註105〕同時，身爲天主教徒的他，亦嘗根據地圓說批判佛教教理：「大地圓體外，原無西方極樂世界」，〔註106〕這顯然是其「補儒易佛」初衷的一種發揮。徐光啓的弟子陳子龍曾在〈農政全書凡例〉中，推崇他平生的學識素養，「博究天人，而皆主於實用，至於農事尤所用心，蓋以爲生民率育之源，國家富強之本」。〔註107〕徐光啓子徐驥也追述其「惟好學，惟好經濟。考古證今，廣諮博訊」、「一事一物，必講究精研，不窮其極不已。故學問皆有根本，議論皆有實見」，尤其「如曆法、算法、火攻、水法之類，皆探兩儀之奧，資兵農之用，爲永世利」。〔註108〕由此可見，徐光啓一生的經世實學素養及其對西士的態度、對西方實用學問的研究，博學廣咨，實事求是，格物窮理，知行合一，具體顯示了西學與實學思潮交融下的典型。

　　再就李之藻而論，利瑪竇與其他耶穌會士於萬曆二十九年（1601）抵達北京時，李之藻正擔任工部員外郎的職務，其與徐光啓一般，也是緣起於世界輿圖的關係，結識利瑪竇。李之藻在〈刻職方外紀序〉中追憶這段經歷時，提到他目睹利瑪竇所攜西方世界輿圖的感觸：「利氏來賓，余從寮友數輩訪之。其壁間懸有大地全圖，畫線分度甚悉。利氏曰此吾西來路程也。其山川形勝土俗之詳，別有鉅冊，已藉手進大內矣」。李之藻聆聽利瑪竇的解說之後，頓時領悟到傳統計里畫方製圖法則的疏失，於是開始從利瑪竇學習西方地理知識，並且協助其將歐洲版世界圖「譯以華文，刻爲萬國圖屏風」。〔註109〕《利瑪竇中國札記》中對此過程有一段頗爲傳神的敘述：

〔註103〕王重民輯校，《徐光啓集》，卷9，頁434。

〔註104〕王重民輯校，《徐光啓集》，頁436。

〔註105〕徐光啓，〈題萬國二圜圖序〉，《徐光啓集》，頁63～64。

〔註106〕徐光啓，《闢妄》，吳相湘編，《天主教東傳文獻續編》，頁646。

〔註107〕陳子龍，〈農政全書凡例〉，《陳子龍文集》，頁679。

〔註108〕徐驥，〈文定公行實〉，《徐光啓集》，附錄一，頁560。

〔註109〕艾儒略著，謝方校釋，《職方外紀校釋》，頁6。

他（李之藻）青年時雄心勃勃要對整個中國作一番很好的描述，並
繪製十五省的精確地圖，這對他就意味著全世界。當他看到利瑪竇
神父製作的世界地圖時，就十分驚嘆自己工作的侷限。他知識純誠，
從地圖中得到良好的啟發⋯⋯馬上跟利瑪竇神父以及其他神父交上
朋友，爲的是學習地理，⋯⋯他的第一項大工作是以盡可能大的比
例尺重製世界地圖。〔註110〕

這段文字說明了李之藻本於知識追逐的熱忱在北京就教於利瑪竇，他的學習
動機及其伴隨而來的實際行動，大致反映了傳統士大夫重視地理知識的體認
與實踐。究心西方天文曆算與世界地理知識的李之藻於《坤輿萬國全圖》的
序言中，肯定環遊四海、實測經緯的利瑪竇在地理學上的成就，已超越了中
國自古以來的製圖學傳統：

西泰子汎海，躬經赤道之下，平望南北二極，⋯⋯古人測景曾有如
是之遠者乎？其人恬澹無營，類有道者，所言定應不妄。又其國多
好遠遊，而曾習于象緯之學，梯山航海，到處求測，蹤逾章亥，算
絕撓隸。所攜彼國圖籍，玩之最爲精備。夫亦奚得無聖作明述焉。
〔註111〕

萬曆四十一年（1613），時任南京太僕寺少卿的李之藻上〈請譯西洋曆法疏〉
中，特就耶穌會士所攜書籍，舉凡「能載各國風俗山川險夷遠近」的萬國圖
誌以及曆術、水法、算法、測望、儀象、日軌、醫理、樂器種種學術，建議
朝廷「但係有益世用者，漸次廣譯，其於鼓吹休明，觀文成化，不無裨補」。
〔註112〕李之藻基於經世實用的目的引介西方學術的用心，於此昭然若揭。
除此之外，李之藻曾據利瑪竇口授，於萬曆三十三年（1605）編印以論證天
地宇宙結構爲主的《乾坤體義》三卷，於萬曆三十五年（1607）譯刊有關星
盤原理及其測量法則的《渾蓋通憲圖說》兩卷，翌年完成以推演圓體等邊圖
形爲主的《圜容較義》一卷，並於萬曆四十二年（1614）譯刻有關西方筆算
術介紹的《同文算指》八卷。天啓三年（1623），李之藻告返浙江杭州後，
猶致力推廣西方科技與宗教。至崇禎二年（1629），鑒於西學譯書散落，學

〔註110〕《利瑪竇中國札記》，頁432。另參閱曾德昭著，何高濟譯，《大中國志》，頁
　　　　　292～298。
〔註111〕利瑪竇，《坤輿萬國全圖》。
〔註112〕轉引自方豪，《中國天主教史人物傳》上冊，頁119。

者參討不易，於是輯刊分列「理器二編，編各十種」的《天學初函》五十二卷。〔註113〕針對西方地理知識，李之藻則在《天學初函》中極力宣揚地圓說，如萬曆四十二年（1614）的〈圓容較義序〉中傳承耶穌會士所宣揚的天主造物信仰，推論天圓則地必圓的宇宙結構：

> 自造物主以大圓天包小圓地，而萬形萬象錯落其中，親上親下肖成圓體，……所以造物主之化成天地也，令全覆全載，則不得不從其圓，而萬物之賦形天地也，其成大成小亦莫不鑄形于圓，即細物可推大物，即物物可推，不物之物，天圓地圓，自然必然，何復疑乎？

李之藻感慨過去中國學界對於這種天地自然的道理，「第儒者不究其所以然，而異學顧恣誕於必不然」。〔註114〕此外，在〈渾蓋通憲圖說自序〉中亦強調儒者惟實學爲務以及窮究天地知識的重要性：「若吾儒在世，善世所期，無負霄壤，則實學更自有在」。爲了堅實該書推闡儀規測量法則的宇宙論基礎，他援引中國經籍舊說，互證西方地圓說的合理性：「圜中之聚一粟爲地，地形亦圓，其德乃方，曾子曰：若果天圓而地方，則是四隅不相揜也，坤之文曰至靜而德方」。〔註115〕直到天啓三年（1623）的〈刻職方外紀序〉文中，他認爲該書作爲第一部中文版的地圓、五大洲洋世界地理專著，內容載錄當時士大夫前所未見的奇聞異事與別有天地的異域俗尚，「種種咸出俶詭，可喜可愕，令人聞所未聞。然語必據所涉歷，或彼國舊聞徵信者」；從艾儒略的論述中亦讓他感受到「地如此其大也，而其在天中一粟耳。吾州吾鄉，又一粟中之毫末」、「熟知耳目思想之外，有如此殊方異俗、地靈物產眞實不虛者，此見人識有限，而造物者之無盡藏也」。〔註116〕通觀前舉的例證，可以得知李之藻對於西方地理知識的接受與重視。《天學初函》的編成象徵西學更深入晚明知識界，西方地圓說透過書中天文曆算、自然哲學及世界地理知識譯著的內容展現出來，該書可說是當時整體推廣西方地學新知的力作，也可視爲耶穌會士與關心西學的晚明士紳溝通中西學術的心血結晶。

　　同被教會尊爲明末天主教柱石的徐光啓、李之藻，〔註117〕他們的言論直

〔註113〕方豪，《中國天主教史人物傳》上冊，頁113～123。

〔註114〕《天學初函》，第6冊，頁3427～3431。

〔註115〕《天學初函》，第3冊，頁1714，1721～1722。

〔註116〕《天學初函》，第3冊，頁1276～1279。

〔註117〕Willard J. Peterson, "Why Did They Become Christian? Yang T'ing-yün, Li Chih-tsao, and Hsü Kuang-ch'I," pp. 129～152.

接反映奉教人士的見解，其中往往流露出儒者經世理念的立場，詮釋中國傳統學說相對於西方天主教義或科技知識之間的共通性，體現出西教、西學與儒學、實學互證互補的可能與結果。而其他傾心西學或信仰西教的士大夫，也多半採取儒學本位觀來面對西方學術的應然或實然。換句話說，立足中學，採擷西學，補充儒學，開展實學，幾乎是當時留意西學的明末士人，吸納及轉化西學新知的常態方式之一。〔註118〕實際上，利瑪竇早已識破這項關鍵。爲了達成宣揚天主教的目的，利瑪竇嘗試以儒家經典中的觀念，解釋天主教義與西方學術，作爲其籠絡中國士大夫的具體手段：「把儒士派的大多數吸引到我們的觀點方面來具有很大的好處，他們擁護孔夫子，所以可以對孔夫子著作中所遺留下來的這種或那種不肯定的東西作出有利于我們的解釋。這樣一來，我們的人就可以博得儒士們極大的好感」。〔註119〕經由這類的途逕，積極加強天主教義與儒學傳統之間的聯繫，達到潛移默化的效用。以西方地圓說的傳播爲例，利瑪竇爲了引導中國士人接受地圓觀念，中文版世界輿圖圖解說明與《乾坤體義》卷上〈天地渾儀說〉開宗明義即提出「地與海本是圓形，而合爲一球，居天球之中，誠如雞子黃在青內」的比擬，來連貫西方地圓說與中國渾天說的宇宙論，緊接著以「有謂地爲方者，語其德靜而不移之性，非語其形體也」，將蓋天說傳統中天圓地方的形狀觀念詮釋成大地靜止的說法，既符合了中世紀經院哲學所秉持的托勒密地心說體系，也可藉此消弭地圓與地方的扞格不入之處（參閱本書第三章第一節）。

利瑪竇的作法，在於適應根深柢固於中國知識界的儒家傳統學說意涵，以造就西學與儒學的對話空間，建立起耶穌會士傳播西學、宣揚西教的理論基礎。相對而言，晚明士紳也可基於儒學的需要，選擇性地認知並予以自主性地詮釋，來吸納及轉化西學（天學）的論說內涵。〔註120〕這兩者之間的互動交流，共同構成明末西學脈動與實學思潮匯流的學術風貌。不論是合儒也好，補儒也罷，或是超儒也成，皆不免考慮到西學與儒學間的主從去取或異同對比的關係，乃至於中國士人接受西方地理知識的關鍵，也往往出自儒學基本立場或大明天下

〔註118〕沈定平，《明清之際中西文化交流史——明代：調適與會通》，頁 575～631。另參閱黃一農，〈明末中西文化衝突之析探——以天主教徒王徵娶妾和殉國爲例〉，頁 211～234；〈天主教徒孫元化與明末傳華的西洋火砲〉，頁 946～959；〈忠孝牌坊與十字架——明末天主教徒魏學濂其人其事探微〉，頁 75～85。

〔註119〕《利瑪竇中國札記》，頁 663～664。

〔註120〕Jacques Gernet, *China and the Christian Impact: A Conflict of Culture*, pp. 24～30.

意識的調整。自徐光啓、李之藻以降，親近耶穌會士的晚明士人，往往以「西儒」之名稱譽這些遠道而來的傳教士，以表達他們對傳教士言行學養的尊崇，此舉也正反映傳統「儒士」、「儒者」地位與形象的深入人心。〔註121〕如熊明遇於萬曆四十二年（1614）爲熊三拔《表度說》所寫的序言裡，提到「不謂西方之儒之書，持之有故，言之成理也」，他推崇「西域歐邏巴國人，四泛大海，周遭地輪，上窺玄象，下採風謠，彙合成書，確然理解」，並且認爲耶穌會士「星槎絕海，禹谷賓王，抱圖史以觀光，陝書契而利見」的實際作爲，「豈非同文之盛事，無外之上摹哉」，正足以體現大明帝國一體同風的天下秩序。〔註122〕於同年撰述的〈七克引〉中，熊明遇讚嘆其「所攜圖畫、巧作及陳說海外謠俗風聲，異哉所聞」，流露出對西方文物與世界風俗的欽羨情懷。同時，更稱譽專精於天文曆數學的耶穌會士們「傳華語，學華文字，籌燈攻苦，無異儒生，眞彼所謂豪傑之士也耶！」熊明遇因此讚揚「大雅宏達」且「無異儒生」的西方傳教士，「所以著道之微，安人之危，千古如日月經天」，最終評價這些「西方之士，亦我素王功臣也」。〔註123〕這是明末西學與實學思潮激盪的歷史過程中，一段頗具代表性的言論。西方傳教士有功於中國儒學傳統的闡揚，幾乎是留意西方地理知識的中國士人共同的呼聲之一。

在萬曆三十年版「坤輿萬國全圖」上，「有幾位士大夫也用優美的文字寫了序文來點綴這部著作」，〔註124〕其中，祁光宗在題辭裡推崇李之藻協助利瑪竇製刻世界圖之舉，文中訴諸傳統通天地人之謂儒的信念，贊譽世界輿圖得以幫助中國學者瞭解天地「千古之秘」的道理：

> 余友李振之甫愛而傳之，乃復畫爲圖說，梓之屏障。……非□中具
> 有是圖，烏能爲此償所謂通天地人者耶？余未爲聞道，獨于有道之
> 言嗜如饑渴，故不覺津津道之如此。〔註125〕

祁光宗對於西方地理知識的接受，正是本著儒學傳統仰觀天文、俯察地理、中盡人事的一貫理想。此外，如李應試（1559～1620）在萬曆三十一年（1603）

〔註121〕利瑪竇早已觀察到：「所謂儒者，目前在中國到處都有，我們以此名義出入文人學士的場合。顯貴或官吏多喜歡和我們往來，而不太容易和僧人交往，不但南京如此，中國其它各地也莫不如此」。〈致羅馬總會長阿桂委瓦神父書〉，1595 年 11 月 4 日撰於南昌，《利瑪竇書信集》，頁 202～203。
〔註122〕《天學初函》，第 5 冊，頁 2527～2531。
〔註123〕《天學初函》，第 2 冊，頁 697～700。
〔註124〕《利瑪竇中國札記》，頁 432。
〔註125〕利瑪竇，《坤輿萬國全圖》。

版《兩儀玄覽圖》的序言中，稱讚耶穌會士將梯航聞見具體化爲天地圖說，發微闡幽，言之有物，彌補了過去中國學界對於天文地球認知的不足。他根據世界圖的實際例子推論，中西方並未因爲語言文字的不同，構成彼此之間的學術隔閡，「蓋心同理同，其學且周孔一轍，故賢公卿大夫日接而雅敬之云」。〔註126〕侯拱宸在該圖的序言中明白指出，「貞篤純粹，學博天人」的利瑪竇，遠從歐洲渡海而來朝觀大明天子，連帶伸張了帝國對外關係的廣涵性。至於「發揮乾坤精奧，周遍法界人文」的兩儀玄覽圖，則方便學者瞭解天下萬國的地理風俗，對於中國知識界可說是裨益良深。〔註127〕

萬曆三十二年（1604），貴州巡撫江西泰和人郭子章（1543～1612）在〈山海輿地全圖序〉中，徵考《周禮·職方》、《河圖括地象》、《山海經》、《史記》、《竹書紀年》等古籍舊說，舉證西方地理知識包羅「中國千古以來未聞之說者」的部分，且論述其暗合傳統世界觀念的成分。郭子章稱許利瑪竇能「以人證書也，非若《竹書》之托空言也」，又根據《左傳》記孔子問學於郯子而發「天子失官，學在四夷」的感觸，表達他對於利瑪竇學養的信任。最後更回歸王者無外／用夏變夷的天下意識，強調「且利居中國久。夫夷而中國也，則中國之矣」，來淡化世人對於利瑪竇異邦身份的疑慮。〔註128〕山西太原人王錫爵在〈方輿勝略外夷引〉中抱持兼容並蓄的態度指出，利瑪竇將親歷大地圓球的見聞形諸於圖，既彰顯了大明帝國空前盛大的版圖規模，也有助於擴展《禹貢》、《周禮》所載九州範圍以及張騫通西域之後的世界視野。〔註129〕

前舉多項例證顯示，當時某些士大夫解說西方地理知識性質的依據，多半是將之放入實學（儒學）的知識脈絡裡加以定位。實學在此，其實具有「濾網」的作用，也可說是中國士紳的「有色眼鏡」。晚明士紳針對西方地理知識東傳的另一位重要人物——艾儒略的態度，也可以讓我們看到相似的情況。如江蘇常熟人瞿式穀在〈職方外紀小言〉中，從「曷徵之儒先曰東海西海，心同理同」的會通觀點，摒除傳統地理中心暨天朝自居的天下意識，並撇開夷夏文化區隔的狹隘情結，肯定艾儒略本人的傑出學養及其《職方外紀》的

〔註126〕 Pasquale M. D'Ella SJ, "Recent Discoveries and New Studies(1938～1960) on the World Map in Chinese of Farther Matteo Ricci SJ," pp. 147～150.

〔註127〕 Pasquale M. D'Ella SJ, "Recent Discoveries and New Studies(1938～1960) on the World Map in Chinese of Farther Matteo Ricci SJ," pp. 151～153.

〔註128〕 洪煨蓮，〈考利瑪竇的世界地圖〉，頁 23～24。

〔註129〕 程百二，《方輿勝略》，頁 1a～3a。

卓越貢獻：

> 若謂中土而外，盡爲侏離左衽之域，而王化之所弗賓，嗚呼，是何
> 言也！……且夷夏亦何常之有？其人而忠信焉、明哲焉、元元本本
> 焉，雖遠在殊方，諸夏也。……愚謂茲刻之大有功於世道也，不但
> 使規毫末者破蝸國之褊衷，抑且令恣荒唐者實恒沙之虛見。〔註130〕

江西進賢人熊士旂跋《職方外紀》時，開場以「昔人謂讀書益人神智，又謂
開卷有益」的理念，評價該書「爲益匪細」的貢獻。他認爲梯航九萬里而來
的耶穌會士，「仰觀赤道南北二極之躔度以定萬國之封域，而茲紀露一斑云。
吾人壽幾何，胡能足跡遍大地悉睹記諸殊尤絕跡哉！」〔註131〕換句話說，在
當時中國缺乏環遊大地以從事實徵研究的條件下，該書的出版等於是替明末
士人突破原本客觀環境的限制，製造出一立足中國而能放眼世界的契機。

　　福建福唐人王一錡在〈書墨瓦蠟尼加後〉一文中，根據「鄒子謂九州之
外，復有九州」、「漆園氏謂六合之內，論而不議，六合之外，存而不論」等
傳統見解，推崇五大洲世界地理知識統記六合內外的空前成就，同時也稱讚
西方傳教士賓服於華夏秩序的難能可貴，「聖化洋溢，無遠弗屆。自開闢以來，
曾有如大西諸儒，重數十譯，破浪九萬里而來賓者乎！」文中更透過王者無
外的觀念，來定位歐洲航海家哥倫布等人發現新大陸的作爲，進一步強調大
明天子廣行教化於「墨瓦蠟尼加」的必要性，以實踐普天之下莫非王土、率
土之濱莫非王臣的理想，達成五洲同風、四海昇平的一統境界。另一方面，
他認爲耶穌會士宣揚天主信仰的理念，其實呼應了儒家君子標榜仁心德性的
用意，彼此之間對於天文、地理與人事相互關聯的體認頗爲一致。〔註132〕

　　崇禎十四年（1641），福建邵武縣樵川人米嘉穗覽閱艾儒略的《西方答問》
之後，認爲此書「不獨以彼國之紀述，擴此方之見聞，其辨異而歸同，剖疑
而致信，有若一一燭照而數計之者」，與他本人對地理學具備經世實用性的理
解相一致，更進而強調西學有益於儒學的事實：「竊謂吾儒之學，得西學而益
明，西學諸書，有此冊而益備也。學者因其不同以求其同，其於儒學、西學，
思過半矣！」〔註133〕西學如此，西教亦然，如福建福唐人葉向高推崇耶穌會

〔註130〕艾儒略著，謝方校釋，《職方外紀校釋》，頁9～10。
〔註131〕艾儒略著，謝方校釋，《職方外紀校釋》，頁15。
〔註132〕艾儒略著，謝方校釋，《職方外紀校釋》，頁143～145。
〔註133〕米嘉穗，〈西方答問序〉，引自徐宗澤，《明清間耶穌會士譯著提要》，頁 300
　　　　～310。

士「言慕中華風，深契吾儒理，著書多格言，結交皆名士」，〔註134〕在〈職方外紀序〉中他考察西方地理知識的學術價值之餘，亦指出天主教義與儒家學說彼此存在著某些類同之處，爲其促使明末士人奉教的主要因素：「泰西氏之始入中國也，其說謂天地萬物皆有造之者，尊之曰天主，其敬事在天之上，人甚異之；⋯⋯然其言天主，則與吾儒畏天之說相類，以故奉其教者頗多」。〔註135〕正是透過對中國學術傳統的掌握及其與西方學說的比較，葉向高才得出這樣的結論。

質言之，在當時「披圖羅萬國，受學溢千人」〔註136〕的學術背景中，耶穌會士比附儒學介紹西學以接近明末士人，來達成他們傳播天主教的目標；而當時留心天文地理、典禮制度等經濟實用知識的晚明士人，則出於興國安民的初衷接近耶穌會士，以追求實學新知，或是引介西學來補益中學。〔註137〕在一個知識份子講求內聖外王的道理及懷抱經世致用理想的時代中，對一位「平生留心吏治戎政、古今沿革典制」〔註138〕的熊人霖而言，西方地理知識不啻活水泉源。於是天啓三年得覽《職方外紀》之後，迅即援引其中資料撰著《地緯》。然而，在本書第五章第三節中曾提到，熊人霖呈現世界地理知識的同時，連帶將之納入中國傳統天下意識中，與艾儒略《職方外紀》所強調之「無處非中」的用心，頗有背道而馳的意味。其間的差異，除了是二者學識背景有所不同之外，亦可從彼此各有歸趨的著述目的予以解釋。

二、知識傳教／經世理念的分歧

文化傳播的過程中存在著某些「不確定」的因素，施者與受者之間，往往得到出乎意料的結果。晚明士人延續既有的學術脈絡，補充新穎的知識觀點，透過經世濟民的實學觀念來掌握西方地理知識，一方面成爲彼此溝通中西學識的有效方式，另一方面，卻多少也模糊了利瑪竇等人藉由西方地理知識宣揚天主信仰的用意，其結果適與耶穌會士原本的期待大相逕庭。

我們知道，耶穌會士在一些中文譯著裡，嘗試運用天主信仰轉化儒學的

〔註134〕《熙朝崇正集》，福唐葉向高贈詩，引自《天主教東傳文獻》，頁 643。
〔註135〕艾儒略著，謝方校釋，《職方外紀校釋》，頁 13。
〔註136〕《熙朝崇正集》，古莆彭憲范贈詩，《天主教東傳文獻》，頁 648。
〔註137〕常紹溫，〈晚明科技知識的傳入與中國知識界〉，收入祝瑞開主編，《宋明思想和中華文明》，頁 277～278；王家儉，〈晚明的實學思潮〉，頁 279～301。
〔註138〕轟當世、謝興成等，《進賢縣志》，卷 15，〈人物志・良臣〉，頁 1269。

傳統觀念，諄諄告誡儒家君子的成道正途，需歸原於天地的主宰者——天主上帝。〔註139〕利瑪竇在「坤輿萬國全圖」的序文中，首先強調圖史的功用可使覽閱者克服有窮生命的聞見侷限，超脫吾生有涯而學海無涯的認知遺憾。在敘說中文版世界地圖的來龍去脈與內容特色之後，不忘向中國士人申明學習天地自然知識，以體會造物天主的存在，同時互證兩者間的主從關係：「嘗聞天地一大書，惟君子能讀之，故道成焉。蓋知天地而可證主宰天地者之至善、至大、至一也。不學者，棄天者也。學不歸原天帝，終非學也」。〔註140〕翌年於「兩儀玄覽圖」的題辭中，開宗明義闡述「夫道無終窮，學無止息，猶上天之生物無盡，四時之循環無端也」，隨即表態其演刻該圖的目標，終究是為了「廣造物之功，而導世識本元之伊始」。〔註141〕這樣的用意，馮應京（1555～1606）瞭解的相當透徹，在〈輿地圖敘〉中他直指利瑪竇的本心：

> 西泰子輿圖，……天下之觀此圖者眾矣，或供臥遊之興，或廣經略
> 之謀，或銷蠻觸之褊心，或驚塵芥之虛見，倘亦有進于道者乎？……
> 西泰子有云：「神之接物，司記者受之，司明者辨之，司愛者處之，
> 要歸事上帝爲公父，聯萬國爲弟兄。」是乃繪此坤輿之意與？〔註142〕

耶穌會士們透過輿圖專著介紹世界地理知識，主要目的不但希望能憑藉五大洲世界圖上的解說來宣揚基督教義，也盼望可以改變中國人對其國土包羅世界絕大版圖的觀念，使之理解「無處非中」的大地圓體上，實別有文明教化不亞於中國的歐洲存在著，藉此打擊一些中國士人「夜郎自大」的狹隘。照利瑪竇的意思：「一旦這種新知識被少數人所知道，它就很快地進入知識階層的學術領域。由此可以想見歐洲的聲譽是怎樣在提高的，他們又是如何緩慢地把它和野蠻分開來的，並且將來不好意思把它稱作野蠻」。〔註143〕耶穌會士致力向晚明士紳展示西方地理學技術前所未有的優越性，並頌揚歐洲天主教國度的完美，來引起他們的注意。如利瑪竇在《坤輿萬國全圖》上解說歐洲

〔註139〕陳受頤，〈明末清初耶穌會士的儒教觀及其反應〉，頁 147～210；Jean Sainsaulieu 著，耿昇譯，〈入華耶穌會士的儒教觀〉，《明清間入華耶穌會士和中西文化交流》，頁 123～148。

〔註140〕利瑪竇，《坤輿萬國全圖》。

〔註141〕Pasquale M. D'Ella SJ, "Recent Discoveries and New Studies(1938～1960) on the World Map in Chinese of Farther Matteo Ricci SJ," pp. 153～155.

〔註142〕Pasquale M. D'Ella SJ, "Recent Discoveries and New Studies(1938～1960) on the World Map in Chinese of Farther Matteo Ricci SJ," pp. 128～135.

〔註143〕《利瑪竇中國札記》，頁 349。

三十多個國家「一切異端不從，而獨崇奉天主上帝聖教」、「工皆精巧，天文性理，無不通曉。俗敦實，重五倫。物彙甚盛，君臣康富」。〔註144〕經由這種方式促使中國士大夫傾心或包容西方文化，由景慕之心而生信奉天主教之意。

利瑪竇運用世界地理知識的傳教策略與推闡方式，也在艾儒略《職方外紀》中獲得進一步的發揮。艾儒略在〈職方外紀自序〉開宗明義強調：「造物主之生我人類於世也，如進之大庭中，令饗豐醲又娛歌舞之樂也」。序文中除了將星象列宿的渾然天成與山川草木的生生不息，歸因爲「造物主之恩厚」，並推本於造物主至大無窮的力量，來保證該書所述地圓之上、五大洲中各國域奇風異俗的眞實不虛：

> 在創聞者，固未免或駭爲奇，然而非奇實常；或疑爲虛，然而非虛皆實。夫惟造物主之神化無量，是故五方萬國之奇詭不窮。倘一轉念，思厥所由，返本還原，徑固不遠，區區之愚，良有見於此耳！
> 〔註145〕

世界上所有的事物皆由天主所創造，它們也都反映出天主的能力與智慧；從大千世界的奇秀美妙，人們可以洞識到造物主偉大的神力。〈職方外紀自序〉全文透露出艾儒略介紹世界地理知識的初衷，在於使中國士人「溯流窮源，循末求本，言念創設萬有一大主宰，而喟然昭事之是惕」。〔註146〕基於對世界地理的認知，窮究所以然之初所以然的造物天主，進而達成以地理知識傳播天主信仰的著述宗旨。

艾儒略曾向《天學初函》的編者李之藻表示，《職方外紀》的問世主要是爲了讓芸芸眾生「明乎造物主之於人獨厚也，人可不克己昭事，以期復命歸根。作如是觀，吾儕未闡天道，先語地員，不貽先後倒置之誚也乎！」〔註147〕而李之藻將《職方外紀》列爲崇禎二年編刊之《天學初函》中「理編」的最後一部，前接《西學凡》、《唐景教碑書後》、《畸人十篇》、《交友論》、《二十五言》、《天主實義》、《辯學遺牘》、《七克》、《靈言蠡勺》等涉及歐洲大學課程、天主教義或個人修養的論著，後續「器編」包括《泰西水法》、《渾蓋通憲圖說》、《幾何原本》、《表度說》、《天問略》、《簡平儀說》、《同文算指》、《圓

〔註144〕利瑪竇，《坤輿萬國全圖》。
〔註145〕艾儒略原著，謝方校釋，《職方外紀校釋》，頁1～2。
〔註146〕艾儒略原著，謝方校釋，《職方外紀校釋》，頁2。
〔註147〕艾儒略原著，謝方校釋，《職方外紀校釋》，頁7。

容較義》、《測量法義》、《勾股義》等十部專論西方水利技術、天文曆學與幾
何算術的譯作。《職方外紀》在《天學初函》的過渡位置，當有編者李之藻慧
眼獨具的安排。〔註148〕或許在他的心目中，蘊涵於世界輿圖背後的神學思維
與宗教論述，引人窮究大地之「理」以知天、事天，才是該書的精髓所在吧！
此外，天主教徒楊廷筠於《職方外紀》的序言中強調：「西士引人歸向天帝，
往往借事為梯，注述多端，皆有深意」，若僅僅將《職方外紀》視如傳統雜錄
異域風俗的四裔著述一般，淺嘗即止，而忽略全書引導世人從世界地理體會
天主信仰的用心良苦，則無異買櫝還珠，有眼不識泰山了。楊廷筠諄諄告誡
晚明士紳應將天地自然的認知昇華到對於造物天主的領悟，才能掌握住《職
方外紀》的精神所在：

> 方域至大，其位置馮生，日新富有，遍地生齒各給其用，各不相襲，
> 此不可窺測造物主之全能與貴重，人類獨超萬物之上哉！既知造物
> 主全能，則世惟一尊，無可與並。……惟聖人見其然，故凜凜昭事，
> 畏天命，對上帝，……此真能知天事天，質之東海西海，不相謀而
> 符節合者。〔註149〕

江西進賢人熊士旂在《職方外紀》的跋文中，表示他透過西方地理知識最終察
覺到造物天主的存在，由此也洞悉了艾儒略等人的宣教本意：「造物者發育萬
有，悉用以供我啟翼我德我，其宜何如以仰答之。故睹奇器則知良工之苦心，
目名畫則憶國手之巧心，閱《外紀》則念大造生成之宏賜，是皆不役志于物而
直探本原。諸名碩先生並譯著其說，倦倦善誘，深意其在斯乎！」〔註150〕浙江
錢唐人許胥臣序《職方外紀》時，也道破了艾儒略藉此書「使人識造物主功化
之無涯。擴其所見，不局於所未見，而因以醒其錮習之迷，以歸大正，則不第
多其見聞而已也」。〔註151〕

　　徵諸《職方外紀》各卷內容中，有關造物主、天主等字眼此起彼落，總
計出現與天主教信仰相關的敘述約八十餘處，尤其集中在歐洲、西亞（近東
地區，耶穌降生的猶太地區）並略及北非、南北美洲等崇奉天主教的地域。
具體推闡的過程，或正面傳頌，或側面指陳，或反面點出，總以天主信仰為

〔註148〕關於李之藻選輯《天學初函》的種種考量，參閱許媛婷，〈明末西學東漸的未
　　　　竟之聲──以李之藻《天學初函》的選書為討論中心〉，頁1～48。
〔註149〕艾儒略原著，謝方校釋，《職方外紀校釋》，頁4～5。
〔註150〕艾儒略原著，謝方校釋，《職方外紀校釋》，頁15～16。
〔註151〕艾儒略原著，謝方校釋，《職方外紀校釋》，頁11。

世界地理知識的衡量，不僅天主造物是世界地理的肇始，也是人們瞭解地理知識的歸趨，天主信仰甚至是判別世界各地文明水準的至高權威。〔註152〕

返觀《地緯》，本書第三章第四節曾大要比較《職方外紀》與《地緯》中呈現五大洲洋知識風貌的差異，列舉二書的相關內容相互對照，可以發現熊人霖略去原本在《職方外紀》中為數不少的天主信仰敘述，此種作法當非偶然為之，應係有意識地刪削。如〈地緯繫〉中強調：「西土曰：耶穌，上天之宰也。噫！非達人，其勿輕語于斯」。〔註153〕由此可見，熊人霖顯然對於天主耶穌、造物主的宗教信仰，抱持著保留的態度；在《地緯》中刪除或簡化《職方外紀》中的信仰字句，基本上也合乎他個人的價值意識。再者，本書第四章第二節中論及，熊人霖在《地緯》中主要基於傳統陰陽五行、氣論的系統思維，類比解釋天地之間自然現象及人文景觀的生成變化，並推闡五大洲世界中各國域風俗文化的差異，此舉又與艾儒略在《職方外紀》中訴諸天主造物信仰的根源，存在著相當程度的落差。

從二書內容取向的出入，我們當進一步考慮其學識背景的差別。相對於艾儒略的耶穌會士身份，熊人霖始終堅持以傳統儒者自任，「自舞勺大人口授書義，大抵合漢宋明諸儒之說，衷之於經，不敢逐標遺本，以意穿鑿」的他，〔註154〕更在《地緯》一書中極力地強調儒學道統的興盛：

> 儒之道，其盛矣乎！士者、農者、工者、商者，皆儒之人也；君臣、
> 父子、兄弟、夫婦、朋友，皆儒之事也。夷夏之無此疆爾界，皆儒
> 之境也。耶穌之學，儒之分藩也；老氏之術，儒之權教也。〔註155〕

筆者認為，這段文字表達了熊人霖如下的見解：

第一、熊人霖強調不僅士農工商皆為儒學傳統的一份子，五倫名份也是儒家向來對於人際社會基本倫常的主張。如將其推展到中國與邊裔的關係上，熊人霖秉持王者無外的天下意識，強調夷夏無隔閡，「皆儒之境」，普天之下盡入大明一統的政治文化版圖中。

第二、在晚明實學思潮蓬勃發展的學術環境中，熊人霖認為儒學道統之興盛，自當海納百川、萬流歸宗，即使如耶穌會士所宣揚的宗教

〔註152〕謝方，〈艾儒略及其《職方外紀》〉，頁132～139；洪健榮，〈明末艾儒略《職方外紀》中的知識傳教論述〉，頁1～28。

〔註153〕熊人霖，〈地緯繫〉，頁193b。

〔註154〕熊人霖，〈四書宗貫錄序〉，《鶴臺先生熊山文選》，卷4。

〔註155〕熊人霖，〈地緯繫〉，頁194a。

神學（耶穌之學），也不過是「儒之分藩」。熊人霖將西學納入儒
學傳統來加以考量，這或許是他個人包容性想法的一種表現，也
展露出一種以儒學作爲世上學術最高權衡的用意。〔註156〕

明代自「永樂初，遴朝臣及郡縣學官有文學者，開局東華門，纂修五經
四書性理大全，頒行國子監及天下府州縣學，正學淵源，揭日月于中天矣。
列聖相承，崇儒重道」。〔註157〕在這樣的學術背景之下，熊人霖「幼習聖賢之
訓，長受父師之教」，〔註158〕「嘗聞先君子之論經世」，〔註159〕更一貫地獨尊
儒家道統學識。熊人霖於〈勿軒先生集序〉中提到：

> 儒者之道，定天經，立人極，可訓可程，歸于躬省有得，是則可爲
> 聖人之徒矣！若析義著辨，固格物之端，……廣勵躬行，訓程後學，
> 俾天下曉然于儒道之至大哉！〔註160〕

熊人霖的陳述，體現出儒學中顯著的傳統，即所謂「內聖外王」的境界。儒
家君子標榜內而性命，外而經濟，所謂大學之道自格物、致知的個人學識出
發，經由誠意、正心的內在修養，進而修身、齊家的德行發揚，最後臻於治
國、平天下的政事作爲。不論是程朱理學也好，或者是陸王心學也罷，大皆
脫離不了經世教化的理想。〔註161〕熊明遇在〈君子有絜矩之道〉一文中，說
明儒學傳統這項極爲顯著的信念：

> 知王者絜之以爲王，霸者絜之以爲霸，要歸于天下之平，……大人
> 明德之學始于慎獨，縣于格物致知而誠意，自是正修齊治一以貫
> 之，……天下平乃其徵也，學必至是，然後爲大學之道。〔註162〕

熊人霖於崇禎十一年（1638）的〈古今治平略序〉中，根據「儒者之功，大
于本身及物，及物之謂仁」的儒學觀點，強調世上博物君子應推本至周公、

〔註156〕熊人霖的價值取向，也表現在《地緯》的各洲諸國分說中，偶以儒學本位的
觀點來解讀或轉化《職方外紀》中的宗教論述。如《職方外紀》卷四〈墨是
可〉中記載今中美洲墨西哥一帶往昔土俗事魔，「今掌教士人感以天主愛人之
心，亦知事魔之謬，不復祭魔食人矣」。《地緯》第七十二篇〈墨是可〉中將
之更改爲：「今西土之儒教之，其俗已革」（頁166a）。
〔註157〕熊明遇，〈造士議〉，《文直行書》，文卷12，頁42b。
〔註158〕熊人霖，〈上任告本縣城隍神祝文〉，《星言草》，頁1a。
〔註159〕熊人霖，〈葵書序〉，《鶴臺先生熊山文選》，卷5。
〔註160〕熊人霖，《鶴臺先生熊山文選》，卷5。
〔註161〕李紀祥，《明末清初儒學之發展》，頁1～14，59～112；石錦，〈略論明代中
晚期經世思想的特質〉，頁139～166。
〔註162〕熊明遇，《文直行書》，文卷10，頁3a-b。

孔子之道，藉以施於政務的處事原則：

> 故大學曰：致知在格物，此爲知本，此爲知之至也。且儒者經世，
> 匪攸有庸，即攸有過。是故愛道敬身者，所學誠臧之孔夙矣！余恒
> 懷古治，稽載籍所臚奏治理效者，深唯其故。〔註163〕

關於這一層面，利瑪竇亦頗有體會。累積長時期在中國社會的觀察，使他體會
到：「儒家不承認自己屬於一個教派，他們宣稱他們這個階層或社會集團倒更是
一個學術團體，爲了恰當地治理國家和國家的普遍利益而組織起來的」；換句話
說，儒家學者的最終目標「是國內的太平和秩序，他們也期待家庭的經濟安全
和個人的道德修養」。〔註164〕中國士大夫重視現世倫常的價值理念，與天主教
講究來世天堂的教義信仰，頗相歧異。萬曆二十三年（1595）十一月四日，利
瑪竇撰於南昌的〈致羅馬總會長阿桂委瓦神父書〉中提到：「儒家，即所謂知識
分子，知曉如何理家、治國和平天下，但不講究來生」；同時，他也發現最能引
起來訪士人興趣的，是西方的地球儀、渾天儀、世界地圖等科技，至於「來聽
教會道理的，和我交換意見。這種人，說實話真不太多」。〔註165〕葡萄牙籍耶
穌會士曾德昭（Alvaro Semedo, 1585～1658）於1638年完成的《大中國志》一
書中，亦曾描述中國學術文化的特徵，「就是尋求一條最好的統治之道」。他清
楚地觀察到，自古迄今中國帝王官紳關注於治理國家的方式或公眾利益的謀
取，重視儒學傳統對於人倫秩序的禮教規範以及修身、齊家、治國的入世德行，
與天主教歌頌上帝恩典、追求靈魂救贖的出世信仰，其實有別。〔註166〕

　　葉向高在〈西學十誡初解序〉中指出，當時與傳教士交遊的中國士大夫
仰慕西方技術精巧之餘，能夠心領神悟天主教義的信仰真締者，爲數相當有
限：

> 近乃有大西人自數萬里外來，其學以敬天爲主，以苦身守誡爲行，
> 大率與吾儒同，而闢佛尤甚。其人皆絕世聰明，於書無所不讀，凡
> 中國經史，譯寫殆盡。其技藝制作之精，中國人不能及也。士大夫
> 多與之遊，然其深慕篤信，以爲真得性命之學，足了生死大事者，
> 不過數人。〔註167〕

〔註163〕熊人霖，〈古今治平略序〉，朱健，《古今治平略》，頁3a-b。
〔註164〕《利瑪竇中國札記》，頁104～105。
〔註165〕《利瑪竇書信集》，頁205，211。
〔註166〕曾德昭著，何高濟譯，《大中國志》，頁58～61，179～181。
〔註167〕葉向高，《蒼霞餘草》，卷5，頁22a。

李之藻於天啟五年（1625）的〈讀景教碑書後〉中，曾提到明末士人或抱持保留的態度來看待西學：「三十餘載以來，我中土士紳習見習聞於西賢之道行，誰不歎異而敬禮之。然而疑信相參，詫為新說者，亦繁有焉」〔註168〕此種現象，或足以顯示西學與儒學之最高價值觀的差別之處。

　　天啟七年（1627），陝西涇陽人王徵（1571～1644）序《遠西奇器圖說》中追述，因欽羨艾儒略《職方外紀》中所載歐洲國家「絕非此中見聞所及」的奇器，於刊刻該書前一年（1626）冬與耶穌會士龍華民（Niccolo Longobardo, 1565～1655）、鄧玉函（Johann Terrenz Schreck, 1576～1630）、湯若望（Adam Schall von Bell, 1591～1666）等人因緣際會於北京時，趁機向他們請益《職方外紀》中各種器械的製作方法與實際用途。究心制器之學的天主教徒王徵隨即在鄧玉函的口授協助下，完成《遠西奇器圖說》一書，特地選錄能切於民生日用、國家興作且精巧簡便的機械，加以介紹。他甚至認為大明帝國接納自絕徼萬里而來的西儒，以及士大夫習知有裨於國家生計的西學，「正可昭我明聖德來遠，千古罕儷之盛」。〔註169〕領洗入教、皈依天主的他，依舊是將西方學術的價值，統歸於傳統儒學的價值體系中，遑論其他非天主教徒的儒家學者。

　　以「眾集千古之智，折衷其間」自詡的安徽桐城人方以智（1611～1671），其所著《物理小識》一書中大舉摘錄《職方外紀》等西學著述中的博物學資料，來建構全書關於天地萬物事理的知識系統。〔註170〕相形之下，《職方外紀》中種種涉及天主教史或宗教神學的描述，似乎不在方以智的興趣範圍內。此類傾向於實用性、考稽性和新奇性的選材方式，其實與前述王徵對於西學的引介標準，頗有異曲同工之處。至於像陳組綬秉持大明一統的天下觀與中國中心的地理觀，根據《大明一統志》、《廣輿考》與其它官修圖志等正統範例，抨擊利瑪竇《萬國全圖》與艾儒略《職方外紀》之五大洲世界觀的離經叛道，堅決將這些帶有「用夷變夏」、「小中國而大四夷」色彩的西方地理知識與天主教義，摒除在其所著《皇明職方地圖》的凡例內容之外，以合乎其一意彰顯聖明王化的情理標準。〔註171〕根據他的價值觀，這才是理所當然的作法。

〔註168〕《天學初函》，第 1 冊，頁 86～87。
〔註169〕王徵，〈遠西奇器圖說錄最〉，引見《遠西奇器圖說》，頁 5～12。
〔註170〕方以智，《物理小識》，頁 12～13，54～57，182～183，197～198，255，258 ～259，294。
〔註171〕陳組綬，〈皇明職方地圖或問〉，《皇明職方地圖》，頁 3a～5b。

　　人之常情，易於接受自認為舉足輕重、意義非凡的事物。大致說來，中國傳統學者所看重的自然知識或技藝制作，大多還是回歸到政治社會的運作與現實人生的關懷上。〔註172〕儒家士大夫涉及科學技術的認知，時常帶有濃厚的人文氣息，對於「實學」的關注，也具備如此的特性。常見的情景，往往如法國漢學家謝和耐（Jacques Gernet）的研究所指陳：「耶穌會士們試著藉由歐洲科學的聲望，以增強天主教的權威；中國人拒絕了宗教，只希望保留科學知識」。顯而易見的是，當時留意西方科技的士大夫「多僅接受那些深具實用性、可以富裕民生或堅實國防的西學內涵」。〔註173〕毋庸置疑的，晚明士紳從實學掌握西學，最終掌握到的對象，大多還是一些較具實用性的知識。利瑪竇等人運用世界地圖與五大洲風俗的介紹，以吸引士大夫的好奇或因應其經世實用的觀點，開展其知識傳教的事業。中國士人則選擇性地掌握西方地理知識的內涵，往往將之融入傳統儒學的一環，或者過濾掉其中涉及天主信仰的論述，加以「中國化」的詮釋，轉化成以中國為本位而思考的世界地理知識。緣起自雙方學術最高價值的落差，終究形成了天主信仰／經世理念的分歧。

　　儒家學說主張「經世致用」，也就是治國平天下。通常是在政治環境或社會局勢產生危機的時代，這樣的理念就會特別地活躍起來。〔註174〕由於明季國勢衰頹，朋黨紛爭，滋蔓不已，〔註175〕自萬曆四十六年（1618）的「遼事以來，賦漸加，民欠益多」，〔註176〕至天啓年間，東廠太監魏忠賢擅作威福，構陷為禍。〔註177〕天啓四年（1624）六月，東林黨人左副都御史楊漣疏參魏忠賢黨怙勢作威、專權亂政二十四罪狀，南京兵部尚書陳道亨與南京都察院署院事右僉都御史熊明遇上〈權璫罪狀已著疏〉，冀望熹宗皇帝亟斥顯姦、俯納廷議以決疑杜亂。奏疏中提到：「近年四郊多壘，百未弭一，加以天災地變，物怪人妖，……邇來愈見朝政參差，國勢搶攘，物力凋耗，

〔註172〕 葉曉青，〈論科學技術在中國傳統哲學中的地位〉，頁302～305。

〔註173〕 Jacques Gernet, *China and the Christian Impact: A Conflict of Culture*, p. 59, 62.

〔註174〕 余英時，〈清代思想史的一個新解釋〉，《歷史與思想》，頁138。

〔註175〕 熊人霖，〈左都御史袁簡肅公傳〉，《鶴臺先生熊山文選》，卷9；蔣平階，《東林始末》，頁1～31。

〔註176〕 熊人霖，〈南糧議〉，《南榮集》，文卷12，頁41a。

〔註177〕 谷應泰，《明史紀事本末》，卷71，〈魏忠賢亂政〉，頁789～817；趙翼，《二十二史箚記》，卷36，〈汪文言之獄〉，頁812～813。

世界萎薾，豈無召致而？」〔註178〕後金的威脅，流寇的猖獗，外有強鄰，內有盜寇，府藏困匱，生民愁殫，加以天災流行、將相無人，使得大明帝國岌岌可危。〔註179〕

　　熊人霖置身於這樣的大時代中，慨嘆「萬曆時言學者以風節爲上，綱常國本，斷斷如也」，〔註180〕進而將憂患意識轉換爲對於國家政局的關懷，批評當時「天下之人才，銷過半矣，甚至借封疆以快其驅除，彼此貿禍蔓延知交，而人才銷盡，時事尚可爲哉！」〔註181〕而其言論抱負也形諸於個人的著述中，「于經世大略，每思論譔」。〔註182〕除了學問的興趣之外，在〈地緯繫〉中，我們也可以體會到他嘗試藉由地理沿革知識的介紹，作爲治國施政的參考，以實現其經世致用的抱負。熊人霖在〈地緯繫〉的總結如是說：

> 余故溯之古始，稽之實錄，以周知其爵賞之事，用兵之利害；徵之
> 十三館之籍，以紀其方貢；考之象胥之傳，詢之重譯之語，以在其
> 地域廣輪，人民財用，穀畜物產數要，與其土風之漸漬，聲教之被
> 服，具而論之，以張明德之盛。世之覽者，理經比緯，於以股肱郅
> 隆，尚亦有攸濟焉。〔註183〕

「尚亦有攸濟焉」，作爲《地緯》全書的最終結語，透露出熊人霖著述的期望與目的，也展現了中國儒學傳統從格物致知到治國平天下之一貫理想人格的追求。於是他廣徵文獻，博引諸說，留心爵賞之事、用兵之利害、人民之財用等，舉凡攸關國家盛衰，聯繫生民休戚，深具經世濟民之用者，具而論述，可謂深得傳統輿地學之經世實用蘊涵的個中三昧。

　　也因此，艾儒略《職方外紀》中所極力推闡的天主造物信仰，以及透過「格物」、「窮理」到「知天」的途徑呈現地圓、五大洲知識的意願，到了熊人霖的《地緯》中則代之以天地人合一、陰陽五行生生化育的宇宙論與自然觀，秉持中國儒學傳統經世致用的理想，推本諸孔子儒學之道。熊人霖嘗言：「上天所以生人，至孔子而其道大章，帝王聖賢所以治人，至孔子而其道畢

〔註178〕熊明遇，《文直行書》，文卷9，頁78a～80a。
〔註179〕朱徽，〈古今治平略序〉，朱健，《古今治平略》，頁7a；夏允彝，《幸存錄》，頁5～52；計六奇，〈論明季致亂之由〉，《明季北略》，卷23，頁515。
〔註180〕熊人霖，〈四書繹自敘〉，《鶴臺先生熊山文選》，卷4。
〔註181〕熊人霖，〈南太宰徯如涂公神道碑〉，《鶴臺先生熊山文選》，卷12。
〔註182〕熊人霖，〈時務弋小引〉，《星言草》，頁1a-b。
〔註183〕熊人霖，〈地緯繫〉，頁196b。

合，……而行乎中國者道惟一也，學、庸、論、孟，皆繹孔子之道者也。自春秋以後，苟有志乎本天治人者，皆繹孔子之人也」。〔註184〕另一方面，他也曾經質疑「近日泰西氏之言天也，知有真宰存焉。然論議終始，必欲使民知所不可知」，並且認為傳教士致力宣揚的天主教義，「何若吾儒《尚書》言維皇，《毛詩》言有皇之淵實乎！」〔註185〕這樣的觀念，反映在他有選擇性地接納《職方外紀》的世界地理知識內容，將之置於中國古代宇宙論、自然觀及天下觀的思維脈絡裡加以衡量，最終還是回歸到儒學傳統經世濟民、內聖外王的理念。茲將《職方外紀》、《地緯》二書著述旨趣的差異，簡表如下：

表6-1：《職方外紀》、《地緯》著述旨趣的分歧

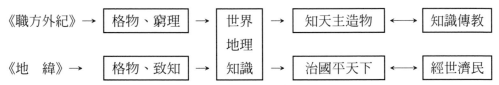

由於熊人霖的自主性詮釋與選擇性認知，結果與艾儒略產生了各自不同的終極歸趨。相對於傳統輿地學中經世理念的展現，是為繼承；相較於耶穌會士從世界地理認識造物天主的傳教目的，則是分歧。由於學識背景及其出發點的不一，一是出自耶穌會士宣揚天主信仰的目的，一是歸諸儒者經世理念的旨趣，各盡所能，互有所需，導致彼此在呈現世界地理知識的風貌上產生了岐異性。

或許正因為《地緯》所蘊涵的儒學經世理念，陳子龍等人才會對該書多加贊許，並催促熊人霖儘快刊行於世。我們知道，《地緯》雖成書於天啟四年，然而直到崇禎十一年始刊，相距完成的時間已十四年左右。如此「久塵笥中」，據熊人霖的說法：

> 余以此書弱冠少作，久塵笥中，甲戌上公車，臥子陳君（陳子龍），
> 一見謬加青黃；戊寅之夏，仲馭錢君（錢棅），復為慫恿，輒以授梓，
> 用備采芻。〔註186〕

熊人霖以此書係「弱冠少作」，遲遲不願刊行。崇禎七年（1634）及十一年（1638）間，先後經友人陳子龍與錢棅的鼓勵及慫恿，終於崇禎十一年蒞任浙江省義

〔註184〕熊人霖，〈四書繹自敘〉，《鶴臺先生熊山文選》，卷4。
〔註185〕熊人霖，〈跋四書集解〉，《鶴臺先生熊山文選》，卷14。
〔註186〕熊人霖，〈地緯自序〉，頁4b。

烏縣令之際，「刻於浙中」，〔註187〕授梓問世。這既是他新官上任、意氣風發之時，然也正逢大明帝國內憂外患、國勢衰頹之際。〔註188〕

　　熊人霖摯友陳子龍，字人中，號臥子，松江華亭人，以詩文才氣名重當時，生平著述頗豐。〔註189〕清初大儒顧炎武於〈哭陳太僕子龍〉中盛稱其才云：「陳君晁賈才，文釆華王國。早讀兵家流，千古在胸臆」。〔註190〕錢棅，字仲馭，號約庵，浙江嘉善人，為萬曆年間翰林修撰錢士升子。〔註191〕歷任南職方主事、廣東僉事等職務。平生博綜經史，好為詩著，著有《南園唱和集》、《新儒園詩文集》、《文部園詩》等。〔註192〕陳、錢二人與熊人霖相善，皆為崇禎十年（1637）同榜進士。〔註193〕陳子龍曾讚譽熊人霖「文武兼資」，〔註194〕在其所著〈熊伯甘初盛唐律詩選序〉中稱許熊人霖的才學識見：「予友熊伯甘，方今詩人之雄也，為政之餘，旁及風雅，……予安能不以伯甘為先覺哉！」〔註195〕熊人霖亦曾推崇陳子龍「忠義出乎天性，謀斷底于有成」，〔註196〕另於〈明文大家說〉一文中追述：「余選律品，臥子閱數十日，以為無溢無遺」。於該文中，熊人霖並回憶崇禎十年間陳子龍、錢棅等人對於《地緯》的品評及其刊行因緣：

> 臥子曰……如君所作地緯，錢仲馭謂是山經、穆傳、水注、草木疏一派文字，眞知言也。促余刻之，勿再增損。及余求弁言，則辭曰：亦曾構思數次，戞戞難哉！此序若不能如郭璞之敍山經，何以贅焉。
>
> 〔註197〕

〔註187〕熊志學，〈函宇通序〉，頁 5b。

〔註188〕談遷，《國榷》，卷96，思宗崇禎十至十一年，頁 5774～5827。

〔註189〕張廷玉等，《明史》，卷 277，〈陳子龍傳〉，頁 7096～7098；徐鼒，《小腆紀傳》，卷 44，〈陳子龍傳〉，頁 435～437。

〔註190〕顧炎武，《亭林詩文集》，詩卷 1，頁 12a。

〔註191〕錢士升，字抑之，號塞庵，萬曆四十四年（1616）殿試第一，崇禎年間歷任南京翰林院詹事、南京禮部右侍郎、禮部尚書兼東閣大學士，著有《周易揆》、《表忠記》等。據江峰青、顧福仁等，《嘉善縣志》，卷 19，〈人物志一・名宦〉，頁 353。

〔註192〕錢棅於崇禎十七年三月李自成攻陷都城後，舉義勤王，次年秋殉節。江峰青、顧福仁等，《嘉善縣志》，卷 20，〈人物志二・忠義〉，頁 391；潘介祉，《明詩人小傳稿》，卷 7，頁 275。

〔註193〕朱保炯、謝沛霖編，《明清歷科進士題名錄》，頁 2614～2616。

〔註194〕陳子龍，〈補敍浙功疏〉，收入《兵垣奏議》，《陳子龍文集》，頁 133。

〔註195〕陳子龍，《安雅堂稿》，《陳子龍文集》，頁 27。

〔註196〕熊人霖，〈會剿紀成〉，《南榮集》，文卷 11，頁 30b。

〔註197〕熊人霖，《鶴臺先生熊山文選》，卷 11。

描述域外、海外奇聞異事，係《山經》、《穆天子傳》等一派地理著作的內容特色。從前引文中，我們可以看出熊人霖本身及其友人主要是從中國輿地知識的演進脈絡，來考量《地緯》一書的論述取向及其學術價值。他們的基本觀點，始終是定位在傳統儒學的價值立場上。〔註198〕而陳子龍、錢棅等人促成《地緯》的刊刻問世，在這段引文中亦可獲得印證。

陳子龍於崇禎初與徐孚遠、夏允彝、杜麟徵、彭賓、李雯創立松江幾社，號爲幾社六子，同蘇州張溥、張采等因慕東林學風所倡復社（被目爲「小東林」）相應和。〔註199〕陳子龍本身對於輿地圖經的經世效用頗有認識，曾於〈歷代輿地圖序〉中分析地圖在政治軍事上的重要性：

> 是圖也，非守國之善經，保治之良規與！雖職方所掌，蕭相所收，恐不過是矣。……近者，女直豕突於東北，大盜螳聚於荊豫，而土宇畈章地利在我，以明天子神武，而群臣戮力以將之，誠泰山而四維之也。〔註200〕

陳子龍期望大明帝王群臣齊心協力，借重「守國之善經，保治之良規」的地圖功用，積極投入軍國大計的籌劃，以振作晚明內憂外患的頹勢。陳子龍擬藉地學以經世的體認，與熊人霖同出一般，有感而發。而當《地緯》問世的同年十一月，陳子龍與徐孚遠、宋徵璧等「負韜世之才，懷救時之術」的知識份子合作，收輯明興以來名賢文集與奏疏凡數百家，其爲書凡千餘種，「取其關於軍國、濟於時用者」，編成一講求經世實用之學的《明經世文編》。〔註201〕書名「經世」，「志在徵實」。〔註202〕身爲復社成員的熊人霖，〔註203〕崇禎時期數與陳子龍、

〔註198〕類似的用意，亦可見於熊人霖在〈地緯自序〉開宗明義以黃帝與夏禹分州定域的說法爲起點，追溯中國古代對於天地宇宙的認知概況，並指出當中的侷限性。此種對於傳統地理知識的反省，實則呼應了〈地緯・敘傳〉中所稱：「緯形禹貢，俗著國風，嗟若海外，縣隔不通，山經放云，訓方靡容。天子明聖，化曁無窮，重譯慕義，自西徂東，獻其圖經，象擬理瑩，具論于篇，以備採風，述地緯」。由此可見，熊人霖認爲西方地理知識的東傳，使得他可以在《尚書・禹貢》、《詩經・國風》、《山海經》、《周禮・訓方》等地學傳統的基礎上，重新建構出一立足中國、放眼世界的知識圖像，頗有與時推移、繼往開來的自許。

〔註199〕謝國楨，《明清之際黨社運動考》，頁153。另參閱張廷玉等，《明史》，卷277，〈夏允彝傳〉，頁7098；吳偉業，《復社紀事》，頁33～40；陸世儀，《復社紀略》，卷1，頁47～54。

〔註200〕陳子龍，《安雅堂稿》，《陳子龍文集》，頁56～58。

〔註201〕陳子龍等選輯，《明經世文編》，〈方岳貢序〉，頁7b～8a；〈徐孚遠序〉，頁5b。

〔註202〕陳子龍等選輯，《明經世文編》，〈凡例〉，頁1b。

夏允彝（字彝仲，1597～1645，亦爲崇禎十年進士）等幾社諸子酬唱交遊，〔註204〕並名列《明經世文編》的鑒定者之一。〔註205〕該書首要編撰者陳子龍於序言中指出：

> 俗儒是古而非今，文士擷華而舍實。夫保殘守缺，則訓詁之文，充棟不厭；尋聲設色，則雕繪之作，永日以思。至於時王所尚，世務所急，是非得失之際，未之用心。苟能訪求其書者蓋寡，宜天下才智日以絀，故曰：士無實學。〔註206〕

這是身處動蕩時代、有志救世的陳子龍，對於時局世變的感慨。他批判當時是古非今的俗儒，講求浮華形式且保殘守缺，對於世務所急卻無所用心，得失之間是非莫名。爲了針砭晚明「士無實學」的空虛學風之弊，故有講求實學以資世用的《明經世文編》應運而生。許譽卿在序中本著堅定的批判意識，深切地指陳過往半生窮經的儒者士大夫，以明心見性之空言，代修己治人之實學，「其於經濟一途蔑如也。國家卒有緩急，安所恃哉！古今如不甚相遠，古人經生時即以天下爲己任，何至今動稱乏才也」。他呼籲黨社同志益才智聰以洞識時變：「予惟以諸子之志如此，他日出而以天下爲己任，必可以副聖天子求賢圖治之至意，洗士大夫經濟闊疏之舊恥，則斯編固其嚆矢焉爾」。〔註207〕

　　實學經世，銳意以其學易天下，不啻當時有識之士發自生命中深沉的吶喊。〔註208〕熊人霖曾於〈雲黃山雙林寺銘〉中，陳述他理想中的大明國勢：「政明教理，物豐人和，四裔率從，寇賊解散，章昭天軌，而尊安朝廷，此其爲儒者之實之美也」。〔註209〕類似的理念，也表露於崇禎十一年刊行的《地緯》一書。如前所述，在熊人霖的自許以及其友人的眼光中，該書整體符合了儒學內聖外王、經世濟民的要求，這既是熊人霖儒者意識的自覺及其落實的成果，同時也是時代思潮下的產物。

　　明乎此，我們更可以理解熊人霖爲何在書寫五大洲世界地理時，強調邊

〔註203〕陸世儀，《復社紀略》，卷1，頁60；吳山嘉，《復社姓氏傳略》，卷6，頁377。
〔註204〕熊人霖，〈陳大士像贊〉、〈明文大家說〉，《鶴臺先生熊山文選》，卷11；熊人霖，〈吳永生稿引〉，《南榮集》，文卷18，頁14b。
〔註205〕陳子龍等選輯，《明經世文編》，〈鑒定名公姓氏〉，頁10b。
〔註206〕陳子龍等選輯，《明經世文編》，〈陳子龍序〉，頁4b～6a。
〔註207〕陳子龍等選輯，《明經世文編》，〈許譽卿序〉，頁1b～2a，7b～8a。
〔註208〕關於《明經世文編》的救世思想，參閱葛榮晉主編，《中國實學思想史》中卷，第21章，頁117～155。
〔註209〕熊人霖，〈雲黃山雙林寺銘〉，《南榮集》，文卷5，頁4a-b。

裔與中國的受封朝貢及軍事交通關係，有意識地刪除艾儒略《職方外紀》中闡述天主信仰的文字，將《職方外紀》本諸宗教上知識傳教的取向，轉化成《地緯》中強調政治上經世致用的標的，以落實儒學傳統的風貌來吸納西方地理知識。相對於耶穌會士從格物、窮理到知天的立場來鋪陳世界地理知識，這正是《地緯》一書的特質所在。由此也可以體會，《地緯》從成書到刊刻的過程中，熊人霖的初衷與抉擇。而〈地緯自序〉中從「儒者之學，格物致知，六合之內，奚可存而弗論也」的見解，〔註210〕到序末所稱「輒以授梓，用備采芻」的用意，〔註211〕熊人霖著述及刊行《地緯》的學術史意涵，至此也就呼之欲出、昭然若揭了。「崇正學于六經，報國藉文章之用」，〔註212〕熊人霖奉行不渝的道理以及《地緯》中呈現世界地理知識的終極標的，盡在於此。

　　總結本章的討論，由於晚明國勢衰頹，刺激以天下興亡為己任的有識之士提倡實學，試圖力挽狂瀾，重振當時動盪不安的頹勢。而此思潮正好與耶穌會士藉西方學術科技以宣揚天主教的策略運用相交匯，帶給不少習於傳統思維的士紳階層一個嶄新的眼界。〔註213〕從晚明西方地理知識東漸史上的諸多個案，讓我們清楚地體會到，晚明士紳出於內聖外王的動機或操奇覽勝的興致，輾轉於實學與西學之間的「不謀而合」、「相去不遠」或「南轅北轍」，其實是種選擇性認知的結果。而此種以儒學傳統為根本的裁決標準，也正是西學能否在中國知識界紮根的緊要關鍵。這是耶穌會士仰賴西方地理知識傳播天主教義的「立足點」，亦是明末士人發掘西學價值的「透視鏡」，有時也成為中國知識份子權衡西學內涵、排斥天主信仰的「神主牌」。〔註214〕耶穌會士知識傳教策略與實學思潮的匯流，也呈現在熊人霖《地緯》中吸納及轉化西方地理知識的過程與結果。

　　熊人霖《地緯》中展現世界地理知識的風貌，與中國傳統輿地學的經世致用理念密切相關；而其刊刻《地緯》的用意，似乎也可以從明崇禎年間的學術脈動與政治局勢來理解。全書在資料來源上，除了依據《職方外紀》的地圓、五大洲世界地理知識，更據以補充，鋪陳出以中國為中心的世界地理

〔註210〕熊人霖，〈地緯自序〉，頁3a。
〔註211〕熊人霖，〈地緯自序〉，頁4b。
〔註212〕熊人霖，〈崇祀貞父黃公議〉，《南榮集》，文卷20，頁4b。
〔註213〕《利瑪竇中國札記》，中譯者序言，頁17～18。
〔註214〕洪健榮，〈輾轉於實學與西學之間的選擇──以明末西方地理知識東漸史的經驗為例〉，頁227～276。

知識。在宇宙論及自然觀方面，該書中以繼承通天、地、人者之謂儒的理念，建構大明一統政治文化至高權威的形象，將地圓、五大洲世界地理知識納入中國傳統天下秩序。如此論述意向，頗似祁光宗在萬曆三十年版「坤輿萬國全圖」的題辭中，極力標榜的觀念：

> 昔人謂：通天地人曰儒，夫通何容易？……至以地度應天躔，以讀
> 天地之書爲爲己之學，幾于道矣！〔註215〕

總而言之，熊人霖寫作《地緯》，實揉合了中國傳統地理學觀念、儒家經世理念、中國天下意識及其與世界地理之間的關係，本諸格物致知到治國平天下的內聖外王理念，開展其華夏天下觀至五大洲世界，進而歸結於儒者經世致用的懷抱。《地緯》一書的完成，既代表熊人霖吸納西方地理知識的成果，也反映他嘗試在西方地理知識與中國固有學識之間，找尋一合乎天朝政統及儒家傳統的定著點。通觀該書的內容安排、論述取向與推闡方式，足以說明一位身處晚明之際關心西學的中國知識份子，如何積極地將世界地理知識融入中國既有學術文化傳統的努力。

〔註215〕利瑪竇，《坤輿萬國全圖》。

第七章　結　論

　　明末入華耶穌會士利瑪竇、艾儒略等人為了因應宣教事業的需要，向中國知識界傳播地圓、五大洲、四海及氣候五帶等相對新穎的西方地理知識。中國士人經由耶穌會士的著作接觸到這些知識內容，彼此在思想觀念上的相互共鳴，開拓出中西方地理知識的對話空間，也為這時期的學術發展綻放異彩。本書透過《地緯》中世界地理知識的書寫內涵，來理解晚明士紳熊人霖如何將西學新知與傳統舊識相互參證，建構出一立足於中國天下觀與儒學本位觀的世界地理圖像。通觀熊人霖《地緯》中的知識建構，具體呈現出當時知識份子吸納及轉化西方地理知識的可能與方式。

　　晚明時期，由於傳統四裔志書著述風氣特盛，復有西方地理知識的傳入，兩相交會的情形下，令當時中國士人廣開眼界。在這樣的學術環境下，平素雅好地理知識的熊人霖，由於其幼年從父熊明遇濡染西學於前，弱冠之齡因緣際會地接觸到艾儒略的《職方外紀》，加上當時講求經世致用之實學思潮的推波助瀾，其間更經友人陳子龍、錢棅等人的鼓勵，從而造就了《地緯》這類著作的問世。這也是目前為止所見，極早的一部由中國知識份子執筆撰寫的五大洲世界地理專著。

　　熊人霖撰述《地緯》所參考的資料主要有兩類：一、中國傳統文獻記錄：以明代傳統四裔地理著作為主，或旁稽《尚書‧禹貢》、《山海經》、《周禮》等經典以及歷代史冊、四夷館籍、會典與實錄等；二、明季入華耶穌會士西學譯著：主要是艾儒略的《職方外紀》和利瑪竇的西方世界輿圖，其中包括熊明遇推闡西方格致學的《格致草》。熊人霖的學識背景、時代際遇、思維理路及著書旨趣，也落實在《地緯》所呈現的世界地理知識。

　　《地緯》的書寫，主要接收了艾儒略《職方外紀》載錄西方地圓說、氣候五帶、南北極赤道與經緯度劃分以及五大洲、世界海域等觀念，兼採明代相關域外、海外四裔傳述的資料。在他闡明立基於地圓之上的五大洲地理新知之際，也將之納入傳統地理學的天地人合一、陰陽五行思維乃至皇明一統政治文化秩序的天下意識中，終究歸結於儒者內聖外王、經世致用的懷抱。就此層面而言，《地緯》整體的書寫內涵，堪爲十七世紀前期中西地理知識匯流下的產物，代表晚明士紳熊人霖如何溯古納新、汲新求變以成一家之言的結果，也呈現出西學與儒學相互交融的成果。

　　另一方面，在全書資料的取捨與內容的鋪陳上，也許是成書過速，「弱冠少作」而學識未及，以至於輕忽輕信；或者是可供參校的資料不足，加上客觀環境的限制（如當時熊人霖缺乏環遊世界進行實徵研究的條件），熊人霖雖自詡曾「考之不謬」，然該書中篇章內容訛誤重複之處，仍所在多有。學者王重民指出：

> 人霖不諳譯音，所刪所補，未能盡確，……如既據《外紀》撰〈則意蘭志〉，又於〈荒服諸小國〉載錫蘭山，不知則意蘭即錫蘭；〔〈荒服諸小國〉既載忽魯漠斯，又載忽魯母斯〕既依《外紀》在歐洲撰〈拂郎察志〉，稱『世所傳弗郎機，名從主人』云云，又依明季人著述，在亞洲撰〈佛郎機志〉，若斯之類，皆由未能豁然貫通，然而其所托者厚，較明季人此類著述，猶能較勝一等也。〔註1〕

王重民認爲熊人霖因「不諳譯音」，結果「所刪所補，未能盡確」。然而，從本書的實證研究顯示，熊人霖引用資料，倒非一味抄襲，儘管有未能盡確之處，仍或有選材、潤色的痕跡可尋，其間亦不乏融通化裁的地方。整體而言，熊人霖從事世界地理書寫的方式，並非全然剪刀漿糊式（Scissors and Paste）的拼湊，而是經過思考後，本著傳統儒學的思維，採擷《職方外紀》中的西方地理知識並加以轉化，納入中國傳統宇宙論、自然觀與天下觀的系統中，從儒學的基本立場考量世界地理知識對於中國知識界的價值。因此，在資料上能兼採中西，旁徵博引，「所托者厚，較明季人此類著述，猶能較勝一等」，此語既顯示出《地緯》作者的氣魄與眼光，也點出了該書在晚明知識界的重要貢獻，甚至在中國地理觀念史上的特殊地位。

　　換個角度來看，或許正因爲熊人霖「弱冠少作」的背景，使得他在傳統

〔註1〕　王重民，《中國善本書提要》，頁213。

興地學的規範中「陷溺不深」，〔註2〕輾轉於傳統與嶄新的地理視野裡，擁有更多別識心裁的彈性空間。筆者認爲，《地緯》中的世界地理書寫，提供了我們思索晚明士紳如何選擇性地認知西方地理新知的一個方向，其吸收的過程及轉化的結果所展現出的學術風貌，可視爲一種西方地理知識的「中國化」。

西方地理知識「中國化」的可能與方式，肇始於耶穌會士利瑪竇、艾儒略等人以及當時究心西學的中國士人共同探索與實踐的結果。據學者曹婉如等人的研究，萬曆時期利瑪竇曾試著將中西方地理圖誌的資料互補互證，先後繪製出多種中文版的世界地圖。〔註3〕這些地圖內容的設計，則儘量考慮到晚明士紳經世致用的需要，或滿足其向來對於域外、海外奇聞異事的興致。尤其值得注意的是，利瑪竇爲能適應當時中國人心目中大明帝國當居世界地理中心的傳統天下觀，乃將中國疆域調整於世界地圖上稍中的位置。〔註4〕艾儒略踵繼其後，《職方外紀》作爲第一部中文版五大洲世界地理專論，就擴展傳統興地外紀的視野或是承續四裔地理著述的學術層面上，更具備將西方地理知識「中國化」的實質意義。凡此啓發性的作法，曾獲得徐光啓、李之藻、楊廷筠、熊明遇、葉向高、馮應京、瞿式穀等多位晚明士紳的認同。

西方地理知識「中國化」的現象，在耶穌會士的譯作中已透露出類似的傾向。不過對耶穌會士而言，此乃遷就現實環境，爲引介西學而做的調整與因應；就關心西學的中國士人而論，面對的卻是如何吸納與轉化西學的問題。其間的銜接點，可以從晚明西學與實學思潮匯流的學術環境來理解。利瑪竇等人仰賴實學作爲傳播天主教的中介，嘗試將儒者經世理念轉化成知識傳教策略在地理學上的發揮，運用治國平天下的觀念襯托出西學的效用，藉以吸引中國士人傾心西學進而崇奉西教。相形之下，晚明士紳透過實學（儒學）的價值系統來掌握西方地理知識的論述內涵，將這些西學譯著置於傳統興地外紀的學術脈絡來加以解讀，推促西方地理知識逐漸邁向「中國化」的趨勢，最終內化成爲中國學術傳統的一環。如此的學術趨勢及發展脈絡，在熊人霖《地緯》中亦有跡象可尋。

〔註2〕 孔恩研究西方科學史的發展結構，曾指出開創新典範的人若非相當年輕，就是才剛接觸該學門不久。Thomas S. Kuhn, *The Structure of Scientific Revolutions*, pp. 90～91. 譯文見程樹德、傅大爲等譯，《科學革命的結構》，頁142～143。
〔註3〕 曹婉如、薄樹人等，〈中國現存利瑪竇世界地圖的研究〉，頁69～70；曹婉如等，〈中國與歐洲地圖交流的開始〉，頁133。
〔註4〕 林東陽，〈利瑪竇的世界地圖及其對明末士人社會的影響〉，頁332～336。

整體而言，《地緯》的成書，代表一位兼具傳統儒學素養及西學興趣的晚明士紳，嘗試將中國傳統輿地之學與西方地理知識互爲補充且相互印證，開展其天下觀至大地圓體、五大洲域的世界中，秉持儒者內聖外王、經世致用的價值理念，積極將西方地理知識融入中國的學術傳統。筆者認爲，這樣的書寫取向及推闡過程，既是西學與儒學交融的結果，也是西方地理知識中國化的典型。所謂「中國化」的內涵，可以從如下的三個層面加以分析：

一、理解中西方地理知識之間的同異，「同中取異，異中取同」，折衷二者以世界地理的體例形式，整體呈現於內文論述中。〔註5〕

二、將中國傳統地理學的某些辭彙，賦予西方地理知識的內涵，亦即以舊辭彙來詮釋新觀念。〔註6〕

三、以儒學傳統經天緯地的理念，來統攝中西方地理知識系統，本諸中國傳統宇宙論、自然觀及天下意識的思維架構，選擇性地吸納及轉化西方地理知識的內涵，達成自成一體的合理化結果。〔註7〕

從耶穌會士輿地學譯著中揭櫫「大地圓體，無處非中」的觀念，到熊人霖提出「大地圓體，始入版圖」的見解，《地緯》中西方地理知識「中國化」的書寫取向，體現了明清之際地理學發展的特點，也是吸取當時外來地理知識並加以發揮的成果。從下列表7-1的對比，有助於我們洞悉《地緯》的特殊性、先趨性與突破性的特色。

表7-1：耶穌會士譯著、明代傳統四裔著作與《地緯》在內容體例上的對比

著述分別　　對比項目	耶穌會士譯著（以《職方外紀》）爲主	明代傳統四裔著作*	《地緯》
地圖及主要圖解文字內容	列地圓、五大洲、四海之世界圖	或刊鄰近中國之亞洲地域圖	摹繪西方五大洲世界圖（「輿地全圖」）
	赤道、經緯度分明	無赤道、經緯度劃分	赤道、經度分明
	地圓、氣候五帶、五大洲及四海的世界地理介紹	明代邊裔、海外（東西洋）地理知識介紹，尤其著重在今亞洲地區	地圓、氣候五帶、五大洲及四海的世界地理介紹

〔註5〕　參閱本書第二章。
〔註6〕　參閱本書第三章。
〔註7〕　參閱本書第四、五、六章。

大地形狀	地圓	地方	地圓
宇宙論或自然觀	天地人各自成系統，總歸於天主造物信仰	天地人合一、天人感應	天地人合一、天人感應
	西方四行說	陰陽五行、氣論	陰陽五行、氣論
天下觀念	地圓、五大洲諸地文化各有擅場，尤偏重以天主教歐洲爲中心	華夏（天朝）中心、四夷朝貢	將地圓、五大洲地理知識納入中國天朝思維架構中
著述旨趣	格物、窮理到知天（經院哲學）	格物、致知到治國、平天下（儒者之學）	格物、致知到治國、平天下（儒者之學）
	知識傳教	經世致用	經世致用

*附註：明代傳統四裔著作取整體概要而論。

　　表7-1中顯示，相較於明代傳統四裔地理著述，熊人霖《地緯》的變動處在於：一、大地形狀及自然地理座標劃分系統，二、五大洲與世界海域內容的引介，這兩個部分，主要是涉及地理現象的知識層面。另一方面，相對於耶穌會士的西方地理學譯作，《地緯》在有關宇宙論與自然觀、天下意識、經世理念等層面上，凡牽連到意識形態或價值系統的部分，則明顯地維持中國傳統學識的思維方式。由此可見，在明清之際西學東漸史上，熊人霖《地緯》不啻以中國傳統地理學的觀念架構，吸收與了解西學新知的一部重要作品，反映出寓傳統於創新，從傳統的延續過程中汲新求變的學術史意涵。筆者因此認爲，該書的內文結構和思維理路所呈現的風貌，堪爲西方地理知識「中國化」的典型。

　　西方地理知識的「中國化」顯示在中西方地理知識體系之間，經由耶穌會士與究心西學的中國士人彼此的反省與努力下，共同搭起一道可資溝通的橋樑，易爲吸收及轉化的媒介或管道，從而開展出一片嶄新的視野。這也正是晚明時期在西方地理知識的影響下，傳統地理知識演進的學術史脈絡中，常與變之間繼承、轉折或突破的主要關鍵及其實質面向。《地緯》作爲極早的一部由晚明士紳撰述的世界地理專著，著實提供了一項具體的歷史例證。如果從世界文化史的眼光來考量《地緯》的歷史意義，則此書綜合當時中西地理知識的內容，呈現了十七世紀前期，中西方學界對所處五大洲世界認識的概要情景，而其行文論述之中，或有詳於第一部中文版五大洲地理圖誌《職方外紀》所未及之處，空谷足音，倍顯得難能而可貴。

　　隨著明清交替、時移世換，西學東漸的環境氣氛有異往昔，論述的主客體也進入了另外一種歷史情境。經歷「康熙曆獄」（1664～1669）、「禮儀之爭」前後的起落浮沉，逐漸轉向以「西學中源」為主體的學術發展趨勢。〔註8〕清世宗前後一連串的禁教措施與閉關政策，〔註9〕強化了士大夫排外自大的心理，也加深了中西方文化之間的認知偏見及學術隔離。不論是《皇朝文獻通考》（1747）中「即彼所稱五洲之說，語涉誕謾」的評斷，〔註10〕或者如官修正史《明史》（1739）中對「其說荒渺莫考」的存疑，〔註11〕概反映出當時中國知識界對於海外世界的認識，日漸模糊及退化。這段時期傳統地理著述的內容取向上，也大多「詳於中國而略於外洋」。〔註12〕在此世變起伏的學術史脈絡中，《地緯》接連於乾隆四十三年（1778）、五十三年（1788）被列為禁書，〔註13〕離該書初刻年代（崇禎十一年，1638）已近一百五十年。遭受時忌，不見容於當道，因政治因素牽制學術思想的流通，也許是使熊人霖《地緯》的歷史地位被漠視數百年之久的重要因素之一。〔註14〕相對於晚清思想家魏源（1794～1857）的《海國圖志》、徐繼畬（1795～1873）的《瀛環志略》等書藉由五大洲世界地理知識的介紹，促使時人重新「發現」中國之外的大千世界，並帶動近代中國波瀾壯闊的經世學風，〔註15〕晚明士紳熊人霖《地緯》的學術能見度及其實質影響力不免相形失色。直到三百多年後的今天，

〔註8〕　Jacques Gernet, "Christian and Chinese Visions of the World in the Seventeenth Century," pp. 1～17；陳衛平，〈從「會通以求超勝」到「西學東源」說──論明末至清中葉的科學家對中西科學關係的認識〉，頁47～54；祝平一，〈跨文化知識傳播的個案研究──明末清初關於地圓說的爭議，1600～1800〉，頁622～641。

〔註9〕　王之春，《國朝柔遠記》，卷1至卷5，頁37～337。

〔註10〕乾隆十二年敕撰，《皇朝文獻通考》，卷298，〈四裔考六〉，頁713。

〔註11〕張廷玉等，《明史》，卷326，〈意大里亞〉，頁8459。

〔註12〕謝清高口述、楊炳南筆錄，《海錄》，王鎏序，頁211。

〔註13〕榮柱，《違礙書目》，頁20a；軍機處編，《禁書總目》，頁6a。或許由於《地緯》在乾隆年間陸續遭到禁燬，故該書名僅載於康熙十二年（1673）刊《進賢縣志》的熊人霖傳記中。

〔註14〕關於《地緯》在後世的流傳情形，可參閱馬瓊，〈熊人霖《地緯》研究〉，頁67～74；馬瓊，〈《地緯》的成書、刊刻和流傳〉，頁74～76。

〔註15〕Jane K. Leonard, *Wei Yuan and China's Rediscovery of the Maritime World*；Fred Drake, *China Charts the World: Hsu Chi-yu and His Geography of 1848.* 關於西方地理知識在近代中國社會的歷史際遇，可參閱郭雙林，《西潮激盪下的晚清地理學》；鄒振環，《晚清西方地理學在中國──以1815至1911年西方地理學譯著的傳播與影響為中心》。

當我們掌握這部《函宇通》版的《地緯》，才得以一窺其呈現世界地理知識的學術訊息及其時代意義。本書從《地緯》的個案研究出發，探討晚明士紳熊人霖從中國建構世界的基本立場，以及從儒學認知西學的思維理路，藉以呈現十七世紀前期中國士人最初吸納及轉化西方地理新知的具體方式。在有關西學東漸與明清地理知識演進的研究課題上，希冀能拋磚引玉，提供一種知識建構及觀念互動的視野來認識這段學術史的發展軌跡。

徵引文獻目錄

一、傳統文獻

1. 秦・呂不韋編，楊堅點校，《呂氏春秋》，長沙：岳麓書社，1989 年。

2. 漢・王充撰，黃暉校釋，《論衡校釋》，北京：中華書局，1990 年。

3. 漢・孔安國傳，唐・孔穎達疏、陸德明音義，《尚書注疏》，收入《景印文淵閣四庫全書》第 54 冊，臺北：臺灣商務印書館，1986 年。

4. 漢・司馬遷，《史記》，北京：中華書局，1959 年點校本。

5. 漢・桓寬著，王利器校注，《鹽鐵論校注》，北京：中華書局，1992 年。

6. 漢・班固等，《漢書》，北京：中華書局，1962 年點校本。

7. 漢・張衡，《靈憲》，收入《百部叢書集成》第 38 輯，臺北：藝文印書館，1966 年景印《問經堂叢書》本。

8. 漢・張衡，《渾天儀》，收入《百部叢書集成》第 38 輯，臺北：藝文印書館，1966 年景印《問經堂叢書》本。

9. 漢・揚雄著，汪榮寶疏，《法言義疏》，臺北：世界書局，1981 年重印。

10. 漢・董仲舒，《春秋繁露》，臺北：臺灣中華書局，1975 年景印抱經堂本。

11. 漢・趙爽注，《周髀算經》，收入《百部叢書集成》第 46 輯，臺北：藝文印書館，1966 年景印《學津討原》本。

12. 漢・劉安編，楊堅點校，《淮南子》，長沙：岳麓書社，1989 年。

13. 漢・劉向集錄，《戰國策》，臺北：里仁書局，1990 年重印校點本。

14. 漢・鄭玄注，唐・賈公彥疏、陸德明音義，《周禮注疏》，收入《景印文淵閣四庫全書》第 90 冊，臺北：臺灣商務印書館，1986 年。

15. 漢・戴德撰，北周・盧辯註，《大戴禮記》，收入《景印文淵閣四庫全書》第 128 冊，臺北：臺灣商務印書館，1986 年。

16. 晉・郭璞注，《山海經》，收入《景印文淵閣四庫全書》第 1042 冊，臺北：臺灣商務印書館，1986 年。

17. 晉・郭璞註，《穆天子傳》，收入《景印文淵閣四庫全書》第 1042 冊，臺北：臺灣商務印書館，1986 年。

18. 南朝宋・范曄，《後漢書》，北京：中華書局，1966 年點校本。

19. 隋・蕭吉，《五行大義》，收入《百部叢書集成》第 29 輯，臺北：藝文印書館，1966 年景印《知不足齋叢書》本。

20. 唐・玄奘著，章巽校點，《大唐西域記》，上海：上海人民出版社，1977 年。

21. 唐・房玄齡注，《管子》，收入《景印文淵閣四庫全書》第 729 冊，臺北：臺灣商務印書館，1986 年。

22. 唐・房玄齡等，《晉書》，北京：中華書局，1974 年點校本。

23. 宋・朱輔，《溪蠻叢笑》，收入《景印文淵閣四庫全書》第 594 冊，臺北：臺灣商務印書館，1986 年。

24. 宋・沈括著，胡道靜校注，《夢溪筆談校證》，上海：上海古籍出版社，1987 年。

25. 宋・邵雍，《皇極經世書》，臺北：臺灣中華書局，1971 年據通行本校刊。

26. 宋・周去非，《嶺外代答》，收入《百部叢書集成》第 29 輯，臺北：藝文印書館，1966 年景印《知不足齋叢書》本。

27. 宋・宗澤撰，明・熊人霖校刊，《宗忠簡公文集》，臺北：國立故宮博物院藏日本江戶間傳鈔明崇禎間熊氏校刊本。

28. 宋・徐兢，《宣和奉使高麗圖經》，臺北：臺灣商務印書館，1971 年重印標點本。

29. 宋・趙汝适，《諸蕃志》，收入《景印文淵閣四庫全書》第 594 冊，臺北：臺灣商務印書館，1986 年。

30. 宋・黎靖德編，《朱子語類》，臺北：正中書局，1973 年景印宋咸淳六年導江黎氏本。

31. 元・汪大淵，《島夷志略》，收入《景印文淵閣四庫全書》第 594 冊，臺北：臺灣商務印書館，1986 年。

32. 元・周致中，《異域志》，臺北：臺灣商務印書館，1969 年景印明萬曆刻《夷門廣牘》本。

33. 元・周達觀，《眞臘風土記》，收入《景印文淵閣四庫全書》第 594 冊，臺北：臺灣商務印書館，1986 年。

34. 明・卜大同，《備倭圖記》，收入《百部叢書集成》第 18 輯，臺北：藝文印書館，1966 年景印《寶顏堂秘笈》本。

35. 明·火原潔,《華夷譯語》,收入《叢書集成續編》第 20 冊,上海:上海書店,1994 年。

36. 明·尹耕,《譯語》,收入《百部叢書集成》第 16 輯,臺北:藝文印書館,1966 年景印《紀錄彙編》本。

37. 明·尹直、袁彬,《北征事蹟》,收入《百部叢書集成》第 16 輯,臺北:藝文印書館,1966 年景印《紀錄彙編》本。

38. 明·方孔炤著,方以智編,《周易時論合編》,臺北:文鏡出版公司,1983 年景印清順治十七年白華堂刊本。

39. 明·方以智,《通雅》,收入侯外廬主編,《方以智全書》第 1 冊,上海:上海古籍出版社,1988 年點校本。

40. 明·方以智,《物理小識》,臺北:臺灣商務印書館,1968 年重印標點本。

41. 明·方以智,《藥地炮莊》,臺北:廣文書局,1975 年景印。

42. 明·方以智,《浮山文集前編》,收入《續修四庫全書》第 1398 冊,上海:上海古籍出版社,1995 年。

43. 明·王守仁,《王文成全書》,收入《景印文淵閣四庫全書》第 1265 冊,臺北:臺灣商務印書館,1986 年。

44. 明·王英明,《曆體略》,收入《景印文淵閣四庫全書》第 789 冊,臺北:臺灣商務印書館,1986 年。

45. 明·王圻,《三才圖會》,臺北:成文出版社,1974 年景印明萬曆三十五年刊本。

46. 明·王夫之著,王伯祥校點,《思問錄·俟解》,北京:中華書局,1983 年。

47. 明·王紹徽,《東林點將錄》,收入周駿富輯,《明代傳記叢刊》第 6 冊,臺北:明文書局,1991 年。

48. 明·天都山臣,《建州女直考》,收入《百部叢書集成》第 18 輯,臺北:藝文印書館,1966 年景印《寶顏堂秘笈》本。

49. 明·不著撰人,《朝鮮志》,收入《景印文淵閣四庫全書》第 594 冊,臺北:臺灣商務印書館,1986 年。

50. 明·申時行等修,《明會典》,北京:中華書局,1989 年重印 1936 年商務印書館排印萬曆朝重修本。

51. 明·朱孟震,《西南夷風土記》,收入《百部叢書集成》第 24 輯,臺北:藝文印書館,1966 年景印《學海類編》本。

52. 明·朱健,《古今治平略》,臺北:國家圖書館藏明崇禎十二年原刊本。

53. 明·艾儒略,《職方外紀》,收入《百部叢書集成》第 52 輯,臺北:藝文印書館,1966 年景印《守山閣叢書》本。

54. 明・艾儒略，《職方外紀》，收入《景印文淵閣四庫全書》第 594 冊，臺北：臺灣商務印書館，1986 年。

55. 明・艾儒略著，謝方校釋，《職方外紀校釋》，北京：中華書局，1996 年。

56. 明・艾儒略，《西方答問》，原文收入 John L. Mish, "Creating an Image of Europe for China: Aleni's Hsi-fang ta-wen," *Monumenta Serica*, vol. 23, 1964, pp.1～87.

57. 明・兵部編，《九邊圖說》，臺北：中央圖書館，1981 年景印明隆慶三年刊本。

58. 明・利瑪竇，《坤輿萬國全圖》，京都：臨川書店，平成八年景印宮城縣圖書館藏明萬曆三十年刊本。

59. 明・利瑪竇，《乾坤體義》，收入《景印文淵閣四庫全書》第 787 冊，臺北：臺灣商務印書館，1986 年。

60. 明・利瑪竇撰，羅漁譯，《利瑪竇書信集》，臺北：光啓出版社，1986 年。

61. 明・利瑪竇等撰，吳相湘編，《天主教東傳文獻》，臺北：臺灣學生書局，1965 年。

62. 明・李之藻編，《天學初函》，臺北：國立故宮博物院藏明崇禎年間刊本。

63. 明・李之藻編，《天學初函》，臺北：臺灣學生書局，1966 年景印明崇禎年間刊本。

64. 明・李日華，《紫桃軒雜綴》，收入《叢書集成續編》第 89 冊，上海：上海書店，1994 年。

65. 明・李言恭、郝杰，《日本考》，收入《四庫全書存目叢書》史部第 255 冊，臺南：莊嚴文化事業公司，1996 年景印國立北平圖書館善本叢書。

66. 明・李維楨，《大泌山房集》，臺北：國家圖書館藏明萬曆間金陵刊本。

67. 明・李實，《北使錄》，收入《百部叢書集成》第 16 輯，臺北：藝文印書館，1966 年景印《紀錄彙編》本。

68. 明・李賢等，《大明一統志》，西安：三秦出版社，1990 年景印明天順五年原刻本。

69. 明・李贄著，張業整理，《李贄文集》，北京：北京燕山出版社，1988 年。

70. 明・沈有容編，方豪校訂，《閩海贈言》，收入《臺灣文獻史料叢刊》第 8 輯，臺北：臺灣大通書局，1987 年。

71. 明・沈德符，《萬曆野獲編》，臺北：偉文圖書出版社，1976 年景印中央研究院歷史語言研究所藏鈔本。

72. 明・宋濂等，《元史》，北京：中華書局，1976 年點校本。

73. 明・佚名（王宗載），《四夷館考》，臺北：廣文書局，1972 年重印東方學會 1924 年印本。

74. 明‧何喬遠，《名山藏》，臺北：成文出版社，1971 年景印明崇禎十三年刊本。

75. 明‧吳之器，《婺書》，臺北：國家圖書館藏明崇禎十四年刊本。

76. 明‧金幼孜，《金文靖公北征錄》，收入《百部叢書集成》第 16 輯，臺北：藝文印書館，1966 年景印《紀錄彙編》本。

77. 明‧皇甫錄，《皇明紀略》，臺北：臺灣商務印書館，1979 年重印《歷代小史》本。

78. 明‧胡廣等，《性理大全》，京都：中文出版社，1981 年景印。

79. 明‧胡廣等修，中央研究院歷史語言研究所校勘，《明實錄》，臺北：中央研究院歷史語言研究所，1966 年。

80. 明‧祝允明，《前聞記》，收入《百部叢書集成》第 16 輯，臺北：藝文印書館，1966 年景印《紀錄彙編》本。

81. 明‧祝允明，《野記》，臺北：臺灣商務印書館，1979 年景印《歷代小史》本。

82. 明‧姜曰廣，《輶軒紀事》，收入《百部叢書集成》第 96 輯，臺北：藝文印書館，1966 年景印《豫章叢書》本。

83. 明‧茅元儀，《武備志》，北京：解放軍出版社／瀋陽：遼審書社，1989 年景印明天啟刻本。

84. 明‧茅坤著，張大芝、張夢新校點，《茅坤集》，杭州：浙江古籍出版社，1993 年。

85. 明‧茅瑞徵，《萬曆三大征考》，臺北：成文出版社，1968 年重印 1931 年燕京大學圖書館叢書本。

86. 明‧茅瑞徵，《東夷考略》，收入《北京圖書館古籍珍本叢刊》史部第 13 冊，北京：書目文獻出版社，1996 年景印明天啟浣花居自刻本。

87. 明‧茅瑞徵，《皇明象胥考》，收入《中華文史叢書》第 3 輯，臺北：大中國圖書公司，1968 年景印明崇禎刻本。

88. 明‧倪謙，《朝鮮紀事》，收入《百部叢書集成》第 16 輯，臺北：藝文印書館，1966 年景印《紀錄彙編》本。

89. 明‧高一志撰，韓雲訂，《空際格致》，收入《天主教東傳文獻三編》，臺北：臺灣學生書局，1984 年景印本。

90. 明‧高母羨，《無極天主正教真傳實錄》，臺北：國立政治大學社會科學資料中心方杰人先生紀念圖書室藏明萬曆二十年刊本。

91. 明‧高岱著，孫正容、單錦珩點校，《鴻猷錄》，上海：上海古籍出版社，1992 年。

92. 明‧高舉等，《大明律集解附例》，臺北：臺灣學生書局，1970 年景印明

萬曆間浙江官刊本。

93. 明・徐光啓撰，王重民輯校，《徐光啓集》，上海：上海古籍出版社，1984年。

94. 明・徐光啓等撰，吳相湘編，《天主教東傳文獻續編》，臺北：臺灣學生書局，1966年。

95. 明・徐昌治輯，《聖朝破邪集》，收入《近世漢籍叢刊》第4編，京都：中文出版社，1984年景印1856年和刻本。

96. 明・馬歡，《瀛涯勝覽》，收入《百部叢書集成》第16輯，臺北：藝文印書館，1966年景印《紀錄彙編》本。

97. 明・夏允彝，《幸存錄》，收入《臺灣文獻史料叢刊》第6輯，臺北：臺灣大通書局，1987年。

98. 明・陶宗儀編，張宗祥校，《說郛》，臺北：新興書局，1963年重印。

99. 明・都穆，《使西日記》，收入《中國西北文獻叢書》第107冊，蘭州：蘭州古籍書店，1990年。

100. 明・陸深，《停驂錄》，收入《百部叢書集成》第16輯，臺北：藝文印書館，1966年景印《紀錄彙編》本。

101. 明・陸應陽，《廣輿記》，臺北：學海出版社，1969年重印。

102. 明・張天復，《皇輿考》，臺北：中央圖書館，1981年景印明萬曆十六年刊本。

103. 明・張洪，《南夷書》，收入《四庫全書存目叢書》史部第255冊，臺南：莊嚴文化事業公司，1996年景印北京圖書館藏明鈔本。

104. 明・張燮，《東西洋考》，臺北：臺灣商務印書館，1971年重印標點本。

105. 明・章潢，《圖書編》，收入《景印文淵閣四庫全書》第969冊，臺北：臺灣商務印書館，1986年。

106. 明・許獬，《叢青軒集》，臺北：國家圖書館藏明崇禎許氏家刊本。

107. 明・陳誠著，周連寬校注，《西域行程記》，北京：中華書局，1991年。

108. 明・陳誠著，周連寬校注，《西域番國志》，北京：中華書局，1991年。

109. 明・陳循等，《寰宇通志》，臺北：中央圖書館，1985年景印明景泰間內府刊初印本。

110. 明・陳子龍等選輯，《明經世文編》，北京：中華書局，1962年景印明崇禎年間雲間平露堂刻本。

111. 明・陳子龍撰，上海文獻叢書編委會編，《陳子龍文集》，上海：華東師範大學出版社，1988年。

112. 明・陳組綬，《皇明職方地圖》，南京：江蘇廣陵古籍刻印社，1987年景印明崇禎九年刊本。

113. 明・黃宗羲著，沈芝盈點校，《明儒學案》，北京：中華書局，1985 年。

114. 明・黃衷，《海語》，臺北：臺灣學生書局，1984 年景印粵雅堂校刊本。

115. 明・黃省曾，《西洋朝貢典錄》，收入《百部叢書集成》第 64 輯，臺北：藝文印書館，1966 年景印《粵雅堂叢書》本。

116. 明・黃福，《奉使安南水程日記》，收入《百部叢書集成》第 16 輯，臺北：藝文印書館，1966 年景印《紀錄彙編》本。

117. 明・費信，《星槎勝覽》，收入《百部叢書集成》第 16 輯，臺北：藝文印書館，1966 年景印《紀錄彙編》本。

118. 明・馮瑗，《開原圖說》，臺北：中央圖書館，1981 年景印明萬曆間刊本。

119. 明・慎懋賞，《四夷廣記》，臺北：中央圖書館，1985 年景印舊鈔本。

120. 明・焦竑，《焦氏筆乘》，臺北：臺灣商務印書館，1971 年重印標點本。

121. 明・程百二，《方輿勝略》，臺北：國家圖書館藏明刊本。

122. 明・傅汎際譯義，李之藻達辭，《寰有詮》，臺北：國家圖書館藏明崇禎元年刊本。

123. 明・董越，《朝鮮賦》，收入《景印文淵閣四庫全書》第 594 冊，臺北：臺灣商務印書館，1986 年。

124. 明・葉子奇，《草木子》，收入《景印文淵閣四庫全書》第 866 冊，臺北：臺灣商務印書館，1986 年。

125. 明・葉向高，《四夷考》，收入《中華文史叢書》第 3 輯，臺北：大中國圖書公司，1968 年景印寶顏堂密秘笈本。

126. 明・葉向高，《蒼霞餘草》，收入福建省文史研究館編，《福建叢書》第 1 輯，揚州：江蘇廣陵古籍刻印社，1994 年。

127. 明・楊一葵，《裔乘》，臺北：中央圖書館，1981 年景印明萬曆四十三年刊本。

128. 明・熊人霖，《地緯》，美國國會圖書館藏清順治五年熊志學輯《函宇通》本景印，與熊明遇《格致草》合刻。

129. 明・熊人霖，《星言草》，臺北：國家圖書館藏明崇禎十二年豫章熊氏義烏刊本。

130. 明・熊人霖，《南榮集》，日本東京內閣文庫藏明崇禎十六年進賢熊氏兩錢山房序刊本，臺北中央研究院歷史語言研究所傅斯年圖書館藏景本。

131. 明・熊人霖，《鶴臺先生熊山文選》，臺北：國家圖書館藏清順治十六年刊本。

132. 明・熊明遇，《格致草》，美國國會圖書館藏清順治五年熊志學輯《函宇通》本。

133. 明・熊明遇，《綠雪樓集》，收入《四庫禁燬書叢刊》集部第 185 冊，北

京：北京出版社，2000 年。

134. 明・熊明遇著，熊人霖編，《文直行書》，臺北：國家圖書館藏清順治十七年刊本。

135. 明・潘光祖，《輿圖備考全書》，臺北：中央研究院歷史語言研究所傅斯年圖書館藏清順治七年刊本。

136. 明・劉基，《大明清類天文分野》，收入《四庫全書存目叢書》子部第 60 冊，臺南：莊嚴文化事業公司，1995 年景印南京圖書館藏明初刻本。

137. 明・鞏珍，《西洋番國誌》，收入《四庫全書存目叢書》史部第 255 冊，臺南：莊嚴文化事業公司，1996 年景印北京圖書館藏清彭氏知聖道齋鈔本。

138. 明・鄭若曾，《鄭開陽雜著》，臺北：成文出版社，1971 年景印清康熙三十一年版本。

139. 明・鄭曉，《皇明四夷考》，收入《中華文史叢書》第 3 輯，臺北：大中國圖書公司，1968 年景印明萬曆年刊吾學編重印本。

140. 明・鄭曉，《吾學編》，收入《北京圖書館古籍珍本叢刊》史部第 12 冊，北京：書目文獻出版社，1988 年景印明隆慶元年鄭履淳刻本。

141. 明・談遷撰，張宗祥標點，《國榷》，北京：古籍出版社，1958 年。

142. 明・談遷撰，汪北平點校，《北遊錄》，北京：中華書局，1960 年。

143. 明・蔡汝賢，《東夷圖說》，收入《四庫全書存目叢書》史部第 255 冊，臺南：莊嚴文化事業公司，1996 年景印北京圖書館藏明萬曆刻本。

144. 明・鄧元錫，《五經繹》，臺北：國家圖書館藏明崇禎間重刊本。

145. 明・歐陽鉉，《野獲園詩》，臺北：國立故宮博物院藏明崇禎間刊本。

146. 明・蔣平階，《東林始末》，收入《臺灣文獻史料叢刊》第 6 輯，臺北：臺灣大通書局，1987 年。

147. 明・錢古訓著，江應樑校注，《百夷傳校注》，昆明：雲南人民出版社，1980 年。

148. 明・黎澄，《南翁夢錄》，收入《百部叢書集成》第 16 輯，臺北：藝文印書館，1966 年景印《紀錄彙編》本。

149. 明・魏煥，《皇明九邊考》，收入《中華文史叢書》第 3 輯，臺北：大中國圖書公司，1968 年景印明嘉靖刻本。

150. 明・魏濬，《西事珥》，收入《四庫全書存目叢書》史部第 247 冊，臺南：莊嚴文化事業公司，1996 年景印上海圖書館南京圖書館藏明萬曆刻本。

151. 明・蕭大亨，《北虜風俗》，臺北：廣文書局，1972 年重印排印本。

152. 明・鍾始聲輯，《闢邪集》，收入《近世漢籍叢刊》第 4 編，京都：中文出版社，1984 年景印 1861 年刊本。

153. 明‧鄺露,《赤雅》,收入《景印文淵閣四庫全書》第 594 冊,臺北:臺灣商務印書館,1986 年。

154. 明‧薛俊,《日本考略》,收入《百部叢書集成》第 55 輯,臺北:藝文印書館,1966 年景印《得月簃叢書》本。

155. 明‧譚希恩,《四川土夷考》,收入《四庫全書存目叢書》史部第 255 冊,臺南:莊嚴文化事業公司,1996 年景印雲南省圖書館藏舊鈔本。

156. 明‧嚴從簡著,余思黎點校,《殊域周咨錄》,北京:中華書局,1993 年。

157. 明‧顧岕,《海槎餘錄》,收入《四庫全書存目叢書》史部第 255 冊,臺南:莊嚴文化事業公司,1996 年景印上海圖書館藏明正德嘉靖間陽山顧氏家塾刻本。

158. 明‧顧炎武,《天下郡國利病書》,收入《四部叢刊廣編》,臺北:臺灣商務印書館,1976 年。

159. 明‧顧炎武,《亭林詩文集》,臺北:臺灣中華書局,1982 年重印原刻本校刊本。

160. 明‧顧起元著,譚棣華、陳稼禾點校,《客座贅語》,北京:中華書局,1987 年。

161. 明‧羅曰耿,《咸賓錄》,收入《叢書集成續編》第 65 冊,上海:上海書店,1994 年。

162. 明‧羅洪先增纂,《廣輿圖》,臺北:學海出版社,1969 年景印明萬曆間刊本。

163. 清‧方中履,《古今釋疑》,臺北:臺灣學生書局,1971 年景印清康熙二十一年桐城方氏汗青閣刊本。

164. 清‧王之春,《國朝柔遠記》,臺北:臺灣學生書局,1975 年景印清光緒二十二年重刊本。

165. 清‧王先謙,《莊子集解》,臺北:蘭臺書局,1971 年景印清宣統元年刊本。

166. 清‧王韜,《弢園文錄外編》,臺北:私立輔仁大學人文科學圖書館藏清光緒二十三年著者自刊本景本。

167. 清‧朱湄、賀熙齡等,《進賢縣志》,臺北:成文出版社,1989 年景印清道光三年刊本。

168. 清‧江峰青、顧福仁等,《嘉善縣志》,臺北:成文出版社,1970 年景印清光緒十八年刊本。

169. 清‧江璧、胡景辰等,《進賢縣志》,臺北:成文出版社,1989 年景印清同治十年原刻、光緒二十四年補刊本。

170. 清‧谷應泰,《明史紀事本末》,臺北:三民書局,1969 年標點本。

171. 清・利類思、安文思、南懷仁，《西方要紀》，收入《百部叢書集成》第 24 輯，臺北：藝文印書館，1966 年景印《學海類編》本。

172. 清・李桂、李拔等，《福寧府志》，臺北：成文出版社，1967 年景印清乾隆二十七年修、光緒六年重刊本。

173. 清・阮葵生，《茶餘客話》，臺北：世界書局，1963 年重印新校本。

174. 清・阮元等，《疇人傳彙編》，臺北：世界書局，1982 年重印標點本。

175. 清・呂維祺，《四譯館則》，收入《近代中國史料叢刊三編》第 4 輯，臺北：文海出版社。

176. 清・邢澍、錢大昕等，《長興縣志》，臺北：成文出版社，1983 年景印清嘉慶十年刊本。

177. 清・吳山嘉，《復社姓氏傳略》，收入周駿富輯，《明代傳記叢刊》第 7 冊，臺北：明文書局，1991 年。

178. 清・吳偉業，《復社紀事》，收入《臺灣文獻史料叢刊》第 6 輯，臺北：臺灣大通書局，1987 年。

179. 清・南懷仁，《坤輿圖說》，收入《百部叢書集成》第 54 輯，臺北：藝文印書館，1966 年景印《指海叢書》本。

180. 清・計六奇，《明季北略》，臺北：臺灣商務印書館，1968 年重印標點本。

181. 清・查繼佐，《罪惟錄》，杭州：浙江古籍出版社，1986 年點校本。

182. 清・軍機處編，《禁書總目》，收入《百部叢書集成》第 77 輯，臺北：藝文印書館，1966 年景印《咫進齋叢書》本。

183. 清・紀昀等，《欽定四庫全書總目》，臺北：臺灣商務印書館，1986 年。

184. 清・俞正燮，《癸巳類稿》，臺北：世界書局，1965 年重印新校本。

185. 清・姚瑩，《康輶紀行》，收入《近代中國史料叢刊續編》第 57 輯，臺北：文海出版社，1981 年。

186. 清・孫承澤著，王劍英點校，《春明夢餘錄》，北京：北京古籍出版社，1992 年。

187. 清・徐鼒，《小腆紀年》，收入《臺灣文獻史料叢刊》第 5 輯，臺北：臺灣大通書局，1987 年。

188. 清・徐鼒，《小腆紀傳》，收入周駿富輯，《清代傳記叢刊》第 69 冊，臺北：明文書局，1985 年。

189. 清・徐繼畬，《瀛環志略》，臺北：臺灣商務書館，1986 年景印清道光二十八年刻本。

190. 清・乾隆十二年敕撰，《皇朝文獻通考》，收入《景印文淵閣四庫全書》第 632 至 638 冊，臺北：臺灣商務印書館，1986 年。

191. 清・張廷玉等，《明史》，北京：中華書局，1974 年點校本。

192. 清‧張爾岐,《蒿庵閒話》,臺北:臺灣商務印書館,1976 年景印。

193. 清‧陳倫炯,《海國聞見錄》,收入《景印文淵閣四庫全書》第 594 冊,臺北:臺灣商務印書館,1986 年。

194. 清‧陳鼎,《東林列傳》,收入周駿富輯,《明代傳記叢刊》第 5 冊,臺北:明文書局,1991 年。

195. 清‧曹襲先,《句容縣志》,臺北:成文出版社,1974 年景印清乾隆十五年修、光緒二十六年重刊本。

196. 清‧陸世儀,《復社紀略》,收入《臺灣文獻史料叢刊》第 6 輯,臺北:臺灣大通書局,1987 年。

197. 清‧楊周憲、趙日冕等,《新建縣志》,臺北:成文出版社,1989 年景印清康熙十九年刊本。

198. 清‧榮柱,《違礙書目》,收入《百部叢書集成》第 77 輯,臺北:藝文印書館,1966 年景印《咫進齋叢書》本。

199. 清‧趙翼著,杜維運校證,《二十二史劄記》,臺北:華世出版社,1977 年。

200. 清‧劉獻廷,《廣陽雜記》,臺北:臺灣商務印書館,1976 年重印。

201. 清‧蔣友仁譯著,《地球圖說》,收入《百部叢書集成》第 44 輯,臺北:藝文印書館,1966 年景印《文選樓叢書》本。

202. 清‧諸自穀、程瑜等,《義烏縣志》,臺北:成文出版社,1970 年景印清嘉慶七年刊本。

203. 清‧潘介祉,《明詩人小傳稿》,臺北:中央圖書館,1986 年點校本。

204. 清‧錢曾,《讀書敏求記》,收入《百部叢書集成》第 60 輯,臺北:藝文印書館,1966 年景印《海山仙館叢書》本。

205. 清‧謝清高口述、楊炳南筆錄,《海錄》,臺北:臺灣學生書局,1984 年景印清道光年間刊本。

206. 清‧聶當世、謝興成等,《進賢縣志》,臺北:成文出版社,1989 年景印清康熙十二年刊本。

207. 清‧魏源撰,陳華等點校,《海國圖志》,長沙:岳麓書社,1998 年。

208. 清‧顧祖禹,《讀史方輿紀要》,京都:中文出版社,1981 年點校本。

209. 朱保炯、謝沛霖編,《明清歷科進士題名錄》,收入《近代中國史料叢刊續編》第 79 輯,臺北:文海出版社,1981 年。

210. 利瑪竇、金尼閣著,何高濟等譯,《利瑪竇中國札記》,北京:中華書局,1983 年。

211. 曾德昭(Alvaro Semedo)著,何高濟譯,《大中國志》,上海:上海古籍出版社,1998 年。

212. 趙模、王寶仁等，《建陽縣志》，臺北：成文出版社，1975 年景印 1929 年鉛印本。

二、近人研究

（一）專　著

1. 于希賢，《中國古代地理學史略》，石家庄：河北科學技術出版社，1990 年。

2. 方豪，《中國天主教史人物傳》上冊，北京：中華書局，1988 年景印香港公教眞理學會、臺中光啓出版社 1970 年再版。

3. 方豪，《方豪六十自定稿》，臺北：臺灣學生書局，1969 年。

4. 方豪，《中西交通史》，臺北：中國文化大學出版社，1983 年。

5. 王成祖，《中國地理學史（先秦至明代)》，北京：商務印書館，1988 年。

6. 王家儉，《魏源對西方的認識及其海防思想》，臺北：大立出版社，1984 年。

7. 王重民，《中國善本書提要》，上海：上海古籍出版社，1983 年。

8. 王婆楞，《歷代征倭文獻考》，臺北：正中書局，1976 年臺 2 版。

9. 王庸，《中國地理學史》，臺北：臺灣商務印書館，1974 年重印。

10. 王漪，《明清之際中學之西漸》，臺北：臺灣商務印書館，1987 年 2 版。

11. 王爾敏，《明清時代庶民文化生活》，臺北：中央研究院近代史研究所，1996 年。

12. 中國天文學史整理研究小組編著，《中國天文學史》，北京：科學出版社，1981 年。

13. 中國科學院自然科學史研究所地學史組主編，《中國古代地理學史》，北京：科學出版社，1984 年。

14. 中國測繪史編纂委員會編，《中國測繪史》第 2 卷，北京：測繪出版社，1995 年。

15. 孔恩著，程樹德、傅大爲等譯，《科學革命的結構》，臺北：遠流出版公司，1989 年。

16. 包遵彭等編，《中國近代史論叢‧中西文化交流》，臺北：正中書局，1956 年。

17. 包遵彭主編，《明代宗教》，臺北：臺灣學生書局，1968 年。

18. 朱伯崑，《易學哲學史》，臺北：藍燈文化公司，1991 年。

19. 任道斌，《方以智年譜》，合肥：安徽教育出版社，1983 年。

20. 何丙郁、何冠彪，《中國科技史概論》，臺北：木鐸出版社，1983 年。

21. 余定國著，姜道章譯，《中國地圖學史》，北京：北京大學出版社，2006年。

22. 余英時，《歷史與思想》，臺北：聯經出版公司，1976年。

23. 余英時，《中國思想傳統的現代詮釋》，臺北：聯經出版公司，1987年。

24. 李旭旦譯，《地理學思想史》，北京：商務印書館，1989年2版。

25. 李東華，《泉州與我國中古的海上交通》，臺北：臺灣學生書局，1986年。

26. 李紀祥，《明末清初儒學之發展》，臺北：文津出版社，1992年。

27. 李約瑟著，陳維綸等譯，《中國之科學與文明》第2冊，臺北：臺灣商務印書館，1985年修訂4版。

28. 李約瑟著，鄭子政等譯，《中國之科學與文明》第6冊，臺北：臺灣商務印書館，1980年3版。

29. 呂理政，《天、人、社會：試論中國傳統的宇宙認知模型》，臺北：中央研究院民族學研究所，1990年。

30. 沈定平，《明清之際中西文化交流史——明代：調適與會通》，北京：商務印書館，2001年。

31. 林金水，《利瑪竇與中國》，北京：中國社會科學出版社，1996年。

32. 邱炫煜，《明帝國與南海諸蕃國關係的演變》，臺北：蘭臺出版社，1995年。

33. 柳詒徵，《中國文化史》，臺北：正中書局，1952年臺1版。

34. 南懷瑾、徐芹庭註譯，《周易今註今譯》，臺北：臺灣商務印書館，1988年修訂4版。

35. 祝瑞開主編，《宋明思想和中華文明》，上海：學林出版社，1995年。

36. 胡欣、江小群，《中國地理學史》，臺北：文津出版社，1995年。

37. 徐玉虎，《明鄭和之研究》，高雄：德馨室出版社，1980年。

38. 徐宗澤，《明清間耶穌會士譯著提要》，北京：中華書局，1989年重印中華書局1949年版。

39. 容肇祖，《明代思想史》，臺北：臺灣開明書店，1962年臺1版。

40. 袁珂，《山海經校注》，上海：上海古籍出版社，1980年。

41. 孫尚揚，《明末天主教與儒學的交流與衝突》，臺北：文津出版社，1992年。

42. 張天，《澳洲史》，北京：社會科學文獻出版社，1996年。

43. 張永堂，《方以智》，臺北：臺灣商務印書館，1978年。

44. 張永堂，《明末方氏學派研究初編——明末理學與科學關係試論》，臺北：文鏡出版公司，1987年。

45. 張永堂，《明末清初理學與科學關係再論》，臺北：臺灣學生書局，1994年。

46. 張奕善，《東南亞史研究論集》，臺北：臺灣學生書局，1980年。

47. 張維華，《明史佛郎機呂宋和蘭意大里亞四傳注釋》，臺北：臺灣學生書局，1985年景印再版。

48. 張增信，《明季東南中國的海上活動》上編，臺北：東吳大學中國學術著作獎助委員會，1988年。

49. 梁啓超，《中國近三百年學術史》，臺北：華正書局，1989年重印。

50. 郭廷以，《近代中國的變局》，臺北：聯經出版公司，1987年。

51. 郭雙林，《西潮激盪下的晚清地理學》，北京，北京大學出版社，2000年。

52. 陳文石，《明洪武嘉靖間的海禁政策》，臺北：臺大文史叢刊，1966年。

53. 陳正祥，《中國歷史文化地理》，臺北：南天書局，1995年。

54. 陳鼓應、辛冠潔、葛榮晉主編，《明清實學思潮史》，山東：齊魯書社，1989年。

55. 陳榮捷，《宋明理學之概念與歷史》，臺北：中央研究院中國文哲研究所籌備處，1996年。

56. 陳衛平，《第一頁與胚胎──明清之際的中西文化比較》，上海：上海人民出版社，1992年。

57. 費賴之（Louis Pfister）著，馮承均譯，《入華耶穌會士列傳》，臺北：臺灣商務印書館，1960年臺1版。

58. 靳生禾，《中國歷史地理文獻概論》，太原：山西人民出版社，1987年。

59. 葛榮晉編，《中日實學史研究》，北京：中國社會科學出版社，1992年。

60. 葛榮晉主編，《中國實學思想史》，北京：首都師範大學出版社，1994年。

61. 鄒振環，《晚清西方地理學在中國──以1815至1911年西方地理學譯著的傳播與影響為中心》，上海：上海古籍出版社，2000年。

62. 榮振華（Joseph Dehergne）著，耿昇譯，《在華耶穌會士列傳及書目補編》，北京：中華書局，1995年。

63. 熊月之，《西學東漸與晚清社會》，上海：上海人民出版社，1994年。

64. 鄢良，《三才大觀：中國象數學源流》，臺北：明文書局，1994年。

65. 劉鈞仁原著，鹽英哲編，《中國歷史地名大辭典》，東京：凌雲書房，1980年。

66. 鄭寅達、費佩君，《澳大利亞史》，上海：華東師範大學出版社，1991年。

67. 樊洪業，《耶穌會士與中國科學》，北京：中國人民大學出版社，1992年。

68. 謝國楨，《明清之際黨社運動考》，北京：中華書局，1982年景印商務印

書館 1934 年版。

69. 謝和耐等著，耿昇譯，《明清間入華耶穌會士和中西文化交流》，成都：巴蜀書社，1993 年。

70. 錢寶琮，《錢寶琮科學史論文選集》，北京：科學出版社，1983 年。

71. 戴玄之，《中國秘密宗教與秘密會社》，臺北：臺灣商務印書館，1990 年。

72. 魏嵩山主編，《中國歷史地名大辭典》，廣州：廣東教育出版社，1995 年。

73. 蘇雪林，《天問正簡》，臺北：文津出版社，1992 年。

（二）論　文

1. 王立興，〈渾天說的地形觀〉，收入《中國天文學史文集》第 4 集，北京：科學出版社，1986 年，頁 126～148。

2. 王家儉，〈十九世紀西方史地知識的介紹及其影響，1807～1861〉，《大陸雜誌》，38 卷 6 期，1969 年 3 月，頁 188～198。

3. 王家儉，〈晚明的實學思潮〉，《漢學研究》，7 卷 2 期，1989 年 12 月，頁 279～301。

4. 王揚宗，〈西學中源說在明清之際的由來及其演變〉，《大陸雜誌》，90 卷 6 期，1995 年 6 月，頁 39～45。

5. 王慶余，〈記新發現的明末《兩儀玄覽圖》〉，收入《中外關係史論叢》第 2 輯，北京：世界知識出版社，1987 年，頁 168～171。

6. 王爾敏，〈「中國」名稱的溯源及其近代詮釋〉，收入氏著《中國近代思想史論》，臺北：臺灣商務印書館，1995 年，頁 447～486。

7. 王爾敏，〈秘密宗教與秘密會社之生態環境及社會功能〉，《中央研究院近代史研究所集刊》，第 10 期，1981 年 7 月，頁 33～59。

8. 王爾敏，〈近代史上的東西南北洋〉，《中央研究院近代史研究所集刊》，第 15 期，1986 年 6 月，頁 101～113。

9. 尹章義，〈湯和與明初東南海防〉，《國立編譯館刊》，6 卷 1 期，1977 年 6 月，頁 93～134。

10. 中村久次郎著，周一良譯，〈利瑪竇傳〉，《禹貢半月刊》，1936 年 3、4 合期，頁 73～96。

11. 石云里，〈《寰有銓》及其影響〉，收入《中國天文學史文集》第 6 集，北京：科學出版社，1994 年，頁 232～260。

12. 石錦，〈略論明代中晚期經世思想的特質〉，收入氏著《中國近代社會研究》，臺北：李教出版社，1990 年，頁 139～166。

13. 朱士嘉，〈明代四裔書目〉，《禹貢》，1936 年第 3、4 合期，頁 137～158。

14. 江曉原，〈十七、十八世紀中國天文學的三個新特點〉，《自然辯證法通

訊》，1988 年第 3 期，頁 51～56。

15. 江曉原，〈試論清代「西學中源」說〉，《自然科學史研究》，1988 年第 2 期，頁 101～108。

16. 江曉原，〈明清之際中國人對西方宇宙模型之研究及態度〉，收入楊翠華、黃一農主編，《近代中國科技史論集》，臺北：中央研究院近代史研究所／新竹：清華大學歷史研究所，1991 年，頁 33～53。

17. 江曉原，〈《周髀算經》蓋天宇宙結構〉，《自然科學史研究》，1996 年第 3 期，頁 248～253。

18. 向玉成，〈清代華夷觀念的變化與閉關政策的形成〉，《四川師範大學學報・社科版》，1996 年第 1 期，頁 131～137。

19. 宋正海，〈中國古代傳統地球觀是地平大地觀〉，《自然科學史研究》，1986 年第 1 期，頁 54～60。

20. 邢義田，〈天下一家──中國人的天下觀〉，收入《永恒的巨流》，臺北：聯經出版公司，1981 年，頁 426～478。

21. 呂實強，〈由明清之際中國知識份子反教言論看中西文化交流，1583～1723〉，收入《紀念利瑪竇來華四百周年中西文化交流國際學術會議論文集》，臺北：輔仁大學出版社，1983 年，頁 411～430。

22. 李志超、華同旭，〈論中國古代的大地形狀概念〉，《自然辯證法通訊》，1986 年第 2 期，頁 51～55。

23. 李東華，〈五代北宋以降泉州海外交通轉盛的原因〉，《食貨》，11 卷 11、12 合期，1982 年 3 月，頁 1～17。

24. 李東華，〈宋元時代泉州海外交通的盛況〉，收入《中國海洋發展史論文集》第 1 輯，臺北：中央研究院中山人文社會科學研究所，1984 年，頁 1～40。

25. 李東華，〈海上交通與古代福建地區的發展〉，收入《中國海洋發展史論文集》第 2 輯，臺北：中央研究院三民主義研究所，1986 年，頁 59～74。

26. 李映發，〈古代中國人的東、西洋地域概念〉，《世界史研究動態》，1993 年第 8 期，頁 39～42。

27. 李素楨、田育誠，〈論明清科技文獻的輸入〉，《中國科技史料》，1983 年第 3 期，頁 12～20。

28. 沈福偉，〈鄭和時代的東西洋考〉，收入《鄭和下西洋論文集》第 2 集，南京：南京大學出版社，1985 年，頁 218～235。

29. 林正弘，〈卡爾・波柏與當代科學哲學的蛻變〉，收入氏著《伽利略・波柏・科學說明》，臺北：東大圖書公司，1988 年，頁 69～113。

30. 林金水，〈利瑪竇在中國的活動與影響〉，《歷史研究》，1983 年第 1 期，頁 25～36。

31. 林金水,〈利瑪竇輸入地圖學說的影響與意義〉,《文史哲》,1985 年第 5 期,頁 28～34。

32. 林金水,〈利瑪竇交游人物考〉,收入《中外關係史論叢》,北京:世界知識出版社,1985 年,頁 117～143。

33. 林金水,〈艾儒略與福建士大夫交游表〉,收入《中外關係史論叢》第 5 輯,北京:書目文獻出版社,1996 年,頁 182～202。

34. 林東陽,〈南懷仁的世界地圖——坤輿全圖,1674〉,《東海大學歷史學報》,第 5 期,1982 年 12 月,頁 69～84。

35. 林東陽,〈利瑪竇的世界地圖及其對明末士人社會的影響〉,收入《紀念利瑪竇來華四百周年中西文化交流國際學術會議論文集》,臺北:輔仁大學出版社,1983 年,頁 311～378。

36. 林東陽,〈評「南懷仁的世界地圖」〉,收入《南懷仁逝世三百週年國際學術討論會論文集》,臺北:輔仁大學出版社,1987 年,頁 232～235。

37. 林東陽,〈明末西方宗教文化初傳中國的一位重要人物——馮應京〉,收入《明清之際中國文化的轉變與延續》,臺北:文史哲出版社,1991 年,頁 211～257。

38. 金祖孟,〈渾天說的興起與衰落〉,收入《中國天文學史文集》第 4 集,北京:科學出版社,1986 年,頁 164～175。

39. 金祖孟,〈中國古宇宙論研究成果綜述〉,收入《中國天文學史文集》第 4 集,北京:科學出版社,1986 年,頁 176～181。

40. 金祖孟,〈天圓地平說的世界性與地方性〉,《地理研究》,1988 年第 1 期,頁 12～17。

41. 金祖孟,〈三談《周髀算經》中的蓋天說〉,《自然科學史研究》,1991 年第 2 期,頁 111～119。

42. 邱炫煜,〈中國海洋發展史上「東南亞」名詞溯源的研究〉,收入吳劍雄主編,《中國海洋發展史論文集》第 4 輯,臺北:中央研究院中山人文社會科學研究所,1991 年,頁 311～329。

43. 邱炫煜,〈明代張燮及其《東西洋考》〉,《國立編譯館館刊》,22 卷 2 期,1993 年 12 月,頁 67～112。

44. 胡化凱,〈五行說——中國古代的符號體系〉,《自然辯證法通訊》,1995 年第 3 期,頁 48～57。

45. 胡化凱,〈試論五行說的科學思想價值〉,《中國哲學史》,1996 年第 3 期,頁 31～34。

46. 胡化凱,〈感應論——中國古代樸素的自然觀〉,《自然辯證法通訊》,1997 年第 4 期,頁 50～59。

47. 胡維佳,〈陰陽、五行、氣觀念的形成及其意義——先秦科學思想體系試

探〉，《自然科學史研究》，1993 年第 1 期，頁 16～28。

48. 俞曉群，〈數在中國傳統文化中的意義〉，《自然辯證法研究》，1991 年第 9 期，頁 33～41。

49. 祝平一，〈跨文化知識傳播的個案研究——明末清初關於地圓說的爭議，1600～1800〉，《中央研究院歷史語言研究所集刊》，69 本 3 分，1998 年 9 月，頁 589～670。

50. 洪健榮，〈明末清初熊明遇對西方地圓說的反應——《格致草》相關地圓論題的傳承與發展〉，收入龍村倪、葉鴻灑主編，《第四屆科學史研討會彙刊》，臺北：中央研究院科學史委員會，1996 年，頁 107～129。

51. 洪健榮，〈明末西方地理新知與中國天下觀念的矛盾〉，《國立編譯館館刊》，29 卷 1 期，2000 年 6 月，頁 213～256。

52. 洪健榮，〈輾轉於實學與西學之間的選擇——以明末西方地理知識東漸史的經驗為例〉，《國立編譯館館刊》，30 卷 1、2 合期，2001 年 12 月，頁 227～276。

53. 洪健榮，〈明末艾儒略《職方外紀》中的知識傳教論述〉，私立輔仁大學歷史學系主辦「第五屆文化交流史：『中心』與『邊緣』的互動國際學術研討會」論文，2009 年 5 月，頁 1～28。

54. 洪煨蓮，〈考利瑪竇的世界地圖〉，《禹貢半月刊》，1936 年 3、4 合期，頁 1～50。

55. 馬瓊，〈熊人霖《地緯》研究〉，杭州：浙江大學人文學院歷史學博士論文，2008 年 9 月。

56. 馬瓊，〈《地緯》的成書、刊刻和流傳〉，《江南大學學報（人文社會科學版）》，2009 年第 4 期，頁 72～76。

57. 唐錫仁、黃德志，〈試論我國早期陰陽五行說與地理的關係〉，《天津師院學報》，1980 年第 2 期，頁 26～30。

58. 高明士，〈光被四表——中國文化與東亞世界〉，收入《永恒的巨流》，臺北：聯經出版公司，1981 年，頁 481～522。

59. 席澤宗，〈十七、十八世紀西方天文學對中國的影響〉，《自然科學史研究》，1988 年第 3 期，頁 237～241。

60. 徐光台，〈明末清初西方「格致學」的衝擊與反應：以熊明遇《格致草》為例〉，收入《世變、群體與個人：第一屆全國歷史學學術討論會論文集》，臺北：國立臺灣大學歷史學系，1996 年，頁 235～258。

61. 徐光台，〈明末西方四元素說的傳入〉，《清華學報》，新 27 卷 3 期，1997 年 9 月，頁 347～380。

62. 徐光台，〈明末清初中國士人對四行說的反應——以熊明遇《格致草》為例〉，《漢學研究》，17 卷 2 期，1999 年 12 月，頁 1～30。

63. 徐光台，〈西學傳入與明末自然知識考據學：以熊明遇論冰雹生成爲例〉，《清華學報》，新 37 卷 1 期，2007 年 6 月，頁 117～157。

64. 徐光台，〈西方基督神學對東林人士熊明遇的衝激及其反應〉，《漢學研究》，26 卷 3 期，2008 年 9 月，頁 191～224。

65. 張彬村，〈明清兩朝的海外貿易政策：閉關自守？〉，收入吳劍雄主編，《中國海洋發展史論文集》第 4 輯，臺北：中央研究院中山人文社會科學研究所，1991 年，頁 45～59。

66. 張維華、孫西，〈十六世紀耶穌會士在華傳教政策的改變〉，《文史哲》，1985 年第 1 期，頁 23～33。

67. 張維華，〈南京教案始末〉，收入氏著《晚學齋論文集》，濟南：齊魯書社，1986 年，頁 493～519。

68. 張增信，〈十六世紀前期葡萄牙人在中國沿海的貿易據點〉，收入《中國海洋發展史論文集》第 2 輯，臺北：中央研究院三民主義研究所，1986 年，頁 75～104。

69. 張增信，〈明季東南海寇與巢外風氣，1567～1644〉，收入《中國海洋發展史論文集》第 3 輯，臺北：中央研究院中山人文社會科學研究所，1988 年，頁 313～344。

70. 張箭，〈地理大發現在自然地理學方面的意義〉，《自然科學史研究》，1993 年第 2 期，頁 185～191。

71. 曹永和，〈歐洲古地圖上之臺灣〉，收入氏著《臺灣早期歷史研究》，臺北：聯經出版公司，1979 年，頁 295～368。

72. 曹婉如，〈中國古代地理學史的幾個問題〉，《自然科學史研究》，1982 年第 3 期，頁 242～250。

73. 曹婉如，〈中國古代地圖繪製的理論和方法初探〉，《自然科學史研究》，1983 年第 3 期，頁 246～257。

74. 曹婉如、薄樹人等，〈中國現存利瑪竇世界地圖的研究〉，《文物》，1983 年第 12 期，頁 57～70。

75. 曹婉如等，〈中國與歐洲地圖交流的開始〉，收入杜石然主編，《第三屆國際中國科學史討論會論文集》，北京：科學出版社，1990 年，頁 120～134。

76. 曹婉如，〈中外地圖交流史初探〉，《自然科學史研究》，1993 年第 3 期，頁 287～295。

77. 陳文石，〈明嘉靖年間浙福沿海寇亂與私販貿易的關係〉，收入氏著《明清政治社會史論》，臺北：臺灣學生書局，1991 年，頁 117～175。

78. 陳受頤，〈明末清初耶穌會士的儒教觀及其反應〉，《國學季刊》，5 卷 2 號，1935 年，頁 147～210。

79. 陳佳榮，〈鄭和航行時期的東西洋〉，收入南京鄭和研究會編，《走向海洋

的中國人》，北京：海潮出版社，1996 年，頁 136～147。

80. 陳衛平，〈從「會通以求超勝」到「西學東源」說──論明末至清中葉的科學家對中西科學關係的認識〉，《自然辯證法通訊》，1989 年第 2 期，頁47～54。

81. 陳穗錚，〈先秦時期「中國」觀念的形成與發展〉，臺北：國立臺灣大學歷史學研究所碩士論文，1992 年 6 月。

82. 陳穗錚，〈「中國」詞稱的起源與原義〉，《史原》，第 19 期，1993 年 10月，頁 1～38。

83. 陳觀勝，〈論利瑪竇之萬國全圖〉，《禹貢》，1934 年第 7 期，頁 19～24。

84. 陳觀勝，〈利瑪竇對中國地理學之貢獻及其影響〉，《禹貢》，1936 年第 3、4 合期，頁 58～61。

85. 許進發，〈十九世紀前期中國知識份子的自然知識──以鄭復光為例〉，新竹：國立清華大學歷史研究所碩士論文，1992 年 6 月。

86. 許媛婷，〈明末西學東漸的未竟之聲──以李之藻《天學初函》的選書為討論中心〉，《故宮學術季刊》，25 卷 3 期，2008 年春季，頁 1～48。

87. 郭正昭，〈孔恩及其科學革命結構論〉，《書評書目》，第 54 期，1977 年10 月，頁 4～17。

88. 郭永芳，〈西方地圖說在中國〉，收入《中國天文學史文集》第 4 集，北京：科學出版社，1986 年，頁 155～163。

89. 郭熹微，〈天主教與明清實學思潮〉，《世界宗教研究》，1993 年第 3 期，頁 13～29。

90. 郭熹微，〈論徐光啟「補儒易佛」思想──兼論明末士大夫皈依天主教的原因和意義〉，《哲學與文化》，1993 年第 5 期，頁 485～493。

91. 賀昌群，〈漢代以後中國人對於世界地理知識的演進〉，《禹貢》，1936 年第 3、4 合期，頁 121～136。

92. 童疑，〈夷蠻戎狄與東西南北〉，《禹貢》，1937 年第 10 期，頁 11～17。

93. 鈕仲勛，〈我國古代地圖的發展及其成就〉，《天津師院學報》，1980 年第3 期，頁 70～76。

94. 鈕仲勛，〈明朝的緯度測量〉，收入《中國天文學史文集》第 4 集，北京：科學出版社，1986 年，頁 118～125。

95. 黃一農，〈擇日之爭與「康熙曆獄」〉，《清華學報》，新 21 卷 2 期，1991年 12 月，頁 247～280。

96. 黃一農，〈耶穌會士對中國傳統星占術數的態度〉，《九州學刊》，4 卷 3期，1991 年 10 月，頁 5～23。

97. 黃一農，〈康熙朝時漢人士大夫對「曆獄」的態度及其所衍生的傳說〉，《漢

學研究》，11 卷 2 期，1993 年 12 月，頁 137～161。

98. 黃一農，〈揚教心態與天主教傳華史研究——以南明重臣屢被錯認爲教徒爲例〉，《清華學報》，24 卷 3 期，1994 年 9 月，頁 269～295。

99. 黃一農，〈明末中西文化衝突之析探——以天主教徒王徵娶妾和殉國爲例〉，收入《世變、群體與個人：第一屆全國歷史學學術討論會論文集》，臺北：臺灣大學歷史學系，1996 年，頁 211～234。

100. 黃一農，〈明末清初天主教傳華史研究的回顧與展望〉，《新史學》，7 卷 1 期，1996 年 3 月，頁 137～169。

101. 黃一農，〈天主教徒孫元化與明末傳華的西洋火砲〉，《中央研究院歷史語言研究所集刊》，67 本 4 分，1996 年 12 月，頁 911～966。

102. 黃一農，〈忠孝牌坊與十字架——明末天主教徒魏學濂其人其事探微〉，《新史學》，8 卷 3 期，1997 年 9 月，頁 43～94。

103. 馮錦榮，〈明末清初方氏學派之成立及其主張〉，收入山田慶兒編，《中國古代科學史論》，京都：京都大學人文科學研究所，1989 年，頁 139～219。

104. 馮錦榮，〈明末熊明遇父子與西學〉，收入羅炳綿、劉健明主編，《明末清初華南地區歷史人物功業研討會論文集》，香港：香港中文大學歷史學系，1993 年，頁 117～135。

105. 馮錦榮，〈明末熊明遇《格致草》內容探析〉，《自然科學史研究》，1997 年第 4 期，頁 304～328。

106. 傅大爲，〈論《周髀》研究傳統之歷史發展與轉折〉，《清華學報》，新 18 卷 1 期，1988 年 6 月，頁 1～41。後收入氏著《異時空裡的知識追逐——科學史與科學哲學論文集》，臺北：東大圖書公司，1992 年，頁 1～62。

107. 葉曉青，〈西學輸入和中國傳統文化〉，《歷史研究》，1983 年第 1 期，頁 7～24。

108. 葉曉青，〈論科學技術在中國傳統哲學中的地位〉，收入杜石然主編，《第三屆國際中國科學史討論會論文集》，北京：科學出版社，1990 年，頁 302～305。

109. 楊文衡，〈試論中國古代地學與自然和社會環境的關係〉，《自然科學史研究》，1997 年第 1 期，頁 1～9。

110. 楊吾揚、懷博（Kempton E. Webb），〈古代中西地理學思想源流新論〉，《自然科學史研究》，1983 年第 4 期，頁 322～329。

111. 楊聯陞，〈從歷史看中國的世界秩序〉，收入氏著《國史探微》，臺北：聯經出版公司，1984 年，頁 1～17。

112. 甄國憲，〈中國古地理觀對中國地圖發展史的影響〉，收入《中國地圖學年鑑》，中國地圖出版社，1990 年，頁 134～137。

113. 劉克明、胡顯章、周德均，〈《周禮》在科學史上的價值〉，《自然辯證法通訊》，1996 年第 2 期，頁 58～65。

114. 劉迎勝，〈「東洋」與「西洋」的由來〉，收入南京鄭和研究會編，《走向海洋的中國人》，北京：海潮出版社，1996 年，頁 120～135。

115. 劉建，〈十六世紀天主教對華傳教政策的演變〉，《世界宗教研究》，1986 年第 1 期，頁 90～100。

116. 樊洪業，〈西學東漸第一師──利瑪竇〉，《自然辯證法通訊》，1987 年第 5 期，頁 48～60。

117. 樊洪業，〈從「格致」到「科學」〉，《自然辯證法通訊》，1988 年第 3 期，頁 39～50。

118. 鄭延祖，〈中國古代的宇宙論〉，《中國科學》，1976 年第 1 期，頁 111～119。

119. 鄭鶴聲，〈明季西洋學術思想之輸入〉，收入包遵彭主編，《明代國際關係》，臺北：臺灣學生書局，1968 年，頁 157～177。

120. 潘鳳娟，〈西來孔子──明末入華耶穌會士艾儒略，Giulio Aleni, 1582～1649〉，新竹：國立清華大學歷史研究所碩士論文，1994 年 6 月。

121. 謝方，〈艾儒略及其《職方外紀》〉，《中國歷史博物館館刊》，第 15、16 期，1991 年 5 月，頁 132～139。

122. 謝貴安，〈從朱元璋的正統觀看他對元蒙的政策〉，《華中師範大學學報，哲社版》，1994 年第 1 期，頁 88～92。

123. 霍有光，〈《職方外紀》的地理學地位與中西對比〉，《自然辯證法通訊》，1995 年第 1 期，頁 58～64。

124. 藪內清，〈西歐科學與明末〉，收入《日本學者研究中國史論著選譯》第 10 卷，北京：中華書局，1992 年，頁 62～83。

125. 鐘鳴旦，〈「格物窮理」：十七世紀西方耶穌會士與中國學者間的討論〉，《哲學與文化》，18 卷 7 期，1991 年 7 月，頁 604～616。

126. 鐘鳴旦著，劉賢譯，〈文化相遇的方法論：以十七世紀中歐文化相遇為例〉，收入吳梓明、吳小新編，《基督教與中國社會文化：第一屆國際年青學者研討會論文集》，香港：香港中文大學崇基學院宗教與中國社會研究中心，2003 年，頁 31～80。

127. 龔勝生，〈試論我國「天下之中」的歷史源流〉，《華中師範大學學報，哲社版》，1994 年第 1 期，頁 93～97。

128. 龔纓晏、馬瓊，〈《函宇通》及其中的兩幅世界地圖〉，《文史知識》，2003 年第 4 期，頁 87～94。

三、外文著作

1. 井上聰，《古代中國陰陽五行の研究》，東京：翰林書房，1996 年。

2. 宮崎市定，〈南洋を東西洋に分っ根據に就いて〉，收入氏著《アジア史研究》第 2 集，京都：同朋舍，1968 年 3 月 3 版，頁 533～555。

3. 海野一隆，〈明・清におけるマテオ・リッチ系世界圖〉，收入山田慶兒主編，《新發現中國科學史資料の研究・論考篇》，京都：京都大學人文科學研究所，1985 年，頁 507～580。

4. 船越昭生，〈『坤輿萬國全圖』と鎖國日本──世界的視圈の成立〉，《東方學報》第 41 冊，京都：京都大學人文科學研究所，1970 年，頁 595～710。

5. 藪內清、吉田光邦編，《明清時代の科學技術史》，京都：京都大學人文科學研究所，1970 年。

6. Barnes, Jonathan. (ed.) *The Complete Works of Aristotle*. 2 vols. Princeton: Princeton University Press, 1984.

7. D'Ella, Pasquale M. "Recent Discoveries and New Studies (1938～1960) on the World Map in Chinese of Farther Matteo Ricci SJ." *Monumenta Serica*. 1961, 20: 82～164.

8. Drake, Fred. *China Charts the World: Hsu Chi-yu and His Geography of 1848*. Cambridge: Harvard University Press, 1975.

9. Feyerabend, Paul. *Against Method*. London: Verso, 1978.

10. Gernet, Jacques. "Christian and Chinese Visions of the World in the Seventeenth Century." *Chinese Science*. 1980, 4: 1～17.

11. Gernet, Jacques. *China and the Christian Impact: A Conflict of Culture*. Translated by Janet Lloyd. Cambridge: Cambridge University Press, 1985. Originally published in French as *Chine et Christianisme* by Editions Gallimard, Paris, 1982.

12. Grant, Edward. *Physical Science in the Middle Ages*. Cambridge: Cambridge University Press, 1977.

13. Grant, Edward. "Cosmology." Pp. 265～302 in David C. Lindberg (ed.), *Science in the Middle Ages*. Chicago/London: The University of Chicago Press, 1978.

14. Grant, Edward. "Science and Theology in the Middle Ages." Pp. 49～75 in David Lindberg and Ronald Numbers (eds.), *God and Nature*. Berkeley/Los Angeles/London: University of California Press, 1986.

15. Kuhn, Thomas S. *The Structure of Scientific Revolutions*. 2nd and enlarged ed. Chicago: The University of Chicago Press, 1970.

16. Laudan, Larry. *Progress and its Problems: Towards a Theory of Scientific Growth*. Berkeley/Los Angeles: University of California Press, 1977.

17. Leonard, Jane K. *Wei Yuan and China's Rediscovery of the Maritime World*. Cambridge: Harvard University Press, 1984.

18. Lindberg, David C. *The Beginnings of Western Science*. Chicago/London: The University of Chicago Press, 1992.

19. Luk, Bernard Hun-Kay. "A Study of Giulio Aleni's Chih-fang wai-chi." *Bulletin of the School of Oriental and African Studies*. 1977, 4: 58～84.

20. Murdoch, John E. and Edith D. Sylla. "The Science of Motion." Pp. 206～264 in David C. Lindberg (ed.), *Science in the Middle Ages*. Chicago/London: The University of Chicago Press, 1978.

21. Needham, Joseph. *Science and Civilisation in China*. vol. 2. Cambridge: Cambridge University Press, 1956.

22. Needham, Joseph. *Science and Civilisation in China*. vol. 3. Cambridge: Cambridge University Press, 1959.

23. Peterson, Willard J. "Fang I-Chih's Response to Western Knowledge." Ph.D. thesis, Harvard University, 1970.

24. Peterson, Willard J. "Why Did They Become Christian? Yang T'ing-yün, Li Chih-tsao, and Hsü Kuang-ch'I." Pp. 129～152 in Charles E. Ronan and Bonnie B.C. Oh (eds.) *East Meets West: The Jesuits in China*. Chicago: Loyola University Press, 1988.

附錄一　熊人霖年表[※]

年　　號	干支	西元	年歲	熊人霖生平紀事	時人活動紀錄
萬曆七年	己卯	1579			* 七月，熊明遇生於江西省南昌府進賢縣北山之畬上。
萬曆十年	壬午	1582			* 八月，利瑪竇至澳門。
萬曆十二年	甲申	1584			* 是年，利瑪竇在廣東肇慶刊印《山海輿地全圖》。
萬曆二十二年	甲午	1594			* 是年，顧憲成忤神宗意旨，遭削籍，歸里與高攀龍等聚徒講學於無錫東林書院。
萬曆二十八年	庚子	1600			* 是年，利瑪竇在南京刊印《山海輿地全圖》。
萬曆二十九年	辛丑	1601			* 三月，熊明遇第進士。 * 十二月，熊明遇授浙江省長興知縣。
萬曆三十年	壬寅	1602			* 是年，利瑪竇在北京刊印《坤輿萬國全圖》。 * 是年，熊明遇任浙江長興縣令。

[※]　　本表主要參考熊人霖與熊明遇著述、《進賢縣志》、《義烏縣志》、《長興縣志》、《建陽縣志》、《嘉善縣志》、《陳子龍文集》、《明實錄》、《明史》、談遷《國榷》、徐鼒《小腆紀年》暨《小腆紀傳》、任道斌《方以智年譜》及馮錦榮〈明末熊明遇父子與西學〉等資料編定。

萬曆三十一年	癸卯	1603			* 春，陳第撰〈東番記〉。
萬曆三十二年	甲辰	1604	1歲	* 秋，生於浙西，父親熊明遇。	* 七月，荷蘭人入據澎湖。
萬曆三十三年	乙巳	1605	2歲		* 是年，利瑪竇於北京初刻《乾坤體義》。
萬曆三十五年	丁未	1607	4歲		* 是年，徐世溥生。
萬曆三十六年	戊申	1608	5歲		* 是年，陳子龍生。
萬曆三十七年	己酉	1609	6歲	* 是年，與喻氏宜英結褵。	
萬曆三十八年	庚戌	1610	7歲	* 是年，始讀毛詩。	* 四月，利瑪竇卒於北京。 * 是年，艾儒略抵澳門。
萬曆三十九年	辛亥	1611	8歲		* 十月，方以智生於安慶府桐城縣。
萬曆四十年	壬子	1612	9歲	* 是年，粗識聲韻。	
萬曆四十一年	癸丑	1613	10歲	* 夏，從熊明遇至山東拜謁鄒縣孟廟、曲阜孔廟。	* 五月，顧炎武生於江蘇崑山。
萬曆四十二年	甲寅	1614	11歲	* 是年，熊明遇爲之口授四書義，學時文。 * 是年，研讀《性理大全》、《皇極經世書》等。	* 是年，熊明遇題序龐迪我《七克》與熊三拔《表度說》。
萬曆四十三年	乙卯	1615	12歲	* 是年，隨侍熊明遇讀書邸舍。	* 是年，熊明遇授掌兵科署科事給事中。
萬曆四十四年	丙辰	1616	13歲	* 春，觀紫禁城海子。 * 初秋，從熊明遇奉使楚中，取道南陽，悠遊山川，登襄陽望仙亭。	* 是年，建州女眞努兒哈齊稱帝，國號後金，建元天命。 * 是年，南京教案爆發，十二月，發王豐肅等人於廣東，聽歸本國。
萬曆四十五年	丁巳	1617	14歲		* 是年，張燮著成《東西洋考》。

萬曆四十六年	戊午	1618	15 歲	* 是年，童子試，爲黃汝亨首拔。	* 三月，努兒哈齊以七大恨告天，興師犯明。 * 是年，熊明遇左遷福寧僉事。 * 是年，湯若望至廣州。
萬曆四十七年	己未	1619	16 歲	* 夏，隨熊明遇官閩。十月，熊明遇修城築臺，練營衛兵，清閩海盜。 * 是年，從熊明遇學詩，輯律韻。 * 遊武夷山，是年秋，過長溪白鶴嶺。 * 是年，初識方以智。	* 三月，明將楊鎬四路出兵攻後金，兵敗薩爾滸，全軍覆沒。 * 七月，熊明遇題序〈劍草引〉。 * 是年，熊明遇題〈定海新署落成序〉贈沈有容。 * 是年，方以智隨父方孔炤於福寧長溪就教熊明遇。初識熊人霖。
泰昌元年	庚申	1620	17 歲	* 自冬迄秋，讀書閩中逍遙閣。	* 二月，熊明遇題序〈則草引〉。 * 十月，熊明遇升陝西布政使司右參議兼提督學政，駐寧夏。
天啓元年	辛酉	1621	18 歲	* 秋，長子熊孟啓出生。	* 三月，遼河以東盡爲後金所據。
天啓二年	壬戌	1622	19 歲	* 是年，漸窺四書義。	* 是年，熊明遇陞太濮少卿；十二月，掌南京操江右僉都御史。
天啓三年	癸亥	1623	20 歲	* 冬，長女熊南出生。 * 是年，縱觀大全性理講說。 * 是年，偕妻奉母居南京操院署。	* 八月，艾儒略《職方外紀》初刻於杭州。 * 是年，熊明遇在南京選練蒼頭軍，增練奇兵。
天啓四年	甲子	1624	21 歲	* 是年，得覽《職方外紀》。 * 是年，歸自南京，玄冬閉關竹里，著成《地緯》。	* 六月，楊漣疏奏魏忠賢黨二十四罪狀。熊明遇與陳道亨上〈權璫罪狀已著疏〉，贊楊漣，斥閹黨。

					* 七月，首輔葉向高被指爲東林黨魁，罷歸。
天啓五年	乙丑	1625	22歲	* 二月，納王氏。 * 五月，元配喻氏生次女熊華。	* 三月，黨禍作，楊漣、左光斗等被捕入獄，熊明遇、鄒維璉等遭削籍。 * 是年，詔毀講學書院，東林書院遭毀。十二月，頒東林黨人榜，熊明遇名列其中。
天啓六年	丙寅	1626	23歲	* 多，得熊明遇次常德信。	* 熊明遇謫戍貴州平溪衛。
崇禎元年	戊辰	1628	25歲	* 是年，學詩，輯律品。	* 四月，袁崇煥授兵部尚書，督師薊遼。 * 五月，熊明遇受擢兵部右侍郎。 * 是年，徐光啓著成《農政全書》。 * 是年，李之藻在杭州刊刻《天學初函》、《寰有詮》。
崇禎二年	己巳	1629	26歲	* 是年，妾王氏生次子熊孟台。	* 四月，熊明遇遷南京刑部尚書 * 孟秋，徐光啓奉命督修曆法。 * 是年，陳子龍與徐孚遠等創立幾社。 * 是年，闖王高迎祥率眾侵擾秦晉豫鄂四省。
崇禎四年	辛未	1631	28歲	* 春，偕友人於郊外湖畔訪春，遊濂溪祠。 * 是年，究心經世時務。	* 春，徐光啓進曆法書表。 * 六月，熊明遇官拜兵部尚書。 * 十二月，上憂延綏賊蔓，熊明遇請措接濟秦中。 * 多，方以智始撰《物理小識》。

崇禎五年	壬申	1632	29 歲	* 是年，始刻《操縵草》。	* 正月，山東叛將李九成等陷登州；未幾，熊明遇調關外軍討定。 * 秋，熊明遇解組歸里。 * 是年，張溥合諸社爲一，定名復社。
崇禎六年	癸酉	1633	30 歲	* 是年，熊明遇復爲口授四書義，豁然若悟。 * 是年，鄉試中舉。 * 是年，北上過桐城，與方以智會於稽古堂，得其《博依集》，讀一再過。題〈夜飲贈密兄〉詩。	* 七月，上召熊明遇等於平臺，諭巡撫沈棨通插漢，欺擅辱國。徐光啓進太子太保文淵閣大學士。 * 十月，上召陝西按察使李天經督修曆法。徐光啓卒。 * 十二月，李天經上曆書。
崇禎七年	甲戌	1634	31 歲	* 春，上公車，遇陳子龍，陳氏對《地緯》有所建議。與夏允彝言詩文，會幾社諸名士。 * 四月，請熊明遇發起重修進賢縣前知縣黃貞父祠；九月，落成。 * 是年，下第悒悒，謝交游，與妻喻氏共燈紡讀。	* 五月，陳子龍寄書時居桐城的方以智，勸其謹愼自持。
崇禎八年	乙亥	1635	32 歲	* 九月，題〈進賢縣重建黃貞父先生去思祠碑〉。	* 正月，方以智結識徐世溥。
崇禎九年	丙子	1636	33 歲	* 春，刻《笙南草》。 * 九月，妾任氏生三子熊孟咸。	* 是年，方以智結識畢方濟，問學且贈詩。 * 是年，皇太極改後金國號爲大清，改元崇德。
崇禎十年	丁丑	1637	34 歲	* 是年，與陳子龍、錢棅、夏允彝等同榜進士。八月，歸里省親。	* 是年，艾儒略著成《西方答問》。 * 是年，張獻忠率眾攻陷安慶，李自成率眾入四川。

崇禎十一年	戊寅	1638	35歲	* 八月，蒞任浙江省義烏知縣，率民造七門城樓，是冬竣成。 * 秋，菁民鼓煽，急理守戰具，督辦團練，爰建東西兩軍營。 * 是年，經陳子龍、錢棅等人慫恿，授梓《地緯》，刻於浙中。 * 是年，題序朱健《古今治平略》。 * 是年，題序歐陽鉉《野獲園詩》。	* 秋，陳子龍、徐世溥爲方以智《流寓草》題序。 * 十一月，陳子龍、徐孚遠、宋徵璧等編成《明經世文編》。 * 是年，方以智三子方中履出生。
崇禎十二年	己卯	1639	36歲	* 七月，重建義烏縣學門。 * 泛遊浙境名勝，時理筆墨，是年秋，刊刻《星言草》。	* 夏，方以智應試南京，結交侯方域，爲冒襄媒名姬董小宛。《通雅》初稿成。 * 七月，李天經上湯若望《坤輿格致》。 * 是年，徐昌治纂輯《聖朝破邪集》。
崇禎十三年	庚辰	1640	37歲	* 冬，偕陳子龍訪義烏雲黃山雙林寺，各賦詩其上。 * 冬，校刊并序《宗忠簡公文集》。 * 是年，增修萬曆間周士英修纂之《義烏縣志》。 * 是年，考訂并序吳之器《婺書》。	* 是年，熊明遇題序許獬《叢青軒集》。 * 是年，陳子龍補浙江紹興推官。
崇禎十四年	辛巳	1641	38歲	* 春，題〈合刻功過格全書敍〉。 * 六月，督民重修義烏縣城隍廟成。 * 是年，大舉表彰義烏先賢達德。作〈南糧議〉。	* 是年，閩浙山寇震鄰，劫掠山旁村落。 * 是年，《徐霞客遊記》刊行，徐霞客卒。

崇禎十五年	壬午	1642	39歲	* 春，自謂縣令任內拮据荒政，勞且病，旋遷工部主事。 * 五至七月間，閩浙贛菁寇大作，督義烏練士，偕陳子龍、李夢麒等討平三省之禍，功爲特著。 * 十一月，北上，過南樞署省父。題〈皇明名臣錄繹序〉。 * 是年，與陳子龍言詩，刻《旦颺草》。	* 夏，上敕起熊明遇南京參贊（兵部尚書）。 * 是年，祖大壽以錦州降清，清兵入薊州，南下山東。
崇禎十六年	癸未	1643	40歲	* 是年，解任謫歸，園居多暇；十月，刪次編刻《南榮詩文選集》。	* 五月，方以智《物理小識》初稿成。 * 七月，熊明遇解官歸里，史可法繼南京兵部尙書職。 * 秋，方以智爲《南榮集》題序，賀熊人霖、陳子龍等平東陽許都之亂。
崇禎十七年 順治元年	甲申	1644	41歲	* 三月，聞北變，號哭欲絕。熊明遇痛哭不食。 * 秋，陳子龍慫之同事討寇。	* 三月，李自成軍進北京，明亡。方以智哭東華門被捕。 * 五月，清睿親王多爾袞率師入關，李自成敗走。明福王朱由崧立於南京。 * 八月，陳子龍向福王上〈補敍浙功疏〉，希將熊人霖等量爲敍擢，以鼓將來。 * 九月，馬士英、阮大鋮把持南明朝政，大捕東林復社黨人。 * 十月，清皇帝福臨入居北京，改稱順治元年。 * 是年，錢棅聞北耗，糾召兵曹，舉義勤王，破產資糧餉。

順治二年 弘光元年	乙酉	1645	42歲	* 五月，奉父母攜妻兒歸進賢北山，未幾舉家遷居福建。 * 冬，與陳子龍失音訊。	* 二月，福王許南京兵科給事中陳子龍終養。 * 五月，清兵陷南京，虜福王。薙髮令下。 * 八月，錢棅兵潰，投水殉節。明魯王朱以海監國紹興。 * 九月，夏允彝著《幸存錄》。
順治三年	丙戌	1646	43歲	* 初秋，卜築閩省建陽崇泰里熊屯，旋講學其間，終隱不仕。 * 冬，行山寺中，夜間望見寺燈，因疑西學九重天說。	* 五月，浙東兵潰，魯王南奔。 * 冬，明桂王朱由榔立於肇慶。 * 是年，鄭成功於廈門起兵。
順治四年 永曆元年	丁亥	1647	44歲		* 四月，陳子龍事敗被俘，乘間投水殉國。
順治五年 永曆二年	戊子	1648	45歲	* 冬，與熊明遇湖居之際，望水中星光，對於西學諸天之說，復有感觸。	* 五月，熊志學合《格致草》、《地緯》重刻，題名《函宇通》。
順治六年 永曆三年	己丑	1649	46歲		* 六月，熊明遇端坐辭世，享年七十一歲。
順治七年 永曆四年	庚寅	1650	47歲	* 是年，為熊明遇相地尋穴。	* 閏十一月，方以智剃髮為僧。
順治八年 永曆五年	辛卯	1651	48歲	* 五月，葬熊明遇於雲窩，題〈先府君宮保公神道碑銘〉，作〈文直行書凡例十六則〉。	* 是年，南明永曆帝流亡廣西極邊。
順治九年 永曆六年	壬辰	1652	49歲	* 是年，談遷來訪，作〈壽太常熊伯甘五十序〉。	* 三月，章士鴻作〈文直先生傳〉。 * 冬，方以智著《東西均》。
順治十五年 永曆十二年	戊戌	1658	55歲	* 春，以熊山諸弟子來訪，興起整編寓居建陽所撰文章的念頭。	* 三月，徐世溥為盜賊所害。

順治十六年 永曆十三年	己亥	1659	56歲	* 是年，刊刻《鶴臺先生熊山文選》。	* 是年，方以智次子方中通遊京師，與湯若望論曆法。 * 是年，南明永曆帝流亡緬甸。鄭成功、張煌言聯軍攻入長江，下蕪湖，後敗於南京。
順治十七年 永曆十四年	庚子	1660	57歲	* 是年，編刊熊明遇《文直行書》。	* 是年，方以智著《藥地炮莊》。 * 是年，清廷禁立社聚眾。
康熙五年	丙午	1666	63歲	* 是年，感疾而卒。	* 夏，方以智《通雅》刊行於福建。

附錄二　熊人霖著作目錄

（一）熊人霖著述簡表※

題　　名	年　　代	備註（書目出處提要／已知館藏處）
操縵草十二卷	1632 年	南榮詩選敍、鶴臺先生熊山文選卷五新建徐巨源集選序（收入南榮集） 北京中國國家圖書館藏明崇禎年間刻本
笙南草	1636 年	南榮詩選敍（收入南榮集）
地緯一卷八十四篇	1638 年	清康熙十二年刊進賢縣志卷十五人物志良臣 美國國會圖書館藏清順治五年函宇通本 北京中國國家圖書館藏清順治五年函宇通本
星言草	1639 年	臺北國家圖書館、國立故宮博物院、北京中國國家圖書館、上海復旦大學圖書館藏明崇禎十二年豫章熊氏義烏刊本
增修明萬曆間周士英纂修義烏縣志二十卷	1640 年	南榮集文卷九義烏縣志敍 日本東京內閣文庫藏 北京中國國家圖書館、南京圖書館藏明崇禎十三年刻本
旦颺草	1642 年	南榮詩選敍、旦颺草自識（收入南榮集）
南榮集詩選十二卷文選二十三卷	1643 年	日本東京內閣文庫藏明崇禎十六年進賢熊氏兩錢山房序刊本（中央研究院傅斯年圖書館藏景本）
鶴臺先生熊山文選二十一卷	1659 年	臺北國家圖書館藏清順治十六年刊本
編刊熊明遇文直行書三十卷首一卷	1660 年	臺北國家圖書館藏清順治十七年刊本

※ 本表主要查詢國內外學術機構所典藏的熊人霖作品，並根據馮錦榮〈明末熊明遇父子與西學〉、馬瓊〈熊人霖《地緯》研究〉（頁 46～48）整理而成。

華川集二十四卷		明史卷九十九藝文志四集類三別集類
尋雲集（草）		清康熙十二年刊進賢縣志卷十五人物志良臣、道光三年刊進賢縣志卷十八人物志良臣、同治十年原刻光緒二十四年補刊進賢縣志卷十八人物志良臣 北京中國國家圖書館藏清光緒年間豫章叢書本
四書繹		清康熙十二年刊進賢縣志卷十五人物志良臣、道光三年刊進賢縣志卷十八人物志良臣、同治十年原刻光緒二十四年補刊進賢縣志卷十八人物志良臣
詩約箋		同上
名臣錄繹		同上
相臣繹		同上
忠孝經繹		同上
律諧兩卷		北京中國國家圖書館藏
初盛唐律詩選		陳子龍安雅堂稿之熊伯甘初盛唐律詩選序、鶴臺先生熊山文選卷十一明文大家說
進賢縣志稿		鶴臺先生熊山文選卷五、六、十；清康熙十二年刊進賢縣志序
古今治平略（明·朱健撰）序	1638年序	臺北國家圖書館藏明崇禎十二年刊本
野獲園詩（明·歐陽鉉撰）序	1638年序	臺北國立故宮博物院藏明崇禎年間刊本
校刊宋宗忠簡公文集（宗忠簡集，宋·宗澤撰）	1640年序、凡例	臺北國立故宮博物院藏日本江戶間傳鈔明崇禎年間熊氏校刊本 北京中國國家圖書館、浙江大學圖書館等藏明崇禎年間刻本 收入文淵閣四庫全書
媿書（明·吳之器撰）序	1640年序	臺北國家圖書館、浙江圖書館孤山分館藏明崇禎十四年刊本
五經繹（明·鄧元錫撰）序		臺北國家圖書館藏明崇禎年間重刊本
榆墩集詩選（明·徐世溥撰，熊人霖選）		北京中國國家圖書館藏清代抄本

（二）熊人霖散見詩賦簡表

題　名	類　別	備　註（出處）
和尹黃汝亨棲賢八詠	五絕	清康熙十二年刊進賢縣志卷二十雜志 清道光三年刊進賢縣志卷二十五藝文 清同治十年原刻光緒二十四年補刊進賢縣志卷二十五藝文
棲賢寺和韻	七絕	同上
君山歌	七古	清康熙十二年刊進賢縣志卷二十雜志
古羅漢松	五律	同上
玉嶺道中逢雪	七絕	同上
勸農	五古	清嘉慶七年刊義烏縣志卷二十二
華川十景詩	七律	同上
善關	五絕	同上

附錄三　明代四裔著作目錄[※]

題　名	著　者	內　容　體　例	備　註
朝鮮紀事一卷	倪謙	記自鴉綠江至王城所歷賓館見聞	景泰元年奉使朝鮮時作
高麗史百三十九卷	高麗人鄭麟趾	分世家四十六卷，志三十九卷，表二卷，列傳五十卷，目錄二卷	景泰二年表進是書
朝鮮史略六卷	高麗太宗命李詹撰	始檀君立國，為唐堯二十五年，終高麗恭讓王明太祖二十五年	景泰二年進於朝
朝鮮賦一卷	董越	以賦文體，敘朝鮮國地理風俗、歷史沿革	弘治元年奉使朝鮮後撰，刊於弘治三年
使東日錄一卷	董越	述朝鮮國聞見事情	正德九年由董天錫編刊
朝鮮雜志一卷	董越	敘朝鮮地理風俗、典章制度	弘治元年奉使朝鮮後撰
使朝鮮錄三卷	龔用卿	載出使之禮、邦交之儀、使職之務	嘉靖十六年使朝鮮後撰
朝鮮圖說一卷	鄭若曾	全書先圖後考，次世紀、都邑、山川、古蹟、風俗、土產、天朝至朝鮮東界地理、本朝貢式等	萬曆二十八年刊
朝鮮志二卷	不著撰人	分京都、風俗、古都、古跡、山川、樓臺六門，略仿中國地志之體	書中引大明一統志，推其成於明中葉後
朝鮮國紀一卷	黃洪憲	以紀事本末體述朝鮮史地沿革	萬曆十年使朝鮮後撰
輶軒錄四卷	黃洪憲		
朝鮮沾化集	李如松		

※ 本表主要根據朱士嘉〈明代四裔書目〉一文，加以本研究續補而成。

朝鮮世紀一卷	吳明濟	記朝鮮見聞及各事蹟始末	萬曆二十五年援朝鮮撰
漢書朝鮮傳疏一卷	邢侗		
朝鮮日記三卷	許國		
朝鮮國三咨錄			
朝鮮日本圖說			
朝鮮國志一卷	朝鮮人著	所存惟京都、風俗、山川、古都、古蹟五門	
東藩紀行錄一卷	金本清		
輶軒紀事一卷	姜日廣	記奉使朝鮮、往還海外之事	天啓六年奉使朝鮮後撰
東國通鑑五十六卷	徐居正、鄭孝恒等	全書係編年體，述新羅、高勾麗、百濟諸國四百年以來史事	
東國通鑑提綱十三卷	洪汝河		
三國史節要十四卷	盧思慎等		
東史補遺四卷	朝鮮趙挺		
彙纂麗史四十八卷	洪汝河		
新增東國輿地勝覽五十五卷	高麗仁宗命盧思慎等撰	仿大明一統志之體，記載京畿以下諸道沿革、風俗、廟社、陵寢、宮闕、官府、學校、物產以及孝子烈婦之行狀、名賢之事跡、詩人之題詠等	嘉靖九年增刊
日本補遺	張洪		明初奉使日本後撰
日本考略一卷	薛俊	分沿革、疆域、州郡、屬國、山川、土產、世紀、戶口、制度、風俗、朝貢、貢物、寇邊、文詞、寄語等十五略	定海知縣鄭餘慶鑒於嘉靖二年倭變，命薛俊編纂此書
日本寄語	薛俊		係日本考略寄語略一門，後人摘出偽立
南嚻倭商秘圖			

日本圖纂一卷	鄭若曾	首列日本國圖、日本入寇圖，次日本國論、日本紀略、使倭針經圖說、國朝貢式等	嘉靖四十年編刊
日本考五卷	李言恭、郝杰	卷一日本國圖、倭國事略，卷二起述沿革疆域、字書歌謠、語音天文時令風俗、文辭詩歌游藝等	萬曆年間刊行
東鑑五十二卷	不著撰人		
日本風土記四卷	侯繼高		
備倭圖記二卷	卜大同	上卷置制、方畫、將領、士卒、烽堠、險要、戰艘、邊儲，下卷奏牘、策議，講求制倭之術	嘉靖年中官閩時作
日本高麗圖記	鄧鍾		
日本受領之事一卷			
日本東夷朝貢考一卷	張迪		
使琉球錄一卷	陳侃	首詔諭、頒賜諭、祭文、祭品，次使事紀略、群書質疑、貢物、天妃靈應記、夷語等	嘉靖十三年奉遣往封琉球國中山王，歸而撰述
琉球錄二卷	郭士霖、李際春		嘉靖三十一年使琉球，還取陳侃書，重加編次
琉球圖說一卷	鄭若曾	首琉球國圖、圖考，次世紀、山川、風俗、福建使往大琉球鍼路、土產、國朝貢式等	嘉靖中成書
使琉球錄二卷	蕭從業		萬曆間出使時撰
使琉球錄六卷	謝杰		
東行百詠八卷	陳循	集古人詩句成七絕千餘首，詠述謫居遼東情懷	天順初謫遼東時撰
遼海編四卷	倪謙		
東夷圖像說二卷暨嶺海異聞一卷、續聞一卷	蔡汝賢	記東南海朝鮮、琉球、安南、占城、西洋、真臘、暹羅、滿剌加、蘇門答剌、三佛齊、回回、錫蘭山、浡泥、彭亨、百花、呂宋等國域	萬曆十四年編刊
東夷考略一卷	茅瑞徵	分女直通考、海西女直考、建州女直考，附遼東全圖、開原控帶外夷圖、瀋陽圖二、東事答問等	萬曆年間撰，天啓初年刊
東夷記一卷			

東事始末一卷			
東番記	陳第	敘臺灣地理分佈、風俗民情及物產交通	萬曆三十一年撰
渤泥入貢記	宋濂		
百夷傳一卷	錢古訓	記百夷（擺夷）山川、人物、風俗、道路等	洪武二十九年出使後撰
奉使安南水程日記一卷	黃福	記永樂四年七至九月間行程見聞各山川風俗、古剎勝蹟等	永樂四年有事於安南，歸而述其經過
南夷書一卷	張洪	記載洪武初至永樂四年平定雲南各土司事	永樂四年奉使安南後撰
使交錄一卷	錢溥		景泰三年奉使安南後撰
使交錄	黃諫		天順初出使安南後撰
使交錄	吳伯宗		
南詔事略一卷	顧應祥		
使交紀行	孫承恩		嘉靖初奉使安南後撰
安南傳二卷	王世貞	記安南史地沿革及其與中國的貢屬、軍事關係	
越嶠書二十卷	李文鳳	記安南事蹟	李曾任雲南按察司僉事
安南圖說一卷	鄭若曾	首安南國圖，次安南考、天朝至安南道路、本朝貢式等	嘉靖中成書
西南夷風土記一卷	朱孟震	記雲貴、緬甸諸夷風土	
西事珥八卷	魏濬	卷一敘交廣山川、地理，卷二敘風土，卷三時政，卷四、五敘故事、人物，卷六物產，卷七敘仙釋、神怪，卷八敘制馭苗蠻始末	萬曆十二年編刊
安南圖誌一卷	鄧鐘		
安南事宜			
安南輯略	江美中		
滇緬紀事	鄧凱		
滇緬日記	鄧凱		
南翁夢錄一卷	黎澄	記安南異聞舊事	正統三年編刊
南歸紀行集	張以寧		

入緬顛末			
古地理西南夷補注五卷	熊太		
占城國錄一卷			
海槎餘錄一卷	顧岕	記海南詹州山川、風俗、物產等	嘉靖十九年編刊
瀛涯勝覽一卷	馬歡	所記多鄭和出使時事，關於諸蕃凡十九國，各載其疆域、道里、風俗、物產	永樂十四年編刊
瀛涯勝覽集一卷	張昇	同上	潤飾瀛涯勝覽文詞而成
星槎勝覽四卷	費信	記永樂、宣德間四次隨鄭和使西洋時見聞，卷一敘占城等十二國，卷二敘滿剌加等九國，卷三敘蘇門答剌等十國，卷四敘榜葛剌等九國	正統元年編刊
西洋番國志	鞏珍	記西洋二十番國山川、疆域、人物、風俗、物產	宣德九年編刊
海語三卷	黃衷	凡分四類，三卷，卷一風俗，計暹羅、滿剌加二目，卷二物產，卷三畏途、物怪	嘉靖中成書
前聞記一卷	祝允明	雜記明中葉前四方傳聞軼事	
使西日記二卷	都穆	記自京師至寧夏歷近三月行數千里見聞	正德八年西使寧夏時撰
西洋朝貢典錄三卷	黃省曾	記西洋諸國朝貢之事，凡二十有三國	正德十五年編刊
坤輿萬國輿圖	利瑪竇		萬曆三十年刊
殊域周咨錄二十四卷	嚴從簡	記中華朝貢國三十八，詳邊疆列國歷史文化、軍事邊防情況、中外使節往來及明代航海資料等	萬曆二年編刊
東西洋考十二卷	張燮	卷一至卷四為西洋列國考，卷五為東洋列國考，卷六外紀考，卷七餉稅考，卷八稅璫考，卷九舟師考，卷十至十一藝文考，卷十二逸事考。載錄東南亞、南洋諸國、琉球、雞籠淡水、日本、紅毛番等之形勝名蹟、物產和交易	萬曆四十六年編刊
島人（民）傳	熊明遇	敘佛郎機、呂宋、紅毛番、東番、琉球、日本，從海防的觀點敘述中國與外夷的利害關係	萬曆四十七年宦閩後撰

職方外紀五卷	艾儒略	卷首冠以世界圖，圖後有五大州總圖界度解，說明地圓、氣候帶及經緯度劃分等自然地理學準則；卷一至卷四分述亞細亞、歐邏巴、利未亞、亞墨利加暨墨瓦蠟尼加洲域各國度或地區之風土民情及勝蹟物產等；卷五爲四海總說	天啓三年初刊
西方答問二卷	艾儒略	上卷分國土、路程、海舶、海險、海賊、海奇、登岸、土產、製造、國王、西學、官職、服飾、風俗、五倫、法度、謁餽、交易、飲食、醫藥、人情、濟院、宮室、城池、兵備、婚配、續絃、守貞、葬禮、喪服、送葬、祭祖；下卷列地圖、曆法、交蝕、列宿、年月、歲首、年號、西士、堪輿、術數、風鑑、擇日。全書採取通俗性的問答方式，答覆中國士人對於西國風土習俗的疑問	崇禎十年刊
地緯一卷	熊人霖	凡八十四篇，計形方總論一篇，闡述地圓論、五帶說及赤道經緯度劃分；志八十一篇，分敘五大洲洋知識；地圖一篇，摹繪西方五大洲世界圖「輿地全圖」，並附圖解說明；緯繫一篇，闡釋其著述理念	崇禎十一年刊
星槎萬里錄	李蟠峰		
海外諸夷志一卷			
海外遊記	汪仲宏		
夷俗考一卷	方鳳	記東、西、南、北四夷風俗	
西域番國志	陳誠	述西域哈烈、撒馬兒罕、俺都淮、八答商、失迭里迷、沙鹿海牙、塞藍、渴石、馬哈麻、火州、柳城、土魯番、鹽澤、哈密等國風土人情	永樂十一年起數次奉使，永樂十三年進呈
皇明九邊考	魏煥	卷一鎮戍經略番夷通考；卷二起述遼東、薊州、宣府、大同、三關、榆林、寧夏、甘肅、固原	嘉靖二十一年編刊
北虜風俗（夷俗記）一卷	蕭大亨	專記韃靼風俗，分匹配、生育、分家、治姦、治盜、聽訟、葬埋、崇佛、待賓、尊師等計二十類	萬曆二十二年序刊
明女直志一卷			
北虜事蹟一卷	王瓊		
北虜紀略一卷	汪道昆		

異域圖志一卷	不著撰人		宣德五年編成
皇明四夷考二卷	鄭曉	記自安南以迄韃靼凡九十一國	嘉靖四十三年編刊
九夷古事一卷	趙釴		
四夷考八卷	葉向高	記朝鮮、日本、安南、女直、朵顏三衛、哈密、西番、土魯番、北虜、鹽政、屯政、京營兵制	萬曆中刊
皇明象胥錄八卷	茅瑞徵	記邊裔諸蕃事，迄萬曆年間	崇禎二年編刊
咸賓錄八卷	羅曰耿	以東西南北爲分，記列國事，卷一北虜志，卷二東夷志，卷三至五西夷志，卷六至八南夷志	萬曆十八年編刊
四夷廣記	愼懋賞	分列東夷、北狄、西夷、海國等諸國廣記	萬曆三十年輯
四夷館考二卷	王宗	卷上分爲韃靼館、回回館、西番館；卷下高昌館、百夷館、緬甸館、西天館、八百館、暹羅館，記載邊疆諸地歷史沿革、地理物產暨風俗民情	萬曆八年輯
裔乘八卷	楊一葵	分敘東夷、南夷、西夷、北夷、東南夷、東北夷、西南夷、西北夷	萬曆四十三年編刊
四譯蕃書			
譯語	尹耕		
耽羅志一卷			
瀛蟲錄二卷	陳清		
停驂錄一卷、續停驂錄三卷	陸深	雜錄詩話文評、朝章國典，或採諸域風俗異聞，於經義亦間有考證	前錄成於嘉靖九年，續錄成於十一年
瀛槎談苑十二卷			
肅鎭華夷志四卷	李應魁		
華夷譯語	火源潔	分天文、地理、時令、花木、鳥獸、宮室、器用、衣服、人物、飲食、珍寶、人事、聲色、數目、身體、方隅、通用十七類	洪武十五年正月奉命編纂
四川土夷考四卷	譚希恩	首全蜀圖，次各土司土府分圖，圖各有說	萬曆二十六年刊刻
大理入貢錄	周邦政		

附錄四　史料匯編

（一）〈地緯自序〉全文

　　夫畫野分州，偶於黃帝；方敷下土，載自夏王，然且詳於北而略於南，寧必疏乎內以包乎外。是以越裳不登禹貢，郯子且列夷官，鄒衍之譚，詎能括地，章亥之步，豈合蓋天，何也？虛以實名，性爲形域，目窮於我，耳窮於人，又惡足以睹厥大全，彙茲曠覽者乎？余未有知。幼從大人宦學，賜金半購甲經，持節曾鄰酉穴，周遊赤縣，請教黃髮，趨庭而問格致，謀野以在土風。時天子方懷方柔遠，欽若治時，象胥之館，九譯還重，疇人之官，四夷其守。畸人來於西極，外紀輯於耆英，異哉所聞，考之不謬。甲子之歲，歸自南都，玄冬多暇，閉關竹里。手展方言而三摘，心悟圓則之九重，地正象天，王者無外，遠彼梯棺，盡入聖代版圖，紀厥風謠。咸暨明時聲教，斯固張騫之所未遍，而師古之所弗圖者也。夫寡見好迻，玄亭所嘆；小知拘壚，漆園所鄙；儒者之學，格物致知，六合之內，奚可存而弗論也。於是仰稽赤道二極之躔度，遐考黃壚四懸之廣長，稽之典冊，參以傳聞。夫渾四維而幹五緯，天道弘也；振河海而載山川，地道厚也；一情紀而合流貫，人靈茂也。故欲明天經，必繪地緯，風雲雷雨，皆從地出；山河江海，統屬天噓。爲物不二，生物不測，又別有可得而言者矣。爾其方國既分，人治自別，好每殊於風雨，質咸鑄於陰陽。至夫長駕遠馭，擴荒服以廣疆，有無化居，通昔賢之宦海。學者修業，抽密緯以研思；名臣佐時，守古經而能濟，豈與竺乾恒河之譚，靈寶諸天之說，同其謬悠者哉！余以此書弱冠少作，久塵笥中。甲戌上公車，臥子陳君一見，謬加青黃；戊寅之夏，仲馭錢君復爲慫恿，輒以授梓，用備采芻。

（二）〈地緯繫〉全文

立天之道，曰陰與陽；形地之緯，曰柔與剛。無柔則萬物之生氣不達，無剛則萬物之埴模不堅。天父而地媼然乎。陽親天而陰親地也。施本乎上，形凝乎下。本乎上，故首天；凝乎下，故趾地。首天而天不功，趾地而地不倦，仁夫？斯父母之德矣。

天圓地方，天玄地黃，天施地藏，愛嚴相劇，樂哀相將，一陰一陽，萬物乃行。故陰之中，不得不相爲陰；陽之中，不得不相爲陽。獨陽不生，獨陰不成。故星維化施，故土維天潤，雨露之澤仁，天地之交氣也；霧霧之澤戕，天地之偏氣也。電者，陽之專；曀者，陰之積，故皆不爲功。

陽用以文，陰撝以武。凡可見者，謂之陽，日月、星辰、河漢、雲霓、山川、陵谷、木石，凡可見者，皆天地之文也，萬物戴焉履焉、生焉成焉。易首文言，書首文思，文也者，其天地帝王之心乎？甲兵脩而不試，刑措而不用，王者法天之德，常直陰於空處、於虖仁哉！

生陰莫如水，生陽莫如火，吟陰噓陽，以生萬物，莫如土。日者，火之精也；月者，水之精也；辰者，土之精也。水火土之精氣奉於上，萬物仰焉；施於下，則爲雲雷風雨霜露雪，以澹萬物。故土之用，茂矣、美矣。水火之所徵兆，厥施大矣。

五行者，其猶五倫之行與，木火土金水木相生，慈父之道也。春之所陳，夏長生焉，夏之所生，盛夏成焉，盛夏所成，秋斂凝焉，秋之所斂，冬收精焉，冬之所藏，春發陳焉，孝子之事也；相制相奉，君臣之義也；相配成功，夫婦之紀也；春少陽以作，夏老陽以訛，秋少陰以成，冬老陰以易，長幼之序也；將來者進，成功者退，用事者不怠，並作者不爭，朋友之志也。君子法之，則爲有行人矣。木之副在仁，君子以立喜而作肅；火之副在禮，君子以達樂而作哲；土之副在信，君子以致懼而作聖；金之副在義，君子以餝怒而作乂；水之副在知，君子以立哀而作謀。故曰五行者，五行也，五行之行于天下，猶五行之不可偏廢于人也。

釋曰：地水火風，西志曰：水火土氣，經世書亦置金木不言，其說曰金木不能有磅礴變化之權，固也。然風生於氣，氣本於水火土，春風至則萬物達，秋風至則萬物堅，非金木之氣之徵乎？蓋陰陽之道，少者不敢明其功，故仁義之德大，而金木之用藏。

凡天下生麥之地五，生稻之地四，生黍稷菽蔬菰之地一，生金之山一，

生木之山九，中國之州九，寰海之州五，此人類之所生也，飲食衣服之所出也，利害之所起也。聖人因其理而爲之紀，萬類安焉，神明出焉。古之得此道以臨天下者，庖犧氏、神農氏、有熊氏、陶唐氏、虞氏。

凡地緯，地物之號從中國，天而天之，地而地之，宅其宅，田其田，人其人，大鹵之爲太原，失台之爲瀆泉之例也。邑人名從主人，雖然聲萬不同，孰重九譯而辨之。所傳聞者，其不無異辭矣。何聞？聞之西土之人，西土之人信乎？信，何信乎西土之人？曰：以其人信之，其人達心篤行，其言源源而本本，然則無疑乎？邑人名，吾無所疑乎爾？怪物之若山海經也，奇事之非常所見，疑則傳疑，左氏之錄鬼神變怪，太史公之好奇，此蘇子古史之所瑩矣。

山書曰：地東西爲緯，南北爲經。獨名緯者何？曰：天之道，經者主緯；地之道，緯者主經，剛柔之義云爾。

中國之地脈，北方宗于華，南方宗于衡。子思之言地也，獨稱載華嶽而不重，豈不以其爲嵩岱常山之宗哉。水經以霍山爲南嶽，蓋本漢武帝封禪，憚衡遠而霍山在廬江，頗近長安，乃益封爲南嶽耳。夫衡嶽者，帝俊之所南巡也，霍豈衡匹哉！韓愈曰：南方之山，巍然高且大者以百數，獨衡爲宗，韙矣。一曰：九嶷之山，南幹之宗也。

在以極，則地之廣輪測矣；在以日，則地之寒暑測矣。

革者，盡其詞也；巳者，盡其詞也。易曰：小人革面，詩曰：亂庶遄巳，變而之善，故盡其詞也；變而之不善，則不盡其詞也。稍者，迎其將來也。一曰：稍者，抑其將來也。變而之善則迎之，之不善則抑之，君子之于姤也愼其詞，于復也愼其詞。

內其國而外諸夏，內諸夏而外四裔，其春秋之義哉！春秋之事也，記事則詳內而略外，若云義也，王者無外。古者五服爲王臣，四裔爲王守，島夷流沙，廬人濮人，尚書所載，豈有外哉！戎狄而中國，斯孔子中國之矣。故曰：詳內而略外者，春秋之事也，內陽而外陰者，易之幾也。

封箕子于朝鮮，不曰封箕子于裔也。封太伯于吳，奈何棄其懿親，以爲蠻裔君長乎！故春秋之外吳也，爲僭王也。黃池之會，吳子纍纍致小國以尊天王，春秋書曰：會晉侯及吳子于黃池，吳子子乎哉！吳進矣。穀梁子曰：吳子進乎哉！遂子矣。

傳曰：山川爲祐，秀氣爲人，夫秀氣之行于天地也，非得剛犄之氣，以

凝斂之，則其秀不聚。故良珠胎蛤，良玉隱璞，聖人生剣，華夏表裔。

井巴者，利未亞之戎也；紅毛者，歐邏巴之戎也；羌戎者，中國之戎也。其山川風氣以取之，雖然不知非是，不知思慮，曷不可睢睢于于。野鹿而標枝，其剽悍禍賊者，習也，非天之賦然也。

經于外大惡書，小惡不書；緯于外大惡不書，小惡書，異乎哉！春秋之外，其國之外也。所見也，所聞也，大惡必書，所以傳信，昭王者之憲，不可失也。中國之外也，所傳聞之詞也，齋服以爲哀，墓樹以爲掩，而君子猶有終天之憾；犧牲以爲祀，衡生以爲養，而君子猶有庖廚之遠，吾怪乎所傳聞者之有異詞焉。君子聞人善則信之，聞人惡則疑之，而況其大者乎？竊附于子不語怪之義。

辨宗論曰：華民易于見理，難于受教；裔人易于受教，難于見理，誠哉是言也！回回之多行貪狠，遷乎其地而不敢爲革；西洋之獨行廉貞，守乎其說而不能爲通。

孟子曰：春秋，天子之事也；西土曰：耶蘇，上天之宰也。噫！非達人，其勿輕語于斯。

中國之政教，合者也，然以政行教；西國之政教，分者也，然以教爲政，天爲之乎？人爲之乎？抑地執然也，天因地，人因天。

儒之道，其盛矣乎！士者、農者、工者、商者，皆儒之人也；君臣、父子、兄弟、夫婦、朋友，皆儒之事也。夷夏之無此疆爾界，皆儒之境也。耶蘇之學，儒之分藩也；老氏之術，儒之權教也。謂三代以後，道統在下也，則我太祖之功之德，巍巍乎其幾無間然矣。謂孟軻沒至宋而莫得其傳也，則董仲舒、韓愈之卓然獨立，吾必以爲聖人之徒之功首矣；謂從祀止于講論之儒也，則諸葛亮之忠貞，宋璟、韓琦之方正，文天祥之從容成仁，徐達之寬明輔運，在聖門十哲之流亞矣。

千古幅員之大，其惟我明乎！荊揚當九州之半，而禹貢裔土視之。三代要服荒服，來去靡常。漢取閩越朱崖，不能用其民，至舉江淮之民實閩越，而終棄朱崖。張騫之奉使絕域，亦卒不能外盡地界。隋唐號稱強盛，然朱寬有不譯之都，顏師古有未圖之國。宋微甚。元雖統一，而倭奴諸國，終元世不貢，且冠帶之民，淪矣。我明太祖不階尺土，乃克復燕雲于日月，闢越裳以西南，東漸于海，履及河源。洪武、永樂以來，梯高山，航大海，朝貢者無慮數百國，而歐邏巴人絕九萬里來闕下，大地圓體，始入版圖，於都盛哉！

夫幅員者，盡地之圓以爲幅也，非今日而孰能當此大名者哉！

　　古者，天子之均天下也，邦畿之外，爲侯甸男采衛要，九州之外爲蕃國，以定四民，以同貫利，敷天下之民，各安其業，美其食，無歎息愁恨之聲，然猶戰戰兢兢，動色于忘遠之戒。即不貴異物，不勤遠略，乃職方、懷方之制，委曲繁至，備哉燦爛，豈不爲神明之式者哉！說者猶以旄人縣四夷之樂，司隸帥四翟之兵，疑于長耳目之眩。伏肘腋之虞，噫！是乃先王之所爲深長思矣。夫聞見不入者，思慮不出，深宮之中，未知稼穡，爲之籍田三推，以勤其體；天極之居，未知柔遠，爲之旄人司隸，以徼其心，備其勸戒，制其限數，豈可與漢安帝之西南夷樂，漢宣帝之金城處降夷，同日論哉！

　　明興置十三館（凡四夷之館，十有三，朝鮮、琉求、日本、暹羅、安南、滿剌、百夷、韃靼、女直、委兀兒、西番、回回、占城），以處貢夷，厚往薄來，海外慕義，且令各邊修守戰之備，崇勿追之訓，而香山市舶貫利，同于遐方，豈不亦八荒爲門闥，萬國謳歌者乎！余故溯之古始，稽之實錄，以周知其爵賞之事，用兵之利害；徵之十三館之籍，以紀其方貢；考之象胥之傳，詢之重譯之語，以在其地域廣輪，人民財用，穀畜物產數要，與其土風之漸漬，聲教之被服，具而論之，以張明德之盛。世之覽者，理經比緯，於以股肱郅隆，尚亦有攸濟焉。

（三）〈函宇通敘〉全文

　　夫儒者通天地而參於其中，則必知天之所以天，地之所以地。推本乾元，順承生生之意，而後於三才□無忝也。大易之論天地厥理，至矣！虞書之贊欽若，禹貢之表山川，□象規萬，千古莫能外焉。孔子之知天地，見於刪詩，日居月諸，東方自出，七月流火，定之方中，嘒彼小星，三五在東，是則定朔望分至，晨旦之徵也。殷其雷在，南山之陽，英英白雲，露彼菅茅，有渰淒淒，興雨祁祁，是則風雨露雷，其本在地，上其功於天之徵也。帝命式于九圍，是即地爲圓體，同天之徵也。至若上天之載，無聲無臭，帝度其心，天命降鑒，是又與大易資始資生，尚書降衷受中之論合矣。漆園椿下，亦不安於蛙井是窺，求其故而不得，遂姑寓言焉、臆言焉，乃楚左徒氏曰：圓則九重，孰營度之；韓諸公子曰：地在天中，大氣舉之，誰謂秦燔以前，遂無明兩儀真體者乎？漢宋名儒，惟董子道之大原出於天；程子儒者本天之語，足爲盡性至命根蒂，若性理書所載形氣之說，猶之臆焉，耳可遂謂窮至事物之無遺哉！吾宗壇石大司馬、伯甘小宰，橋梓隱居吾考亭之里也，性理之言，

既皆大有功于考亭矣。而大司馬格致草之言天也，賅崇禎曆書而約之，更有富于曆書所未備者；小宰地緯之言地也，賅職方外紀而博之，更有精于外紀所未核者。其學問崇宏，思慮淵奧，窮理盡性以至於命，豈特功于考亭哉！蓋上之功于孔子矣。格致草初名則草，成於萬曆時，後廣之爲今書，刻于華日樓，海內宗之，而分至金水諸論，則今戊子考測乃定；地緯刻於浙中，柱史蘭陵梁公入告于薦剡矣，今頗刪削，取慎餘闕文之意，且原版多佚，台小子志學，是以合而重刻之，僭爲之大，共名曰函宇通，以遍贊乎！爲儒之有志乎參兩者，夫重黎世司南北，正天明地，察我熊有初焉，茲書實焜曜惇大之，豈僅僅成一家言乎！

順治五年夏五閩潭陽書林
熊志學魯子氏頓首序